옛사람들의
걷기

옛사람들의 걷기

빈섬 이상국 지음

산수야

옛사람들의 걷기

초판 인쇄　2013년 11월 10일
초판 발행　2013년 11월 15일

지은이　이상국
발행인　권윤삼
발행처　도서출판 산수야

등록번호　제1-1515호
주소　서울시 마포구 망원동 472-19호
우편번호　121-826
전화　02-332-9655
팩스　02-335-0674

ISBN 978-89-8097-275-3　03810

값은 뒤표지에 있습니다. 잘못된 책은 바꾸어 드립니다.

이 책의 모든 법적 권리는 도서출판 산수야에 있습니다.
저작권법에 의해 보호받는 저작물이므로
본사의 허락 없이 무단 전재, 복제, 전자출판 등을 금합니다.

이 책은 한국출판문화산업진흥원의 2013년 〈우수저작 및 출판지원〉 사업 선정작입니다.

이 도서의 국립중앙도서관 출판시도서목록(CIP)은
서지정보유통지원시스템 홈페이지(http://seoji.nl.go.kr)와
국가자료공동목록시스템(http://www.nl.go.kr/kolisnet)에서 이용하실 수 있습니다.
(CIP제어번호: CIP2013019272)

길내기 - 신발 끈을 매며

 길은 길다. 길어서 길이다. 이어지지 못하고 끊어진 길, 혹은 막다른 골목으로 막힌 길은 길이라 부를 수 없다. 길은 앞이 트여 있어야 한다. 비록 가지 못했더라도 갈 수 있는 여지가 있어야 길이다. 길은 인간이 만든 것이지만 아무렇게나 나는 것은 아니다. 땅이 평평하게 이어지고 사람이 디뎌 발을 옮길 수 있는 바닥이 있어야 길이다. 길을 내는 사람에게 길을 내주는 것은 땅이다. 땅과 사람이 서로 죽이 맞아야 길이 된다. 사람이 걸음을 옮길 때 땅도 일어나고 앉아주고 누워주어야 비로소 길이 난다. 길은 사람이 흘러가는 자취이기도 하지만 땅이 사람과 함께 흐른 모양이기도 하다.
 아무 길은 길이 아니다. 태초엔 길이 없었다. 맨 처음 한 사람이 지나갔을 때 그것은 길이 아니었다. 그저 희미한 발자국들이 점선처럼 이어진 것일 뿐이었다. 아니 잠깐 풀이 눕고 나뭇가지들이 흔들린 것일 뿐이었다. 길은 그 한 사람의 뒤에 생겨났다. 길인 듯 아닌 듯 누군가 걸어간 그 자취를 따라오는 사람이 있었다. 두 사람이 지나간 뒤엔 길은 조금 더 또렷해졌다. 지나가는 사람의 숫자가 많아질수록 사람들은 그 자취를 신뢰한다. 많이 지나갔다는 건 그 길이 안전하다는 의미다. 사람들은 저마다 길을 만들며 지나갔다. 어떤 사람도 길을 만들지 않은 사람은 없다. 모든 사람의 걸음은 다 길이었다.

길은 시간이 펼쳐진 공간이다. 앞선 사람과 뒤에 선 사람은 같은 방식으로 걷는 것처럼 보일지라도 다른 시간을 걷고 있는 것이다. 앞사람과 뒷사람의 간격은 멀어질수록 시간으로 진입한다. 하루를 사이에 두고 걸은 두 사람, 일 년을 사이에 두고 걸은 두 사람, 혹은 천 년을 사이에 두고 걸은 두 사람이 있다. 길은 그 두 사람을 받아내며 시간의 흐름과 발자국의 축적을 기입한다. 세상의 모든 길이 일방통행이라면, 삶은 비교적 단순했을 것이다. 하지만 길은 돌아오기도 한다. 간 사람과 온 사람의 시간들이 뒤엉키면서 길도 사람도 사연도 복잡해진다. 켜켜이 누르고 지나간 발자국들은 벌써 시간을 기입하는 일조차 잊어버린 채 다만 길을 또렷하게 하는 것에만 힘을 쏟는지 모른다.

발길이라는 말이 있다. 길을 만드는 발이 방향을 잡는 힘이 곧 발길이다. 발과 길이 서로 붙어 발 속에 길이 이미 들어 있다. 발길 속에는 어느 길을 선택해야 할지 고민하는 인간의 마음이 들어 있다. 그것이 좋은 길인지 나쁜 길인지 예측하기 어렵지만, 우린 가끔 두 갈래 길 앞에서 한 갈래를 골라잡아야 한다. 죽음의 길인지 삶의 길인지도 모르고 우린 발길을 향하고 돌린다. 새 신을 사서 발뒤축이 부대끼는 때에 우린 그걸 신고 몇 번 다니면서 길을 낸다. 신과 발이 서로 죽이 맞아 제대로 된 신발이 되도록 관성을 만드는 것을 우린 길 내기라고 부른다. 낯선 것을 익숙하게 하거나 서투른 것을 능하게 하는 것을 우린 길들인다고 한다. 낯선 것과 서투른 것 속에 길을 들여놓는 일. 길은 이미 땅 위에 놓인 것만이 아니라, 삶의 모든 행위 속에 들어앉아 있다. 야생의 동물들이 우리의 삶에 협조하도록 하는 일들도 길들이기다. 그 동물이 지닌 마음과 행동의 정글 속에 길을 들이는 일이다.

우리는 결국은 저승길로 가는 길 위에 서 있거나 앉거나 눕거나 걷고 있지만 길 가는 일을 두려워하지는 않는다. 두려워하기는커녕, 어렸을 적엔 어른이 되면 무엇이 있나 하여 목을 빼고 내달린 길이었다. 어른이 되면 머뭇머뭇 돌아보며 걷기도 하지만 마음만 그럴 뿐 몸은 성큼성큼 내닫게 마련이다. 산길이 그렇듯 오르는 길은 오지 말라는 듯 숨차지만 내려가는 길은 마치 뒤에서 떠미는 듯하여 자기도 모르는 사이 급히도 내려간다. 참 많은 샛길을 기웃거리고 다시 우왕좌왕하며 오던 길을 되돌아가 보기도 하지만, 조금만 멀리서 한 사람의 생을 내려다보면 오로지 우직한 직진임을 알 수 있으리라. 백 년 안쪽의 시간을 곧게 그은 선분 아래, 그 지름길 위에서 저마다 부지런히 걷고 있다.

장자는 발자국을 주목한 게 아니라 발자국 바깥의 여백을 살핀다. 길을 이루는 것이 발자국인 것처럼 보이지만, 실은 디뎌지지 않은 발자국의 옆자리가 길을 떠받친다는 점을 통찰한다. 만약에 발자국을 도려내서 그 자리만 놔두고 모든 흙과 돌을 떼어버린다면 누가 그 길을 갈 수 있겠는가. 인간은 발자국으로 길을 만들었다고 자랑이지만, 땅은 말없이 그 발자국 주위에 여백을 만들어줌으로써 길을 편안하게 만든다. 인위와 자연은 이렇게 도(道)의 급수가 좀 다르다. 우리가 걸을 때마다 정확하게 앞사람의 발자국 속에 발을 딛지 않아도 되도록 우리 발바닥을 붙잡아주는 땅의 은덕을 우린 깨닫고 있는가.

옛사람들은 길과 걷는 일에서 삶과 죽음의 진면목을 들여다보았던가. 길을 상징으로 가져와 도(道)라는 이름을 붙여, 모든 진리의 압축 파일로 삼았다. 또 걷는 일을 상징으로 가져와 행(行)이라는 이름을 붙여, 우리 삶의 모든 움직임을 갈파하고, 또 진실한 깨달음을 향해 나아가는 모든 노력을 그렇게 불렀다. 막다른 길 앞에 앉아 면벽하고 길을 찾아 나섰고 고난과 두려움을 떨치고 부르튼 발로 길과 산을 걸어 나가면서 삶의 진짜 문제를 만나러 다녔다. 가도 가도 보이지 않는 절망의 중턱에 주저앉아 시를 읊고 노래를 불렀으니 그 또한 행(行)이었다. 도에는 도가 없고 행에는 행이 없이, 결국 길 없는 길을 훌쩍 뛰어오르는 비약과 해탈을 꿈꾸기도 했다. 사냥꾼에 쫓기는 영양이 훌쩍 뛰어올라 제 굽은 뿔을 가지에 걸어 발자국을 허공으로 지워버리듯이, 걸음과 걸음으로 이어지는 팍팍한 지상에서 초월하는 득도(得道)를 갈구하기도 했다.

역사 또한 하나의 길이다. 한 사람의 발길이 끊어진 곳에서, 다른 사람의 발길이 조금 더 나아가는 그 증보(增補)의 걸음들이 굵고 큰 길을 만들어왔다. 나 혼자 다 나아가는 길이면 좋겠지만, 길은 목숨보다 길다. 목숨이 끝나도 길이 끝나지 않는다. 어쩌면 우리의 희망이란 우리 앞에 가지 않은 길이 있으며 그 길을 누군가 다시 갈 것이라는 그 짐작들을 미화한 것인지도 모른다. 세상의 무덤들은 한 생애가 걸어간 길의 종점 같은 것이다. 한 삶은 거기서 멈췄지만 누군가가 그쯤에서 다시 일어서서 길을 잇는다. 세상은 길들의 집합이며 세상의 슬픔은 길들이 끊어지며 우는 것이며, 세상의 기쁨은 길들이 이어지며 우는 것이다. 길이 있는 한 삶이 있다. 길 속에 무늬진 옛 삶을 가만히 들여다보는 일은, 그래서 우리가 지금 걷는 길의 땀내 나는 지문을 탐색하는 일이기도 하다. 이토록 시간들이 겹겹이 아로새겨진 자기(磁氣)테이프 같은 게 또 있으랴.

조선의 공부하는 남자들은 대개 서재에 틀어박혀 똑바로 앉아 책을 읽고 글씨를 쓰는 일을 귀하게 여겼고, 요조숙녀들은 바깥출입을 삼가고 규중(閨中)에서 몸가짐을 반듯하게 하며 바느질과 예법을 배우는 일을 아름다운 삶으로 삼았다. 그들에게 외출이란 특별한 일이었고 여행은 불가피한 경우가 아니면 하지 않았다. 그렇지만 방안에 앉아 있으면서도 그들은 목적 없는 길 걷기를 꿈꾸었고 그것을 깨달음의 질료(質料)로 삼았다. 여인들은 사랑을 찾아 천 리 길을 떠도는 일, 사랑을 잃어버리고 낯선 곳을 배회하는 일, 혹은 질식할 것 같은 사회적 질곡에서 잠시나마 벗어나는 기분을 맛보려 실제로 규방을 박차고 나와 세상을 걷기도 했다.

남자들은 과거를 보러 떠나는 야망의 길과 대개 낙방해서 돌아오는 실의의 길을 만났다. 벼슬에 올라 임지로 가는 길, 또 금의환향하는 길도 물론 있었다. 정쟁에 휘말렸다가 패배자가 되어 천 리 먼 길로 유배를 떠나는 일도 있었다. 학문적 호기심과 열정이 발동하여 전국을 떠도는 이도 있었고, 삶의 정상적인 궤도에 진입하기를 포기한 사람들이 변방을 유랑하며 마음을 달래는 그런 길도 있었다. 그들에게도 길은 삶과 동의어였고, 세상에 놓여진 길과 자기 안으로 들여놓는 길은 같은 굽이로 돌며 펼쳐졌다.

옛사람들이 온몸으로 걸어간 길의 행적을 좇는 것은 흥미진진한 일이었다. 더 좋은 것은 당장 배낭을 메고 그들이 걸어간 코스를 되걸으며 음미하고 관찰하고 사유하는 것이겠으나, 우선 그것들을 문헌으로 살피는 일부터 해야 했다. 그들이 남긴 시문들과 다른 이들의 증언들을 곰곰이 따져 재구성해보는 일은 의미가 있다. 요즘 유행처럼 번지는 '걷기'에 대한 관심이 뜨거운데 그 속을 가만히 들여다보면 뜻밖에 이렇다 할 '문화콘텐츠'가 없다는 걸 느낀다. 우리와 이웃한 그리 멀지 않은 시대 사람들은 어떻게 걸었으며 왜 걸었는가를 알게 되는 것은, 우리가 무심히 내용 없이 걸었던 '단순보행' 속에 켜켜이 숨어 있는 스토리들을 맛보고 즐기는 일이다. 길이 다른 사람의 발자국 위에 찍는 나의 발자국으로 이뤄지는 것이듯, 길에 나 있는 옛사람들의 체취는 길의 일부이기도 하다. 길을 걸으면서 스토리의 체온을 느낀다면 '걷기'는 최고의 문화이벤트가 되지 않을까.

2013년 가을 香象齋에서
빈섬 이상국

차례

길내기 – 신발 끈을 매며 5

제1부 | 조선의 두 지식인, 예술과 철학의 길을 걷다

겸재 정선, 영남의 청하를 거닐다 14
청하읍성에 서서 해를 맞다 | 세오(細烏)와 비웃 이야기 | 청하의 그늘, 진경(眞景) 논쟁을 벌이다 | 내연산 보경사에서 숙종임금을 추억하다 | "영남이 진경의 화룡점정처요" 벗, 병연을 만나다 | 기화대의 낙화, 그리고 내연진경 | 추락진경과의 만남 | 진경을 깨달은 저 나무를 겸송(謙松)이라 부르리라

여헌 장현광, 선바위 마을을 스토리텔링하다 65
입암에서 여헌을 인터뷰하다 | 과메기에 이끌려 이곳에 왔노라 | 홍시 하나의 인연 | 선바위는 선 자리(立場)며 저 산은 바라봄(觀點)이니 | 입암 절경에 취했으니 동해 생선 냄새 그립지 아니한가

제2부 | 착한 여자와 나쁜 여자, 갈림길에 서다

홍낭과 이옥봉, 16세기 조선의 사랑과 시(詩) 94
16세기 여인, 홍낭과 이옥봉의 길 | 이름도 없는 여인, 홍낭 | 달을 던진 소녀, 이옥봉 | 홍낭의 남자 최경창, 옥봉의 남자 조원 | 짧은 만남 | 벼락같은 사랑의 환함, 벼락같은 별리의 캄캄함 | 두 여인이 거닌 조선, 뜨거운 사랑의 길 | 숨이 멎을 듯한 비극 앞에서 | 죽음과 부활

어우동과 나합 – 나쁜 여자 둘, 성(性)과 권력의 미로를 걷다 168

악녀의 길에도 꿈과 눈물이… | 15세기의 풍기문란 스캔들, 즉결 처형된 어우동의 비밀 | '어우동'이란 이름의 의미 | 인사동에서 어우동을 인터뷰하다 | 홍어집 여자로만 살거라 | 연꽃 못을 만들어놓고 남자를 기다리다 | 나주의 세 가지 배 | 조선의 5대 악녀로 손꼽히다 | 왜 나합이라 부르는지 아는가

제3부 | 젊은 조선, 고려를 거닐다

15세기 한양 지식인들은 왜 개성에 갔을까 204

채수 일행, 봄날 개성 바람이 나다 | 왕이 내린 재충전 휴가, 사가독서 | 장포의 첫날밤 | 적전(籍田)을 지나며 말 위에서 시를 읊다 | 성현, 연산군을 만난 언론인의 고뇌 | 빈방과 게으름뱅이의 비밀 | 보정문과 만부교

제4부 | '고려 콤플렉스' 탈출 여행

개성을 걸을수록, 前왕조가 다시 살아나는 역설 232

목청전과 태조 이성계 | 송도 성계탕과 이성계론(論) | 안화동 수락석, 채홍철과 이제현의 추억 | 고려 500년은 무엇이었는가 | 박연폭포 앞에서 인간은 초파리임을 깨닫다 | 관음사, 모두가 취했던 그 달밤 | 화담(花潭), 철쭉꽃 그림자가 물에 거꾸로 드리운 곳 | 고려에서 조선으로 귀환하다

다시, 길 위에서 길을 묻다 – 그들은 왜 그 길을 걸어갔나 306

제 1 부

조선의 두 지식인, 예술과 철학의 길을 걷다

겸재 정선,
영남의 청하를 거닐다

● 청하읍성에 서서 해를 맞다

갑인년 새밝이었다. 새밝은 새가 밝았다는 것이니 새벽의 원래 뜻이다. 새는 동쪽이다. 샛바람이 동풍인 것은, '새'라는 말이 동(東)을 의미하기 때문이다. 동이 튼다는 것은 동쪽이 열린다는 것이다. 동남단(東南端) 청하. 동(東) 중의 동에서 밝 중의 밝을 보는 새밝. 차디찬 새벽어둠을 밀어내는 한 줄기 빛의 기운. 음(陰)의 절정에서 양(陽)은 실낱 같은 기운을 내서 한해의 심지를 돋운다. 선(敾)은 부용루에 서 있었다. 동해에서 해가 끓어오르는 듯 하늘이 붉게 울먹거린다. 꿈틀꿈틀 생명 같은 빛 덩어리가 부화한다. 해문(海門)을 가리는 큰 소나무 수백 그루가 서 있는 봉송정 송림 솔잎 사이로 햇살들이 터져 들어온다. 선은 입을 굳게 다물고 숨을 깊이 들이쉬었다. 계축년(1733) 유월에 발령을 받고 청하에 내려온 지 여섯 달. 권문세족의 그림 간청을 물리치지 못하여 붓과 종이를 놓을 새 없었던 한성의 생활이 벌써 아득하게 느껴진다. 조선 반도의 동쪽 끝, 백두(白頭) 큰 줄기의 자락에 서서 59년의 생을 돌아보듯 느긋한 기분으로 서 있다.

동쪽 끝으로 와서 돋는 해를 맞는다. 부웅루는 청하읍성의 동문 겸 정문이다. 이 작은 성은 지세(地勢) 때문에 남북으로는 문을 내지 못했다. 따라서 동쪽과 서쪽에 문이 있다. 부웅루는 세종 때 경상감사였던 홍여방(洪汝方)이 지은 누정(樓亭)으로 그 이름도 그가 지었다. 홍여방도 바로 이 자리에서 바다가 토하는 듯한 붉은 첫해를 만났으리라. 부웅(孚顒)은 주역에 나오는 말로, 제물로 바칠 포로가 건장한 것을 뜻한다. 하늘을 우러르는 경배의 마음이다. 선은 41세 때 관상감 천문학 겸교수(종6품)의 벼슬을 받아 일한 적이 있었다. 음직(蔭職)으로 벼슬을 나갈 경우엔 종9품부터 시작하는 것이 관례인데, 그는 파격적으로 바로 종6품직에 특채되었다. 화명(畵名)을 떨치며 지식인들 사이에서 선풍을 일으킨 그에게 벼슬을 주어야 한다는 의론이 일었고, 그가 특히 '주역'에 능통하였기에 천문학 쪽의 일을 맡긴 것이었다. 그는 부웅문 아래서 일출을 바라보며 자신에게 다가오고 있는 큰 운명의 기운을 느꼈다.

그는 천천히 발길을 돌려 관아를 거닌다. 돌아서서 성읍 가운데 자리를 잡고 있는 동헌 쪽을 보니 건물 너머 진산(鎭山)인 호학산(呼鶴山)이 벌써 훤하게 모습을 드러낸다. 청하읍성은 평지 구릉 위에 정방형에 가까운 형태로 축조되었다. 그는 북쪽으로 발길을 돌려 천천히 내아(內衙) 쪽으로 걷는다. 이곳은 그를 비롯해 관속들이 기거하는 공간이다. 내아 옆의 연못을 지나 동헌 뒤쪽으로 가면 서문이 있다. 부웅문 쪽이 에두르는 길인지라, 사실상 서문이 요즘은 정문처럼 쓰이고 있다. 서문밖엔 민가들이 옹기종기 모여 있다. 동헌으로 쓰이는 칠정헌(七政軒)과 읍창(邑倉) 뒤편으로 걸어가며 정정한 회화나무 아래서 잠깐 머문다. 선은 왠지 이 나무가 의지목처럼 느껴졌다. 언젠가 이 나무를 그림으로 남겨놓고 싶다는 생각을 한다.

한 차례 나무껍질을 어루만진 뒤 그는 시죽(矢竹, 활대)으로 쓰이는 대숲이 늘어선 성벽을 따라 걷는다. 대숲은 관아 뒤에서부터 남쪽 성벽까지 돌아가며 둘러서 있다. 남쪽 한켠에는 객사(客舍) 건물들이 있다. 그 중심에 있는 큰 누각은 해월루(海月樓)로, 청하읍성의 자랑거리다. 회재(이언적)의 기문이 있고 청천 신유한(申維翰, 1681-1752)이 다시 세우며 기(記)를 남긴 누각이다. 청천(靑泉)은 그 시대 뛰어난 시인으로 선도 잘 알고 있었다. (다섯 살 아래인 청천은 나중에 다시 겸재와 만나는 인연이 있다. 8년 뒤인 1742년 겸재가 양천현령으로 부임되었을 때, 경기감사인 홍경보가 겸재와 함께 인근의 연천현감 신유한을 삭녕의 우화정으로 불러 당대 최고의 시화(詩畵) 뱃놀이 이벤트를 벌인다. 이때 그린 그림이 '연강(漣江)임술첩'이다.) 동헌의 건물들은 모두 남향이지만 해월루는 동향으로 서 있다. 그 곁에 서 있는 객관은 덕성관(德城館)이다. 선은 다시 칠정헌 앞으로 와서 돋아 오른 해를 보며 심호흡을 한다. 이제 나도 50대의 마지막 해를 맞았구나.

영남의 끝자락. 그가 이곳에 온 것은 우연이 아니었다. 선에게는 6년간의 영남시절이 이미 있었다. 1721년(경종 원년)부터 1726년(영조 2년)까지 하양현감으로 있었다. 하양(河陽)은 경북 경산지방이다. 선의 나이 46세에 시작하여 51세까지였다. 그때 그는 영남산수의 진면목을 살짝 맛보았다. 37세에 금강산을 여행하면서 그렸던 '해악전신첩(海嶽傳神帖)'은 당시 조선을 매료시킨 최고의 히트상품이었다. 당시 지식인들은 이렇게 말했다. 훔치고 싶은 물건 제1호가 무엇이냐고 물으면 해악전신첩이라고 말하리라. 선은 부동의 스타가 되었다. 특히 김창집의 자제군관으로 따라간 김창업이 겸재의 그림을 중국 연경 화단의 감식안들에게 내놓았을 때, 그들은 당시 조선 최고 화가로 꼽히던 공재 윤두서의 그림보다 정선을 윗길로 쳤다.

공재는 이런 평가에 충격을 받고 가세(家勢)가 기울었다는 것을 이유 삼아 해남으로 낙향하기까지 한다. 이후 선은 조선 화단을 주도하는 독보적 존재가 되었다. 그 이후인 하양현감 시절은 산수화의 변경을 영남까지 확대하는 일대 숙성의 시기였다. 이 시기를 '영남 하겸(河謙)시대'라고 부를 만했다. 이 무렵의 그는 지역의 실경을 사생하고 살피면서 금강산도에서 못다 했던 깊이를 더하고 있었다. 1722년엔 그가 어울리던 노론 세가의 자제들이 참화를 입는 임신사화가 일어났으나 그는 변방에 있는 바람에 피바람을 피할 수 있었다. 1725년 화가인 관아재 조영석의 형인 조영복이 경상감사로 내려온다. 선은 이 무렵 영남 66군현을 골골마다 훑으며 명승(名勝)을 스케치하는 여행을 다니기도 한다. 그 결과로 남긴 것이 '영남첩(嶺南帖)'이다. 그가 한성으로 돌아왔을 때에는 그림 그리기를 좋아했던 예술군주 영조가 등극해서, 세자 때 스승이었던 그를 기다리고 있었다. 선은 한성주부, 의금부도사로 임명된다. 영조는 14세 때 창의궁을 사저로 받은 뒤 겸재에게 그림을 배웠다. 왕이 된 뒤에도 그의 이름을 부르지 않고 '겸재'라고만 불렀다.

선이 청하에 발령을 받게 된 것은 영조의 깊은 뜻이었다. 왕은 조선의 고유한 정체성을 찾아가고 있는 진경(眞景)의 문화를 뿌리내리기 위해 시화(詩畵)의 쌍벽이라 할 수 있는 사천 이병연과 겸재를 조선 최고의 명승지인 관동팔경 지역에 내려보낸다. 두 사람은 평생의 지기(知己)이며 시와 그림의 호흡을 맞추는 환상의 콤비였다. 이병연은 삼척부사로 발령받았는데 떠나기도 전에 겸재에게 '대관령도'를 그려 달라고 부탁해서 벽에 걸어놓고는 그곳에 갈 날만을 기다렸다. 그는 청하로 떠나오기 직전까지도 서울의 많은 사람들에게 금강산과 북악산 그림들을 그려주고 있었다. 그의 그림 값은 대개 한성의 집 한 채 값의 절반 정도였다고 한다. 그가 굳이 돈을 받았던 것은 구십이 넘은 노모를 편히 봉양하려는 마음에서였다. 영남 작은 고을의 사또로 부임하면서 선은 비로소 한가함을 찾았다. 한가로이 뜻과 흥에 따라 그림을 그리면 그만이었다. 요즘은 고요히 앉아 미친 듯 그렸던 그림들을 펼쳐놓고 들여다보는 게 일이었다. 그런데 서울에서는 느끼지 못했던 허전함 같은 것들이 밀려왔다. 그림이란 대체 무엇이던가.

　작년 가을, 선은 해월루에서 신유한과 술자리를 가졌다. 구면이었다. 1719년 한성, 영의정 김창집의 집에서 그를 본 적이 있다. 신유한은 일본 통신사의 제술관으로 떠나기 전에 상공댁에 하직 인사를 하러온 것이었다. 겸재는 스승이었던 김창흡(창집의 아우)이 설악산에서 모처럼 귀경해 그곳에 머물러 있는 때였기에 그 댁을 드나들었다. 67세였던 김창흡은 39세인 신유한에게 정중히 시권(詩卷)을 보여 달라고 말했다. 33세로 장원급제한 신유한은 한성에서도 명성을 지닌 빼어난 시인이었다. 김창흡은 유한에게 이렇게 말했다. "영남에서 이미 명성이 자자한 사람으로, 이제 일본까지 그 향기가 미치겠구려. 천지가 동남쪽으로 기울어졌으니 그 문장은 굴원(屈原) 송옥(宋玉, 두 사람은 고대 중국 초나라의 시인)의 여운을 지녔소." 돌아가신 스승이 이토록 칭찬을 한 소객(騷客, 시인)이니 선으로선 기억이 새로웠다.

 그는 고령 사람이었으나 청하에 자주 들렀다. 신유한이 청하읍성으로 선을 방문했을 때 일행이 있었다. 그의 학덕을 사모하여 배움을 구하는 이 지역의 제자들이었다. 그중에서 흥해 출신인 최천익(崔天翼)과 오두촌의 승려 오암(鰲巖, 속명은 김하(金河))은 놀라운 인재들이었다. 스물네 살 동갑내기. 최천익은 경전과 역사를 줄줄 꿰는 박학다식이었고 김하는 한번 읽으면 모두 기억해내는 일람첩기(一覽輒記)의 장기를 지녔다. (나중에 최천익은 일세를 풍미하는 시인이 되고, 김하는 서산대사의 법손(法孫)으로 보경사의 주지가 된다.) 그리고 여인이 하나 있었다. 이름을 세오(細鳥)라고 했다. 홀아버지 정해일(鄭海日)이 소도둑 누명을 쓰고 죽은 뒤, 바닷일을 하며 홀로 살아가는 스물여덟쯤 되는 사람으로 선비처럼 밤낮으로 책을 읽고 사군자(四君子)를 치며 살아간다 하였다. 최천익과 함께 신유한의 가르침을 받는 동학(同學)이기도 했다. 눈이 맑고 콧매가 깨끗하여 범접하기 어려운 기운이 있었다. 술이 거나해졌을 때 신유한은 선에게 말했다.

 "내, 부탁이 하나 있소이다."

 "어떤 일이오? 그림이라면 어렵지 않소이다만…."

 "겸옹(謙翁)의 그림을 얻을 수만 있다면 천하의 광영이외다. 허나 지금 제가 말씀드릴 것은…."

 유한은 웃음을 머금은 채 말을 망설이고 있었다.

 "실은 저 아이 말이오."

 "저 아이?"

 "예, 저기 앉은 세오 말입니다. 세오는 어릴 적부터 회사(繪事, 그림 그리기)를 즐겨, 중국과 조선의 화첩(畫帖)들을 있는 대로 모두 임모하면서 습작을 해온 아이지요. 사또께서 저 아이를 거두어, 손으로 그리는 기예(技藝) 저 안쪽에 있는 깊은 학덕을 잠깐이라도 베풀어 주신다면 저 아이로선 큰 은혜를 입는 셈이 될 것입니다. 이 고을에선 따를 이가 없다할 만큼 재능을 갖추고 있는지라, 궁벽한 시골살이에서 적적함을 달래는 일이 될 것입니다."

"허어, 과연 그런 아이란 말이오?"

세오는 고개를 깊이 숙여 보이며, 몸에 지니고 온 종이를 풀었다. 거기엔 해송과 바다를 그린 그림 몇 점이 들어 있었다. 아직 습기(習氣)가 가시지는 않았으나, 지금까지 보지 못했던 기이하고 독창적인 화풍이었다. 세오는 그렇게 선에게로 왔다.

● 세오(細烏)와 비웃 이야기

세오가 펼쳐 보인 그림에는 바다가 가득했다. 해 뜨는 바다, 구름 가득한 해면에 출렁이는 물결, 바위의 골기(骨氣)에 맞서 튀어 오르는 힘찬 파도, 달빛 내린 바다, 어둠 속의 고깃배들, 물속에서 헤엄치는 기이한 물고기까지. 세오의 화폭은 너무나도 청하(淸河)다운 것으로 채워져 있었다. 선은 중얼거리듯 말했다.

"산수(山水) 중에서 한쪽만 취한 듯 수화(水畵)로 가득 차 있구나. 그러나 산이 없거나 간결하게 처리된 가운데서도 전혀 단조롭지 않고 이토록 꿈틀거리는 화의(畵意)가 느껴지니, 공부가 적지 않았겠구나."

신유한이 고개를 끄덕이며 말했다.

"저 아이는 말갈기곶(長鬣串)에서 태어나 바다만 보고 자랐지요. 격암(格庵, 남사고)은 조선반도를 호랑이가 앞발로 연해주를 할퀴는 동세(動勢)라 일컬으며, 백두산이 있는 곳에 호비(虎鼻)가 있고, 말갈기곶엔 호미(虎尾)가 있다고 했지요. 그 기운을 받은 듯하오이다."

"그렇구려. 이름이 세오(細鳥)인 것은 신라의 일월(日月)고사를 담은 것이던가?"

세오가 나지막이 말했다.

"예, 그렇사옵니다. 돌아간 아비가 생전에 그렇게 말해주었습니다. 세오녀의 지아비였던 연오랑은 원래 아달라이사금(신라 제8대왕)의 숨은 아들로, 왕이 아주 먼 이방(異邦)에서 올 적에 데려왔던 자식이었다 합니다. 바다 건너에 있던 왕국에서 검은 배를 타고 와서 7척 장신이었던 연오를 납치해 갔습니다. 그는 그곳 소국의 왕이 되었는데, 세오를 몹시 그리워하여 야위어갔다 합니다. 병사들은 하는 수 없이 다시 흑선을 몰고 와서 연오를 태워간 그 자리에 묶어두었습니다. 뱃고물(船尾)에 연오의 신발을 얹어놓았지요. 바닷가에서 울며 그를 찾던 세오는 그 배를 타게 되었고, 왕국으로 건너가게 되었습니다. 그런데 그때 공교롭게도 신라에 일식(日蝕)이 있어 나라가 큰 근심에 잠겼는데, 그것이 연오와 세오가 사라진 때문이라는 풍설이 돌았습니다. 아달라는 그간의 무심을 크게 후회하며, 두 사람을 찾아 나섰다 합니다. 그러나 연오왕은 귀국을 거부하고 세오가 짠 비단을 주며 '이것을 가져가면 왕국의 근심이 사라지리라' 고 말합니다. 이를 본 일본인들은 그들의 주군 부부를 해와 달로 여겼다고 하지요. 저의 아비는 세오처럼 비단을 잘 짜는 여인이 되라는 뜻으로 이름을 빌었다 하였습니다."

"그렇구나. 이곳이 영일(迎日)이나 연일(延日)로 불리는 것도 거기서 나온 것이던가."

신유한이 말했다.

"아마 그러할 것입니다. 이곳엔 오래전 귀비고(貴妃庫)라는 것이 있었다고 합니다. 일본서 가져온 세오의 비단을 보관했던 곳이지요. 그것을 바다 앞에 모셔놓고 천제(天帝)에 제사를 지내고 나라의 안녕을 빌었다 합니다."

"왜 하필 작은 까마귀(細烏)던가?"

"하하, 연오(延烏)가 큰 까마귀이니 그렇지 않겠소이까. 연오가 살던 옛 이방에서 모시는 상징이 금빛까마귀였다고 하더이다. 이것이 우리 고대의 삼족오(三足烏) 신앙과 합쳐지면서 연오로 이름 지어진 것 같소. 삼족오는 바로 태양의 정기가 뭉쳐서 생겼다는 세발 달린 까마귀가 아니더이까. 그러니까 연오는 태양을 말하는 것이고, 태양의 전신(轉身)이라고 믿었던 달은 바로 세오가 될 수밖에요."

"허허, 그렇구려. 달님 세오는 그림의 무엇이 알고 싶은겐가?"

"사또 나리를 오랫동안 마음속의 사부로 여기며 사모해왔습니다. 이 궁벽한 곳에서도 그 화명(畵名)이 워낙 높은지라 몇 가지를 감히 흉내내면서 종이를 더럽혀왔으나, 산수(山水)를 붓으로 옮기는 일이 무슨 의미가 있는지를 알 수 없었습니다."

"그렇구나. 혹여, 안견(安堅)의 그림을 본 일이 있는가?"

"직접 본 일은 없사옵니다. 다만 오래전 아비가 구해준 화보 중에 '몽유도원(夢遊桃源)'을 임모한 것을 본 적이 있습니다."

"아, 그랬구나. 안견이 그린 그림이 바로 북송(北宋)의 곽희화풍(郭熙畵風)

이다. 안견의 후원자였던 안평대군(李瑢, 세종의 삼남)은 곽희의 그림을 15점 수집해서 가지고 있었다. 나는 그림공부를 거기서부터 출발했다. 산수화에 대한 이론은 곽희의 '임천고치(林泉高致)'에 있는 산수훈(山水訓) 4천자에 이미 정밀하게 밝혀져 있노라."

"곽희의 어떤 면모를 배울 만한 건지요?"

"멀리 있는 풍경을 표현한다면 어떻게 하는 게 좋겠는가. 먼 것도 높이 먼 것이 있고 평탄한 거리에서 먼 것이 있고 깊어서 먼 곳이 다 다르지 않는가. 곽희는 이것을 한 화폭에다 달리 표현해 넣었다. 이것이 삼원(三遠)의 경지다. 또 아침과 저녁의 빛이 다른 것을 그림으로 드러낸 것도 이 스승이다. 사계절의 변모하는 자연을 생생하게 붙잡은 것도 이분이다."

"예, 사또. 그 말씀만 들어도 제 굳은 생각에 큰 충격이 오는 것 같습니다. 대개 북송의 그림들은 황하 일대의 화북(華北)의 풍경인 까닭에 비가 적고 거칠고 추운 자연환경이 드러나 있다고 들었습니다. 그래서 한림도(寒林圖, 추운 숲 그림)가 많은지라 우리나라로 치면 겨울 한 계절에만 국한된 것이 아니냐는 얘기를 들은 적 있습니다만…."

"그래, 맞는 얘기다. 그래서 내가 조선에는 조선의 그림이 필요하다는 생각을 하게 된 것이다. 그는 이렇게 말했다. '보고 또 보고 싫증이 날 만큼 실컷 돌아다니며 자연현실을 들여다보라' 포유어간(飽遊飫看). 여러 명가를 섭렵하는 것도 중요하지만 거기에서 더 나아가야 한다고 말했다. 그러려면 두루 보고 널리 연구하여 스스로 일가를 이뤄야 한다는 것이다."

신유한이 큰 공명을 표하면서 말했다.

"앞으로 사또의 화맥을 따라 너도 오르거라. 이토록 큰 스승을 모셨으니, 대접을 하여야 하지 않겠느냐."

"그러하옵니다. 사또께서는 겨울철의 비웃을 아시는지요?"

"비웃이라면 청어(靑魚)를 말하는 것이냐?"

"그렇사옵니다. 이곳에선 관목(貫目, 과메기란 말이 여기서 나왔다는 설이 있다)이라고도 부르는데, 추운 시절에 잡은 청어를 배도 따지 않고 소금도 치지 않고 그대로 그 눈을 꿰어 엮어 그늘진 곳에서 얼렸다 말렸다 하면 참으로 꼬둑꼬둑하면서 비리지 않은 술안주가 되더이다. 여기에 미역과 김 같은 해조류와 파와 마늘, 고추 같은 풋것들을 겸하여 들면 드실 만합니다. 이 고기를 비유어(肥儒魚)라고도 하는데 가난한 선비를 살찌게 하는 어류라는 의미입니다."

"허허, 그러냐? 나 또한 성리학에 잠심(潛心)하여 공부하는 선비임을 잊지 않으려고 애쓰거늘 겨울철 나를 살찌게 해주는 물고기가 되겠구나. 해풍에 치는 파도 소리가 들리는 호미 일대에서 비웃을 안주 삼아 다시 한 번 화론(畵論) 수업을 하자구나."

"이렇듯 각별한 은혜, 잊을 수 없을 것입니다."

선이 가구 수 1천, 7천 명의 소읍 청하에 내려온 것에는 하양에서 미처 완성하지 못했던 영남첩(嶺南帖)을 마무리 짓고 싶은 마음도 있었다. 영남의 방방곡곡을 사생하여 조선 남쪽의 명승(名勝)들을 일대 정리하겠다는 야심이었다. 이를 위해 하양시절부터 그는 틈만 나면 영남 일대를 쏘다녔다. 금강산첩인 '신묘년풍악도첩' 13폭과 '해악전신첩'이 30대 후반에 그를 조선 거장의 반열에 올린 출세작이었다면, 40대 후반부터 그의 내부에는 '금강산 겸재'라는 자기 브랜드로부터 탈출을 감행하여

진정한 겸법(謙法, 겸재화법)을 창시하려는 욕망이 꿈틀거리고 있었다. 청하 시절은 '영남첩'이 드디어 66폭의 화보를 이루면서 하나의 화풍을 완성하는 화룡점정의 시기가 된다.

  선은 청하에 머물면서 예안의 도산서원과 영양의 석문입암에 들러 풍경을 스케치한다. 그는 '퇴계집'을 뒤지며 도산서원에 관한 이야기를 읽고 또 읽어 외우다시피 했다. 그곳에 들렀을 때 때마침 학생들은 모두 수업 중인 듯 고요한 대낮이었다. 수복(守僕) 하나가 쇠스랑을 메고 서원을 내려오다가 서당 쪽 울타리 부근으로 다가오고 있다. 선은 책에서 읽은 것들을 기억해내면서 빠른 속도로 도산(陶山), 퇴계(退溪), 낙천(洛川), 천연대, 천광운영대, 반타석, 서당과 서원, 동취병과 서취병을 그려갔다. 강에 묶은 배도 그렸다. 큰 부채 위에 그린 이 그림은 진경사생의 면모를 보여준다 할 만하다. 영양의 입암은 율곡의 핵심제자이던 서성(徐渻, 1558-1631)이 귀양을 왔던 곳으로 율곡 성리학을 추종하던 겸재로서는 필히 가보고 싶은 곳이었으리라. 솟아오른 바위의 분기탱천하는 기운은 스스로를 이기지 못한 듯 한쪽으로 휘어졌다. 그 밑동을 깎아칠 듯 세차게 흘러내리는 대천수(大川水) 물길이 소용돌이친다. 입암의 거친 표면 위로 농묵의 점들을 툭툭 쳐나가면서 겸재는 마치 흉중의 분노가 들끓는 듯한 장쾌한 풍경의 기운을 돋우고 있다. '도산서원'과 '쌍계입암'은 영남첩의 백미일 뿐 아니라, 청겸시대의 빅뱅을 알리는 서곡 같은 작품이다. 그에게 영남은 삶의 방향을 바꾸는 화두였다.

● 청하의 그들, 진경(眞景) 논쟁을 벌이다

선은 눈을 감고 멀리 한성의 옥인동 본가를 떠올린다. 탕약(湯藥)을 달이고 있는 아내 연안 송씨. 그 뒤로 두 며느리가 들락거리는 부엌 풍경. 장자 정만교(鄭萬喬)는 서른한 살, 둘째 만수(萬遂)는 스물다섯. 선의 집은 평온해 보인다. 아내가 수심에 찬 표정을 짓고 있는 것은 94세의 어머니(밀양 박씨)가 얼마 전부터 몸져누우셨기 때문이리라.

선은 소년 시절 외롭고 힘겨웠다. 그가 태어났을 무렵엔 가산이 넉넉했던 큰집에서 도와준 덕에 비교적 걱정 없이 살았으나 겸재가 6살 때 백부 정시설이 돌아간 뒤 지원이 끊기면서 갑자기 집안이 쪼들리게 된다. 14세 때는 부친 정시익마저 세상을 뜬다. 이후 선은 46세의 홀어머니를 모시고 집안 살림을 책임져야 하는 소년가장이 되었다. 몰락한 사대부 가문이었다고 하나, 그게 밥을 먹여주는 것은 아니었다. 외할아버지 박자진이 그의 재능을 보고는 그림을 권했다. 도화서 소속 화원으로 일한 건 아니었고, 닥치는 대로 그림을 그려 몇 푼 그림 값으로 생활을 꾸려나가는 잔반(殘班)의 화인(畵人)이었다. 그러나 차츰 화명(畵名)이 높아지면서 그 값도 올라갔다. 마침 그가 태어나고 자란 집이 신흥 안동 김씨들인 장김(壯金, 장동 김씨)들과 이웃하고 있었기에 그림을 인연으로 자연스럽게 학연(學緣)이 맺어졌다. 과거시험을 준비하는 대신, 스스로의 특기(特技)를 발판으로 조선 지도층의 이너서클에 진입한 셈이다. 선은 그들과 격(格)을 맞추기 위해 그림을 그리는 시간 외에는 늘 책을 끼고 다녔다. 그는 김창흡이라는 당대 최고의 스승, 또 이병연이라는 걸출한 시인 지음(知音)을 둠으로써 쟁쟁한 네트워크를 갖췄다.

이렇게 사회적인 성취를 이루기까지 결혼을 할 여유도 겨를도 없었다. 20대 후반에 들어서야 연안 송씨와 혼인을 치른다. 그러나 아내를 맞은 뒤에도 바깥으로 돌 수밖에 없었다. 스케치 여행을 다니는 경우도 잦았고, 청하현감처럼 외직으로 나오는 경우도 있었다. 30대 시절에 금강산을 제집 드나들 듯 다닌 것은, 선비들과 풍류를 즐기기 위함이라기보다는 '그림을 제대로 그리려면 보고 또 보고 싫증이 날 만큼 돌아다니라'는 마음속 스승 곽희의 말을 새겼기 때문이었다. 지방 관리로 내려가는 일 또한 그에게는 더없이 긴요한 화업(畵業) 수련 코스였다. 그림은 선에게 모든 것이었기에, 아내는 이런 남편을 말없이 이해해주었다. 마침 청하엔 정월 대보름 무렵의 달이 환하다. 아내도 천 리 먼 곳에서 달을 보고 있을까. 그는 송씨에게 그림편지를 쓴다. 출렁이는 바다에 뜬 달을 그렸다. 그리고 당나라 양사악의 시를 부제한다.

'가고 싶지만 언제가 될지 / 쓸쓸히 수레 돌려 다리를 내려가네(心期欲去 知何日 惆悵 回車下野橋)'

호미곶 비유어회(肥儒魚會)에는 지난번 해월루에 있었던 신유한, 최천익, 그리고 세오가 왔고, 스무 살 경주기생 하나가 함께했다. 경기(慶妓)의 이름은 월섬(月蟾)이라고 했다. 월섬은 초충(草蟲) 그림을 잘 치는 아이로, 산수에 대한 가르침을 듣고자 왔다고 했다. 눈썹이 달처럼 곱고 살결이 환하여 시골에선 보기 어려운 미색이었다. 선비를 살찌울 청어가 나오기 전에 얼린 조홍시(早紅柿)가 나왔다.

신유한이 입을 열었다.

"사또, 가객 박인로의 시조 '조홍시가'를 아시는지요?"

"알다마다. 백성들에게 효(孝)를 권면(勸勉)할 때 자주 부르는 것이 아닙니까?"

"예, 마침 조홍시가 나왔으니 그 노래를 한번 부르도록 함이 어떨지요? 월섬이는 거문고 솜씨가 뛰어나 들을 것이 있을 것입니다."

선이 웃음을 지으며 고개 끄덕이자, 월섬은 거문고 앞에 앉아 줄을 매만진다.

"반중 조홍감이 고와도 보이나다 유자 아니라도 품엄즉도 하다마난 품어가 반길 이 없을 새 그를 설워하노라."

"내 먼 객지에서 들어서인지 참으로 마음을 붙잡는 노래로다."

선은 늙은 어머니를 생각하며 그렇게 말했다. 그때 최천익이 문득 끼어들었다.

"여기에 나오는 조홍감은 그냥 일찍 익은 감이 아니라, 청하의 느티나무 마을인 유천(柳川)에서 나는 쫑감을 말합니다. 쫑감은 조홍감이 변해서 된 말이고요. 영남 가인(歌人) 박인로는 청하의 쫑감을 보고 시조를 읊은 것이지요. 쫑감은 한 달쯤 빨리 익어 9월에 홍시가 되는데 오직 유천 마을에서만 나무가 자란다 합니다. 딴 곳으로 옮겨 심으면 열매가 제대로 맺히지 않는다지요."

"아, 그건 정말 처음 들어보는 얘기요."

이때 겉마른 청어가 접시에 담겨 올라왔다. 쫄깃한 고기 맛에 술잔이 자주 돈다.

"이것 참, 바다 맛이 절로 나는 음식이로고."

주흥이 무르익었을 때 세오는 자신이 그린 청어도(青魚圖)를 펼쳐 보인다.

"비천한 솜씨지만 한번 보아주십시오."

선은 말없이 오랫동안 화폭을 들여다보고는 나지막이 묻는다.

"비웃은 비웃인데 비웃의 무엇을 그렸는가. 왜 비웃을 그렸는가. 비웃을 본 사람은 비웃의 무엇을 보겠는가."

세오는 조금 얼굴이 붉어지더니 말을 꺼낸다.

"소녀, 비웃을 보이는 대로 그리고자 애썼습니다. 생각이 앞서서 실상을 바꾸지 않도록 비웃을 가만히 들여다보며 하나하나 비교해가며 그렸습니다."

"실상을 그대로 베낄 셈이면, 실상을 보면 되는 것이지 굳이 베낄 이유가 있겠는가. 실상과 똑같도록 베끼려는 그 욕심이, 그림 그리는 일을 화공(畵工)의 일로 만들어버리지 않았던가?"

"실상을 그리지 않는다면 무엇을 그려야 하옵니까?"

"그림은 실상의 재현이 아니라 마음속에 있는 가상(假相)을 그려 그것을 나누며 즐기는 오랜 전통이 있다. 이것을 우린 관념화라고 하지. 옛 중국인들은 산수를 그릴 때, 눈에 보이는 것을 그대로 그리는 것이 아니라, 마음에 드는 풍경을 그리려고 했다. 산수를 그릴 때 산수의 형상을 관찰하는 것이 아니라, 산수가 지닌 뜻을 관찰하라고 곽희는 말했지. 가보고 싶은 곳, 구경하고 싶은 곳, 노닐고 싶은 곳, 그리고 살고 싶은 곳. 그것을 그리면 묘품에 든다고 일러주었다. 이것이 관념산수의 핵심이다."

"그렇다면…."

기생 월섬이 목청을 가다듬으며 나섰다.

"모든 그림이 다 똑같아지지 않겠습니까? 그것은 우리 눈에 보이는 풍경도 아니고, 그저 생각 속에 존재하는 그런 풍경일 뿐인데, 그림을 바라보며 그것을 꿈꾸는 것은 허황함을 키우는 일이 아닐지요?"

"그래서 조선에서 실경(實景) 산수를 주창하는 이들이 생겨났지. 하지만 이들이 부딪친 것은, 현실에서도 충분히 볼 수 있는 범상한 실경을 왜 굳이 그려놓고 들여다보느냐 하는 반론이었지. 그림의 효용이 대체 뭐냐는 것이었지."

"하오면, 범상하지 않은 실경을 찾아 그리면 되지 않을까요? 산수를 그려놓고 보는 것은 굳이 발품을 팔고 시간을 내서 그 험준한 산으로 찾아가지 않더라도 방안에 앉아 생각의 여행을 즐길 수 있기 때문일 것입니다. 그 여행을 대신해주는 것을 맡으면 되지 않을지요?"

"물론 그럴 수 있을 것이다. 그 때문에 금강산 그림 바람이 일어난 것도 사실이야. 하지만 금강산 그림 또한 실경으로 그려보면, 우리가 걸어 다니면서 느낄 수 있는 다양한 감각과 기운, 그리고 움직임 같은 것들이 표현되기 어렵더군. 즉 그리는 순간, 산속을 걷는 느낌이 죽어버리고 그냥 평범한 산, 굳은 사물 같은 산만이 남게 되기 쉽다는 것이지."

"사또께서는 조선에 진경이라는 큰 화풍을 불러일으켰는데, 진경은 대체 실경과 어떻게 다른 것인지요?"

"그게 말이다. 시간을 두고 파고들수록 더 대답하기 어려운 것이 되었다네. 대체 진경이 무엇인지 점점 더 모르겠어. 단지 중국의 산과 강이 아닌 조선의 산과 강을 그리면 그게 진경인지⋯ 아니면 중국 관념산수의 관념을 팽개치고 오직 외면에 나타나는 경치를 그리면 그게 진경인지⋯ 아니면 유학철학의 바탕을 이루는 주역적 사유들을 화면 구성이나 표현기법에 도입하면 진경이 되는 것인지⋯ 실경을 그리면서 관념을 담는 것이 진경인지⋯ 젊을 때는 내가 나아갈 수 있는 뚜렷한 진경의 세계가 있다고 생각했는데, 이제는 그 정체가 오히려 모호하게 되었어."

"그렇다면 진경에 관한 생각들이 등장하게 되는 역사적인 맥락들을 짚어볼 필요가 있지 않을까요? 시대적인 흐름이라면 분명히 어떤 이유와 배경이 있을 것입니다."

"음… 그래, 그거 일리 있는 생각이다. 조선산수화가 중국을 벗어나고자 하는 까닭은, 중국의 중화가 오랑캐에게 자리를 내준 이후, 조선이 그 중화를 이어받아야 한다는 소중화(小中華)사상이 일어났기 때문이지. 즉 조선이 세계의 중심이라는 생각이, 중국 방식의 모든 관행들을 재고하도록 각성시키고 있는 현상이라고 할 수 있어. 현실, 현상, 실제를 있는 그대로 받아들여서 다시 철학을 입론(立論)해야 한다는 주체적인 생각이, 시문을 비롯해 사회제도와 음악, 예술 등의 문화 흐름까지도 지배하기 시작한 거야. 금강산은 바로 조선산수의 큰 상징이었고, 그것으로부터 진경산수의 기운이 시작되었다고 볼 수 있지. 내가 영남을 비롯해 조선 각지의 그림을 그리는 것 또한 조선진경문화를 전국으로 확대하여 하나의 중심문화로 만들고자 하는 일련의 노력들이 아닐지…."

그때 세오가 문득 소리쳤다.

"옳사옵니다. 그러니까, 진경은 바로 우리 자연을 우리식대로 즐기는 방식을 창안하는 것이겠군요. 그렇다면 조선의 청어를 그리는 것을 넘어 그 청어 그림이 조선의 사람들에게 어떤 의미와 가치를 줄 수 있느냐를 고민해야 하는 것이군요."

"그래. 금강산 그림들이 큰 호평을 받으면서 우리 산수를 표현하는데 적절한 그림기법(겸재준법)들을 도입하면서도 중국의 관념산수가 지니고 있던 철학적인 깊이와 음미하는 즐거움을 어떻게 조화시키느냐를 고민해왔어. 방향은 잡혔는데, 이것이 대체 무엇인지 명쾌하지 않아. 이게 왜 진경(眞景)인지 설명하기 어려워."

이때 신유한이 말했다.

"청하엔 내연산이라고 깎아지른 바위에 폭포가 장관인 곳이 있소이다. 이곳을 소재로 삼아 진경의 화두를 좀 더 면밀히 가다듬는 것은 어떠할지요?"

최천익도 한마디 거들었다.

"산수화에 있어서 성리학이 어떻게 작동하는 것인지 아리송합니다. 이 문제는 그림을 낮춰보는 풍토 때문에 정작 중요한 문제이면서도 소홀히 다뤄온 느낌이 있습니다. 음양이나 풍수로 유학이 들러리 서는 일이라면 차라리 갖다 붙이지 않는 게 좋을 것 같습니다. 산수와 성리가 어떻게 조화를 이뤄야 하는지에 대한 체계적인 논변들이 필요하겠군요."

선은 웃으며 말했다.

"정말 일리 있는 생각이오."

● 내연산 보경사에서 숙종임금을 추억하다

선은 월섬을 생각하고 있었다. 얼굴이 달처럼 보얗고 허리가 버들 같던 그녀는 여윈 손으로 거문고를 타면서 잠깐 눈물을 보이는 듯했다. 몇 년 전 돌아갔다는 어미를 생각한 것일까. '조홍시가'를 들으며 선도 병든 노모를 떠올렸기에 애틋한 기분이 전해져 왔다. 월섬은 기생인 어미를 따라 기적(妓籍)에 올랐지만, 어미를 여읜 이후 방면(放免)되어 자유로워졌다. 그녀는 언젠가 경상관찰사를 따라와 구경했던 내연산에 반해 이곳 청하로 들어왔고 보경사 절집에서 허드렛일을 하며 그림을 그리고 있었다.

"너는 어찌하여 아직도 기생을 자처하느냐?"

"스님과 보살들에게 저를 소개할 때 화기(畵妓)라고 하였는지라, 그것이 별호(別號)처럼 되었습니다."

"월섬이란 기명은 누가 지었는가?"

"저의 어미가 지었습니다. 월(月)은 초승달처럼 허리가 가는 여인이요, 섬(蟾)은 불사약을 훔쳐 달로 달아난 항아(姮娥)가 서왕모(西王母)의 노여움을 사서 두꺼비가 되었으니, 역시 달처럼 환한 선녀를 의미하는 것이라 하옵니다."

"너 또한 세오와 같은 달이로구나. 양편에 달이 둘씩이나 떴으니 밤이 어둡지 않도다."

좌중은 웃었다. 흰 이를 살짝 드러내며 웃음을 터뜨리는 월섬은 더욱 아름다웠다. 선의 곁에 와 앉았을 때 그녀는 입가에 손나발을 하더니 가만히 말했다.

"사실 어미가 저를 부를 때는 달섬이라 하였습니다. 기적에 올리면서 월섬이 되었지요. 하여, 월섬이라 부르는 이는 한번 그냥 안 것이요, 달섬이라고 부르는 이는 제 속을 안 것입니다."

선이 그녀에게 '영남첩' 사생(寫生)을 위해 해인사 여행을 함께하자고 한 것은 그 이후였다. 신라 때 지은 대찰로 최치원이 진성여왕의 비정(秕政)에 낙심하여 일가를 이끌고 들어가 숨은 곳이다. 조선 세조 때 중창을 한 뒤 임진왜란 때는 다행히 병화(兵火)를 면했는데 겸재의 시대인 숙종

대에 여러 차례 화재를 만났다. 만월당, 원음루, 무설전이 모두 불에 타 중건을 거듭한다. 선이 이 절을 영남첩에다 포함시킨 것은 명승사찰이 더 이상 소실되기 전에 기록해놓아야 한다는 의무감도 있었다. 월섬은 안 그래도 꼭 한번 해인사에 가보고 싶었다면서 기뻐한다. 최천익과 세오도 따라왔다. 선은 150칸 2층짜리 대적광전과 유명한 대장경각을 꼼꼼히 그려 넣는다. 최치원의 추억이 숨은 학사대와 사명대사가 기거하던 홍제암도 빼놓지 않았다. 건물들을 배치한 뒤 미점(米點)을 힘 있게 두드려 가야산의 부드러움과 가운데 암봉(岩峰)을 조화시키고 있을 때 월섬은 최치원의 시 한 수를 거문고에 실어 읊는다.

"세상의 시비 소리 귀에 들어올까 늘 두려워, 물소리 흐르게 하여 꼭 꼭 감싸는구나(常恐是非聲到耳 故敎流水盡籠山)."

"가마를 여기 세워라."

선은 내연산 중턱의 보경사 앞에서 그렇게 말했다. 사또가 지팡이를 짚은 채 성큼성큼 올라간다. 늙은 승려 도암(道巖)과 젊은 오암은 그 앞에서 길을 인도하고 일행은 종종걸음으로 뒤를 따른다.

"여기 보경사엔 선대 왕(숙종)께서 들르지 않으셨던가요?"

선이 묻자 도암이 대답한다.

"예, 이곳 사찰에 오셔서 동종(銅鐘)을 하사하셨습니다. 비길 데 없는 광영이었습죠. 또 선대왕께서는 내연산 열두 폭포를 유람하시고 시를 지어 그 각판(刻板)을 남기셨지요."

"그 얘길 들었소이다. 왜구를 물리치는 영험을 가졌다는 팔면보경(八面寶鏡)을 절터 아래 묻었다지요? 그런 호국(護國)사찰인지라 각별한 관심을 두신 듯하오만."

"예, 원래 절이 서 있는 일대가 큰 연못이었다고 합니다. 신라 때 지명(智明)이 진나라에서 큰 스승을 만나 그 거울을 얻었다 합니다. 그 스승은 오색구름이 이는 곳에 거울을 묻고 절을 지으라고 하였답니다. 그래서 돌아와 전국을 살피다가 내연산에서 오채운(五彩雲)을 발견하여 보경을 묻었지요. 그 뒤 연못을 메워 금당을 지었습니다."

"왕이 행차하실 때 수종(隨從)하는 많은 이들이 왔을 텐데 산골에서 어떻게 귀한 손을 대접하였는가?"

"보경사에는 지금도 비사리구시라고 하는 큰 나무밥통이 있습니다. 쌀 일곱 가마 분량의 밥을 거기 담았지요. 4,000명이 먹을 수 있는 양입니다."

"허허, 대단했겠구려."

"왕이 친히 명산을 유람한 예는 워낙 보기 드문 일인지라… 지금 걷고 계신 이 길은 어로(御路)라고 할 만합니다."

"그렇군요, 걸음마다 옷깃을 여밀 일입니다."

조금 더 걷다가 다시 승려가 말을 건넨다.

"우담(愚潭, 정시한 1625-1707) 선생이 전국 산천을 유람한 뒤에 그중에서 내연산을 가리켜 하신 말씀이…."

"허허, 그건 나도 알고 있소이다만."

선은 반가운 듯 말을 받았다. 도암은 고개를 끄덕이며 웃음을 지어 보였다. 선이 상기된 목소리로 말했다.

"우담의 산중일기(山中日記)를 읽었습니다. 내연산 용추(龍湫)는 금강산에도 없는 절경이라고 말했더군요. 놀라운 평가였습니다. 그래서 나 또한 이곳을 꼭 탐승해야겠다고 마음을 먹었습니다. 금강산 그림으로 화명을 얻은 사람이니, 금강산에는 없다는 절경을 봐야 눈을 틔울 수 있지 않겠습니까."

중허대(비하대의 옛 명칭)를 넘어서 시명리를 향해 오르다가 선은 월섬에게 물었다.

"이곳은 이름이 무엇이냐?"

그녀가 이마에 흐른 땀을 닦은 뒤 대답했다.

"제8폭포인 은폭(隱瀑)이라고 하옵니다."

"은폭이라? 가려진 폭포는 아닌 것 같은데 어찌하여 이름이 그렇단 말이냐?"

그러자 갑자기 월섬이 얼굴을 붉힌다. 곁에 있던 최천익이 웃으며 말을 거든다.

"사또, 여인이 대답하기 어려운 질문이십니다. 하여, 대신 대답하여도 될지요?"

"허허, 그러게나."

"실은 이 폭포 이름이 음폭(陰瀑)입니다. 형상이 여성의 거기를 닮았다 하여 그렇게 이름이 붙여진 것입니다. 인조반정 이후에 취흘(醉吃) 선생(유숙, 1564~1636)이 청하로 귀양을 왔지요. 자주 여기에 올라와 앉아 있었다 합니다. 취흘은 은폭의 양쪽 바위 형상을 보고는 한산대(寒山臺)와 습득대(拾得臺)로 이름을 붙였지요."

"당나라의 기인 승려였던 한산과 습득에서 이름을 빌렸구먼? 그 은(隱)이 있는 곳이라 해서 은폭이기도 하다?"

"예, 그렇습니다. 취흘 선생이 보경사를 오가면서 불교에 심취해 있던 때였습니다."

"그랬구먼, 월섬은 한산과 습득을 아느냐?"

"이름은 들었지만 자세히는 모릅니다. 사또께서 무지한 소녀의 눈이 밝아지도록 설명을 조금 해주시면…."

"허허, 한산과 습득, 이 사람들은 괴짜 시인이자 승려들이었지. 중국 천태산의 국청사(國淸寺)에 있던 풍간이라는 승려의 제자들이었어. 한산은 농민이었는데 워낙 책만 읽어서 아내와 가족들에게서 버림받아 국청사 근처의 굴속에서 살았던 사람이지. 습득은 강보에 싸여 버려진 아이였는데 풍간이 절로 데려와 심부름하는 아이로 키웠다네. 습득은 대중이 먹다 남은 음식 찌꺼기를 모아서 한산에게 가져다주었지. 습득이 마당을 쓸고 있을 때 한 스님이 이렇게 물었네. '너를 습득이라 부른 건 풍간이 너를 주웠기 때문이다. 그렇다면 네 성은 무엇이며 어디에서 왔느냐.' 그때 습득이 빗자루를 놓고는 양손을 마주 잡고 우뚝 서 있었다고 하네. 이 대목이 선문(禪門)에선 큰 화두가 되었지. '차수이립(叉手而立, 양손을 잡고 서 있다)'이 그것이라네. 또 한산은 해진 옷에 뾰족한 모자를 쓰고 커다란 나막신을 끌고 다니며 가끔 하늘을 향해 고래고래 고함지르다가 나뭇잎이나 절의 담벼락에다 시를 썼지. 여구륜(呂丘侖)이란 사람이 병을 앓았는데, 풍간에게 찾아가니 물 한 그릇을 떠놓고 주문을 외워 싹 낫게 해주었어. 그래서 어떻게 고쳤느냐고 물었더니, 한산과 습득을 가리키며 '문수보살과 보현보살에게 물어보라'고 대답했다고 하네. 그래서 여구륜이 두 사람에게 찾아가 다시 물었더니 '아니 아미타불도 몰라보고, 우리한테 와서 뭘 알겠다는 건가' 하고 대꾸했다지. 그러니까 세 사람은 바로 아미타불, 문수, 보현보살의 화신이었다는 거지."

말이 끝났을 때 거문고를 잡으며 월섬이 말했다.

"청나라의 화가들이 화제(畵題)로 곧잘 삼는다는 한산습득 시를 노래로 만든 것이 있습니다. 그것을 한번 불러봐도 될지요."

"허허, 좋고말고."

"하하하 걱정 않고 웃는 얼굴 번뇌도 적다.
이 세상 근심일랑 내 얼굴처럼 바꾸어라.
사람들 근심 걱정 밑도 끝도 없더라.
큰 진리는 오히려 기쁨 속에서 피는 것,
나라가 잘되려면 임금과 신하가 함께 즐거워야 하고,
집안이 즐거우려면 가족이 서로 뜻이 맞아야 하지.
손발이 맞는 곳에 안 되는 일 하나 없네.
부부간에 즐거우면 금실이 좋아지고,
손님과 주인도 즐거워야 하는 법.
아래위가 다 즐거우니 기쁨 속에 법이 있네. 하하하."

최천익이 나섰다.

"저도 한산의 시를 한 수 읊어보겠습니다.
二儀旣開闢(이의기개벽) 하늘과 땅이 이미 열려,
人乃居其中(인내거기중) 이에 사람들이 그 안에서 사네.
迷汝卽吐霧(미여즉토무) 안개를 토해서 너를 헤매게 하고,
醒汝卽吹風(성여즉취풍) 바람을 불어서 너를 깨어나게 하며,
惜汝卽富貴(석여즉부귀) 부귀를 주어서 네게 아까움을 알게 하고,
奪汝卽貧窮(탈여즉빈궁) 빈천을 주어서 네게 없음을 알게 하나니,
碌碌群漢子(녹록군한자) 허덕이는 무리들아,
萬事由天公(만사유천공) 만사는 하늘에 있느니라."

이때 세오도 지지 않았다. 그녀는 습득의 시를 하나 읊었다.

"從來是拾得(종래시습득) 원래 습득이란 이 이름이

不是偶然稱(불시우연칭) 우연히 붙여진 게 아니라네.

別無親眷屬(별무친권속) 별다른 부모나 가족 없으니,

寒山是我兄(한산시아형) 한산 그 사람이 내 형이라네.

兩人心相似(양인심상사) 두 사람 마음이 서로 같으니,

誰能徇俗情(수능순속정) 누가 사람끼리의 사랑을 말하는가."

세오의 목소리를 들으며 선은 다른 생각이 문득 떠올랐다. 삼척부사로 가 있는 벗인 사천(槎川, 이병연, 1671~1751)이 보고 싶었다. 兩人心相似(양인심상사)! 그도 나를 그리워하고 있을까. 선은 가만히 거문고를 만지고 있는 여인을 향해 말했다.

"월섬아, 너는 성류굴이 보고 싶지 않으냐?"

● "영남이 진경의 화룡점정처요" 벗, 병연을 만나다

선이 인왕곡(仁王谷)에 이사 갔을 무렵, 북악산 아래 취록헌(翠鹿軒)엔 이병연이 살고 있었다. 화인(畵人) 겸재와 시인 사천은 한동네 사람으로 만났다. 병연이 선보다 다섯 살이 많다. 그림과 시가 어우러져야 당시 조선의 주체적인 문화운동을 이끌 수 있다는 것을 두 사람은 본능적으로 알았을까. 선은 그림으로 말하는 시를 그렸고 사천은 시로 말하는 그림을 읊었다. 선이 35세 때(1710년) 병연은 금강산 들어가는 길에 있는 마을인 금화(金化)에 현감으로 부임했다. 선이 금강산 여행을 떠난 것은 그 이듬해다. 초기 최대걸작이라고 할 수 있는 '신묘년 풍악도첩'은 병연과의 우정이 낳은 예술적 결실이었다. 병연은 선에게 이렇게 말했다.

"금강산을 보지 않고 금강산을 그리는 것만큼 어리석은 것은 없겠지만 금강산을 보았다고 눈에 보인 금강산만을 따라 그리는 것 또한 어리석은 일일 것입니다."

"그게 고민입니다. 그렇다고 지금까지 중국의 대가들이 이룩해놓은 그림의 성취들을 모두 버리는 것 또한 능사는 아니라고 봅니다만. 중요한 것은 실경을 그리는 데 마음을 쓰다가는 우리가 직접 걸어 다니며 보고 느꼈던 그 느낌들을 잃어버리기 쉽다는 점이죠. 우리 마음에 들어와 앉은 금강산을 다시 느낄 수 있도록 해줘야 하는 것이지요."

"일찍이 조속(趙涑, 1595-1668)은 하늘에 날아오른 새의 눈이 되어 금강산을 한눈에 보는 그림을 비판했지만, 그것은 그가 지나치게 실경에 매몰되었기 때문에 그림이 무엇이어야 하는지를 잊어버린 형국입니다. 한시각(韓時覺, 1621-?)의 칠보산전도(七寶山全圖)는 함경도 칠보산 전체 풍경뿐 아니라 동해 바다까지 넣었소. 이런 방식이라면 금강산 1만 2천 봉도 넉넉히 한 화면에 들어가 앉을 수 있지 않겠소?"

"일리 있는 생각입니다. 하지만 모든 것을 다 집어넣으려 하다보면 복잡하고 지저분해지기만 할 뿐입니다. 그리고 잡다해지면 현장에서 느꼈던 우람하고 거대한 산의 동세가 자칫 오글거리는 형세로 죽어버릴 위험이 있습니다."

"그런 문제를 어떻게 극복할 생각이오?"

"우선 과감한 생략과 대담하게 부각시키는 작업이 필요할 듯싶습니다. 활달한 미점(米點)과 꿈틀거리는 수직준(垂直皴)을 활용해볼 생각입니다."

"좋은 생각입니다. 금강산 탐방을 평생의 소원으로 삼는 많은 이들에게 눈으로 보면서 여행할 수 있도록 하기 위해서는 지명과 위치에 대한 정보를 세밀하게 넣어주는 것도 좋지 않을까 싶습니다."

사천은 헤어지는 겸재를 위해 이런 시를 쓴다.

爾我合爲王輞川 畵飛詩墜兩翩翩(이아합위왕망천 화비시추양편편)

그대와 나를 합쳐놔야 왕망천이 될 터인데
그림 날고 시 떨어지니 양쪽이 다 허둥대네.

망천은 당나라 시인 왕유의 별서를 가리킨다. 소동파는 왕유의 시를 읽으며 화중유시(畵中有詩)로 격찬하지 않았던가. 두 사람이 헤어지면 화비시추(畵飛詩墜)의 꼴이 된다며 상호보완의 역할이 얼마나 중요한지 강조한 것이다. 병연은 이런 시도 썼다.

我詩君畵換相看 輕重何言論價問(아시군화환상간 경중하언논가문)
詩出肝腸畵揮手 不知誰易更誰難(시출간장화휘수 부지수이경수난)

내 시와 그대 그림 서로 바꿔 보니,
경중을 어찌 값으로 따지겠나.
시는 간장에서 나오고 그림은 손에서 솟아난다.
누가 쉽고 누가 어려운지 모를 일일세.

선의 금강산 그림이 점차 무르익으면서 명성을 드높이는 것은 1712년 또 한 번의 산행이었다. 그해 8월 병연의 아버지인 이속(李涑, 1647~1751)과 아우 이병성(李秉成)이 함께한 이 금강산행은 겸재 그림을 훌쩍 자라게 했던 계기였다. 이때 그려진 '해악전신첩(海嶽傳神帖)'은 병연에게 선물했던 작품이다. 조선의 그림수집가들은 병연의 그림첩을 구경하는 것만으로도 감격에 떨었다. 해악전신첩을 본 삼연(三淵) 김창흡은 "畵家三昧融神在 布襪靑鞋更何爲(화가삼매융신재 포말청혜갱하위)"라고 했다. 화가 삼매경의 무르익은 정신이 여기 있는데 무명버선 푸른 짚신이 무슨 필요 있겠느냐는 얘기다. 굳이 금강산까지 여행 갈 것도 없이 그림을 보는 것만으로도 산을 돌아본 것과 다르지 않다는 격찬이다.

하늘을 찌를 듯한 바위봉우리. 그 아래에 종유석들이 웃자란 고드름처럼 내려와 있는 2억 5천만 년이나 된 동굴. 선은 괴물의 두 눈처럼 빠끔 뚫린 성류굴을 멀찌감치 바라보며 사생을 한다. 큰 돌덩이를 감아 돌듯 왕피천이 흐른다.

"임진왜란 때 불타 없어졌지만 저곳엔 성류사라는 절이 있었지."

선이 손으로 가리키자 월섬의 눈이 그곳으로 따라갔다. 옆에 서 있던 최천익이 설명을 한다.

"전해오는 얘기로는 저 성류굴 속에는 해신(蟹神, 대게의 신)이 있어서 난리 때 숨어든 수백 명을 바다로 데려가 먹여 살렸다고 하더군요. 그때 성류사 금당의 거대한 부처도 굴속으로 옮겼는데 저토록 좁은 입구를 쉽게 통과해 들어갔다고 합니다."

"그러고 보니 성류굴의 모양이 뒤룩거리는 대게의 눈과도 닮아 있네요."

세오가 문득 감탄하듯 중얼거린다.

사생을 끝낸 선이 미소를 지으며 다시 굴을 바라보고 있을 때, 월섬이 말했다.

"사또, 제 미숙한 소견으로 보아도 지금 그리신 성류굴도는 이전의 해악전신첩에서 한 걸음 더 나아가는 길목의 그림이라 여겨집니다. 이곳 절경들을 샅샅이 사생하여 '관동명승첩'을 엮어내시면 향후 큰 즐거움이 아닐지요?"

"작년에 완성한 '교남(嶠南, 영남)명승첩'에 더하여 오랜 공을 들인 '영남첩'을 마무리하면서 또 하나의 과제가 생기는구려. 관동의 승경에 대한 관심은 임금께서도 지대하셨네."

이제 영남첩은 동해안 일대까지 섭렵하고 오로지 청하 일대의 절경을 담는 일만 남았다.

"자, 나의 벗이 있는 삼척으로 갑시다."

선은 오랜만에 술잔을 기울이며 병연과 시화(詩畵) 얘기를 할 생각을 하니 가슴이 뛰었다.

"진경산수는 산과 인간의 만남을 이야기로 그려내는 일입니다. 즉 감각을 넘어 정신적으로 고양되는 과정들을 담는 작업이기도 할 것입니다."

삼척에서 돌아오면서 선은 병연이 술을 따르며 꺼냈던 의미심장한 저 말을 거듭 새겨보았다. 산과 인간의 만남을 그림이라는 이야기로 풀어내는 것! 영남 사생(寫生)을 통해 그가 어렴풋이 정리해가던 것도 바로 그것이었다. 산을 그리는 것이라는 생각에 얽매이면 산속을 걸어가며 숨쉬는 인간의 마음과 감각과 눈을 잊어버린다. 진경의 진(眞)은 바로 인간의 고양된 정신을 뜻하는 것이다! 즉 진경은 인간 중심의 풍경이다. 그가 이제 막 개안(開眼)한 진경산수의 화룡점정처라고 생각한 곳은 바로 내연산이다.

내연산, 낙동정맥의 줄기가 주왕산을 밀어젖히며 내려오다가 동해안으로 고개를 틀어 완만한 능선을 이룬 산이다. 문수산, 향로봉, 삿갓봉, 천령산의 준봉이 반달처럼 둘러쳐져 깊은 품속 같은 청하계곡을 이룬다. 35리에 달하는 계곡 양쪽이 깎아지른 절벽으로 이뤄져 폭포와 소(沼)가 널렸다. 선은 열 번도 넘게 이 산을 오가며 사생을 했다. 사자쌍폭(상생폭), 보현폭, 삼보폭, 잠룡폭, 무풍폭, 관음폭, 연산폭까지 일곱 개 폭포가 가장 아름답다. 은폭, 시명폭과 실폭, 복호폭 2개가 합쳐져 열두 폭이다.

내연산 사생에서 가장 깊이 있는 조언자는 월섬이었다. 일전에 폭포들을 한눈에 볼 수 있도록 조감(鳥瞰)으로 그려 집어넣은 '내연12폭전도(全圖)'를 그렸는데 이는 보경사 주지에게 주었다. 12폭전도는 겸재의 야심작이라 할 만했다. 겸재의 '금강내산(金剛內山)'이 융기하는 봉우리들의 향연이라면, 12폭전도는 추락하는 물의 웅장한 협주 같은 것이었다. 그림을 보더니 월섬이 말했다.

"사또의 진경은 바로 마음이 움직이는 길이라 할 만합니다. 옛 그림들도 길을 보여주었지만, 사또의 길처럼 마음을 붙잡진 못했습니다. 절절한 구도(求道)가 산수 사이에 있습니다. 산이 곧 사람이며 물이 곧 인정(人情)입니다."

또 좀 작은 그림인 '갑인년(甲寅年) 내연산도'는 세오에게 주었는데 그 작품을 보더니 월섬은 말했다.

"여기에는 폭포가 많이 드러나지 않았군요. 폭포를 보는 것도 마음이

요, 물길이 줄어들면서 간절해지는 것도 마음입니다. 진경산수는 풍경을 보는 이의 마음을 그린 산수이니, 진실로 이 그림 또한 진경일 것입니다. 사또께서 요즘 무엇인가에 목이 마르신 것일까요?"

선은 그 말에 껄껄 웃었다. '청하 보경사'는 승려 오암에게 주었는데 이를 보고는 이렇게 말했다.

"보물거울을 묻어놓은 비밀스러운 기운이 살아 움직이는 듯한 건물과 산세에서 느껴집니다. 풍경과 인간의 만남을 이야기로 풀어야 진경이라고 말씀하신 사천 나리의 뜻에 깊이 닿아 있는 작품입니다."

"점입가경(漸入佳境)이로다." 선은 가을로 접어드는 울긋불긋한 계곡을 오르다가 두 줄기 사자쌍폭(상생폭)을 만나면서 그렇게 부르짖었다. 쌍폭 왼쪽에 솟은 바위벼랑 위에 열 평쯤 되는 제법 넉넉한 빈 공간이 있었다. "오늘은 여기서 사생을 하다 가자." 이 자리엔 오암과 세오, 그리고 월섬이 함께했다. 가을 경치에 취했던지 세오와 월섬도 술을 받아 마셨다. 선은 웃으며 말했다.

"이곳은 기화대(妓花臺)라는 이름을 지녔으니, 기생이 가무를 하기 좋은 곳이 아니겠는가. 월섬아. 향로봉 할무당(姑母)께 화업(畵業) 성취를 비는 마음을 담아 춤을 한번 추어보라."

기화대의 낙화, 그리고 내연진경

월섬은 그림을 그리던 종이를 옆에 제쳐놓고 일어섰다.

"한잔(盞) 먹세그려. 또 한잔 먹세그려. 곳 것거 산(算) 노코 무진무진(無

盡無盡) 먹세그려. 이 몸 주근 후면 지게 우희 거적 더퍼 주리혀 매여 가나 유소보장(流蘇寶帳)의 만인(萬人)이 우러예나, 어욱새 속새 덥가나무 백양(白楊) 수페 가기곳 가면, 누른 해, 흰 달, 굴근 눈, 쇼쇼리 바람 불 제, 뉘 한잔 먹쟈할고. 하믈며 무덤 우희 잔나비 휘파람 불 제…."

송강(松江, 정철)의 '장진주사(將進酒辭)'를 부르며 그녀는 신명 난 듯 빙글빙글 돌며 춤을 추었다. 나비처럼 가볍게 날아다닌다. 비단치마가 바스락거리는 소리를 낸다. 선은 중허대(비하대) 위의 소나무 한 그루를 보고 있었다.

"하믈며 무덤 우희 잔나비 휘파람 불 제…."

술에 취해서인가, 노래에 취해서인가. 그녀가 살짝 비틀거리는 듯했다. 잠깐 노래가 끊어졌다. 짧은 정적. 문득 비명소리가 환청(幻聽)처럼 들렸다. 폭포소리인가. 그런데 그 소리와 함께 좌중에서 울음소리가 터졌다. 울음소리가 나는 쪽으로 선은 고개를 돌렸다. 춤을 추고 있던 월섬이 보이지 않는다. 비단신발 한쪽이 보인다. 그것은 뒤집힌 채 기화대 난간에 놓여 있다. 갑자기 앞이 아득해진다.

"월섬아!"

사람들은 폭포 쪽을 향해 저마다 고개를 내밀었다. 두 줄기 사자쌍폭 아래 기화담엔 하얀 물거품만 보인다. 월섬의 실족, 그리고 … 이렇게 가뭇없이 낙화하는 꽃이라니. 선은 현기증이 났다. 내연산 꾀꼬리단풍이 물빛으로 아른거린다.

선은 며칠째 입맛을 잃었다. 이 아이에 대한 마음이 이 정도였던가. 견딜 수 없었다. 그의 삶에 선물처럼 다가왔던 아주 귀한 것이 한순간에 사라져버린 기분이었다. 빈자리는 메울 수 없을 만큼 컸다. 화풍을 일대

혁신하려는 선에게 월섬만큼 뛰어난 안목을 가진 조언자는 없었다. 선을 따라다니며 진경(眞景)산수를 부지런히 습작한 그녀의 미완성 작품들을 바라보노라니 가슴이 쓰려 왔다. 세오는 말을 잃었고, 그저 선을 바라보며 펑펑 울기만 할 뿐이다. 보경사에서 다비(茶毘)하던 날 세오는 월섬의 거문고를 함께 태웠다. 생전에 그토록 아끼던 현금(玄琴)을 품에 안고 외롭지 않게 가라는 뜻이었을 것이다. 선은 은폭의 한산대와 습득대 풍경을 월섬에게 주려고 그리던 중이었다. 반쯤 그려놓은 그것을 찢어버렸다. 선은 기화대와 기화담, 그리고 낙화하는 작은 꽃 하나를 며칠째 그리고 있다. 눈물이 흘러 먹물이 번진다. 산수는 그냥 산수가 아니라, 인간의 얼굴이라고 월섬은 말했다. 얼굴이 마음에 따라 표정을 바꾸듯 산수 또한 마음에 따라 그 기운과 기분을 지니는 것이다. 얼굴에 관상이 있듯, 산수에도 생로병사가 있으며 운명과 사랑 그리고 슬픔이 스며들어 있다.

선은 월섬과 함께 내연의 명물인 삼동석(三動石)에 갔던 날을 떠올렸다. 세 개의 바위가 솥발처럼 서 있는 바위는 기이했다. 손가락으로 가만히 밀어도 움직이는 것을 느낄 수 있는데, 정작 힘을 들여 양손으로 밀어붙이면 꿈쩍도 않는 것이다.

"바위가 생각이 있어서 저러한 것인가. 아니면 우리가 생각하던 힘이라는 것이, 언제나 같은 방식으로 작동하는 것은 아니라는 의미인가."

그때 월섬은 이런 말을 했다.

"때론 부드러움이 큰 것을 움직이고, 때론 약한 것이 더 강한 힘을 내는 게 아니더이까? 진경산수는 골기(骨氣)만으로 채워질 수 없지 않은지요? 부드러운 것, 슬픈 것, 쓸쓸한 것, 먼 것, 옅은 것들이 오히려 동세(動

勢)와 적막을 이끌어내는 힘이 될 것입니다."

"오호, 월섬아. 너는 십만 장을 사생한 나보다 더 깊은 논의를 꺼내는구나."

세오가 찾아왔다. 동헌 마당을 걸으며 선이 불쑥 말했다.

"관음폭 큰 바위에 각자(刻字)를 하는 것은 어떠냐?"

"내연산에 대한 사또의 마음을 담고 싶으신 것이지요?"

"그래, 그렇기도 하지만, 월섬이의 이름을 새겨놓고 싶구나. 이제 그 아이는 내연산이 된 것이 아니냐?"

세오가 눈물을 머금으며 고개를 끄덕인다. 이튿날 선은 서각쟁이를 불러 산을 오른다. 바위에 이르러 지필묵을 펼치고 한 여인의 이름을 쓴다. 몇 번이나 썼다가 찢고 다시 쓴다. 옆에서 보고 있던 세오가 묻는다.

"사또, 그 아이 이름은 월섬이온데 어찌 경기달섬(慶妓達蟾)이라고 쓰는지요?"

"나도 모르겠다. 문득 그렇게 써놓고 싶구나. 이 산이 내연(內延)이거나 내영(內迎)으로 불리는 것은, 해를 안으로 깊이 맞아들이는 산이라는 뜻이 있을 것이다. 즉 연일(延日)과 영일(迎日)이란 지명 앞에 내(內)자가 붙은 것이 아니더냐. 달이 해를 받아들이는 형국이니 음양이 조화롭지 않은가. 달섬이는 여기서 외롭지 않을 것이다."

이렇게 말하면서 선은 눈자위가 묵직해지는 것을 느낀다. 그는 마음속으로 중얼거렸다.

'내 이제 너를 그냥 한번 아는 것이 아니로다. 달섬아.'

(관음폭에서 비를 만나면 숨어들기 딱 좋은 바위. 그 암벽면의 왼쪽에 '경기달섬'이라고 조금 작은 예서체풍의 글씨가 쓰여 있다. 그 옆에는 전혀 다른 분위기가 나는 힘 있는 해서로 이광정(李光正)

이라는 이름이 새겨져 있다. 이광정은 경상감사를 지낸 이휘정(1760-?)의 초명(初名)이다. 그는 대사헌을 거쳐 호조판서와 이조판서를 지내고 봉조하(奉朝賀, 국가 공헌을 기리는 명예직)를 받은 정치적 거물이었다. 뒷사람들은 이광정과 달섬이 함께 온 것으로 오해하였지만, 실은 달섬의 이름이 먼저 새겨진 것이다. 겸재가 달섬을 새긴 지 104년이 지난 1838년에 관찰사였던 광정은 내연산에 들렀다. 그는 당시 청하현감에게서 이 글씨를 새긴 사연에 대해 들었다. 달섬을 새긴 겸재의 애틋한 심사에 술잔을 기울이던 그는 이렇게 말했다. "나 또한 달섬의 장진주사를 들으며 술잔을 기울이고 싶구나. 나의 이름을 달섬 곁에 새겨주시오.")

　　선은 쌍폭 위에서 월섬의 춤을 보던 날을 생각하며 '내연산 폭포도'를 그렸다. 주변의 잡다한 산세들을 다 없애고 큰 줄기의 폭포 하나만 중심에 놓았다. 그리고 폭포를 둘러싸고 있는 암봉과 암벽들이 단지 바윗덩이가 아니라 서책을 들고 열심히 토론을 벌이는 학생들의 모습과도 같은 느낌을 자아내게 했다. 너럭바위에 앉아 산의 골기와 폭포를 바라보는 네 사람을 그려 넣었다. 인간과 자연이 이토록 장쾌하게 직면할 수 있는 자리가 또 있겠는가. 기화대 절벽바위 위에서의 정경들을 떠올리며 붓을 움직일 때 가슴이 떨려왔다. (그림 속의 왼쪽 바위는 선일대이며 그 위에 그려져 있는 암자는 없어졌다. 기와파편들만 옛 정취를 쓸쓸히 증언할 뿐이다.) 연산폭포 뒤로 중허대(中虛臺, 1753년 이상정이 비하대로 이름을 바꾼다.)가 보이고 낙락장송이 기세도 좋게 드리워져 있다.

　　어느 날 신유한이 찾아와 함께 해월루에 앉았다.

　　"요즘 사또의 모습을 보니 집 앞에 다섯 그루 버들을 심고 은자를 자처한 동진(東晉)의 오류(五柳) 선생(도연명, 365-427) 같습니다. 오류의 사시시(四時詩)는 오래도록 사람들을 감동시킨 시중화(詩中畵)였다 들었습니다. 봄물은 온 연못에 가득 차고(春水滿四澤) 여름 구름은 기이한 산봉우리들을 연출하고(夏雲多奇峰) 가을 달은 밝은 빛을 뿜어내고(秋月揚明輝) 겨울산은 낙락 장송을 빼어나게 하는구나(冬嶺秀孤松)."

"과연 그림 같습니다. 근자의 일로 추월(秋月)의 밝은 빛이 얼마나 사람을 사무치게 하는지 알 것 같습니다."

"허어, 사또. 그건 이제 잊으시지요. 그런데 저 5언절구가 운우지정(雲雨之情)을 암시한다는 얘기 들어보셨습니까?"

"자연이 인간의 운우지정을 담는 건 만고의 이치가 아니오?"

"그러게 말입니다. 오류 선생은 그걸 아셨는지 모르겠는데… 봄물은 여자 열여덟이라 건드리기만 해도 철철 넘치는 시절이고, 여름 구름은 서른 사내의 마음이라 울뚝불뚝 때도 없이 서 있으니 사고 치기 좋은 때이고, 가을 달은 여자 나이 마흔이니 쓸쓸하여 온 대지가 허하고, 겨울산은 쉰을 넘긴 사내로 혼자 자는 밤도 나쁘지 않아지는 때라 하오이다."

"허허, 대단한 해석이외다."

선은 '아! 내연산은 사계절이 모두 한 풍경에 들어 있구나. 봄물과 기봉과 달빛과 고송. 이런 기화(奇畫)가 어디에 또 있겠는가?'라고 생각했다.

"그래도, 도연명의 절창은 '음주' 시가 아니겠습니까? 추향아, 네가 거문고를 한번 타보거라."

유한은 새로 온 기생에게 이렇게 주문한 뒤 시를 읊는다.

結廬在人境(결려재인경) 띠풀 엮어 마을에 초막을 지었네.
而無車馬喧(이무거마훤) 수레 소리 말 소리 들을 일 없네.
問君何能爾(문군하능이) 그대 뭐하느냐고 물으신다면
心遠地自偏(심원지자편) 마음은 멀고 사는 곳은 구석이니

採菊東籬下(채국동리하) 동쪽 울 아래 국화를 따면서

悠然見南山(유연견남산) 멀리 남산 바라보면셔 사오.

시를 들으며 선은 생각했다. '아, 그래 유연견남산이다. 중허대 위의 고송에 기대어 선 내연산 고사(高士)를 그려보자. 거기엔 월섬을 생각하는 내 뜻을 담으리라.' 부채그림인 '고사의송관란도(高士倚松觀瀾圖)'의 화의(畵意)가 생겨난 밤이었다. 관란(觀瀾)은 맹자의 말, '관수유술 필관기란(觀水有術 必觀其瀾, 물을 보는 법에도 노하우가 있으니, 반드시 그 물결을 들여다보라)'에서 얻은 말이지만, 물거품으로 사라진 한 여인의 삶을 돌이키며 음미해보는 자화상을 숨겨놓고 싶었다. 이제 선은 청하에서 가장 중요한 일을 시작하려 하고 있다. 내연산의 폭포 중에서 가장 동세가 뛰어난 3용추(연산폭, 관음폭, 잠룡폭)를 중심으로 이 남녘산의 빼어난 기운을 표현해내는 일이다. 12폭 중에서 제4폭부터 제7폭까지 가장 헌걸찬 폭포를 골랐다. 제5폭은 무풍폭이긴 하나, 옛사람들은 무풍계로 다뤄 폭포로 치지 않았다. 금강산에서도 볼 수 없다는 물의 대향연으로 영남첩의 대미를 삼으리라. 생각이 꿈틀거리고 있었다.

추락진경과의 만남

월섬을 여읜 뒤 선은 미친 듯 그림을 그렸다. 산수를 화폭에 담는 의미를 붙잡고 고뇌하다가 절벽 아래로 사라져간 꽃 같은 여인, 월섬. 죽기 전 마지막으로 툭 던졌던 한마디가 선의 귀에 또렷이 걸려 있었다.

"이 산에 처음 들어왔을 때부터, 저는 내연산이 낯설지 않았습니다. 오래전 이 산의 정령(精靈)이었나 봅니다. 사또를 뵈온 것은 산의 뜻을 전하려는 것이 아니었나 싶습니다." 내연산이 말하는 소리를 전하기 위해서였다고? 어리석은 달섬, 나는 그것보다 네가 더 귀중했단 말이다. 문득 마음속에서 울화가 치밀어 그리던 화폭에다 마구 난필(亂筆)을 휘둘렀다. 먹이 번지다 만 여백을 멍하니 바라보니 문득 그녀가 거기에 나타나 눈을 깜박이며 쳐다보는 듯하다. 왈칵 눈물이 쏟아진다.

"사또, 괜찮으시옵니까?"

등 뒤에서 나지막한 목소리가 들린다. 세오였다. 선은 말했다.

"세오야, 우리 내연산에 가보자구나."

"이 빗속에요? 괜찮으시겠습니까?"

"나는 괜찮다. 화구는 챙기지 마라."

시복 하나를 데리고 그들은 산을 오른다.

"세오야, 이곳을 왜 용추(龍湫)라고 부르는지 아느냐?"

"폭포의 형상이 용이 승천(昇天)하는 양상을 닮았고, 그 아래에 있는 소(沼)가 부글거려 용의 기세를 품고 있기 때문이 아닐지요?"

"옳은 말이다. 그런데 조선 땅에는 무려 90여 개의 용추가 있단다. 그런데 이곳 내연산 용추가 으뜸인 까닭은 무엇이겠느냐?"

"용추라는 이름이 그렇게 많사옵니까? 그래도 내연산만큼 거듭거듭 굽이치며 돌아 흐르는 폭포가 드물지요. 흐르는 물의 용틀임이 장관이니 뭇사람들의 감탄사를 얻지 않았을까 싶습니다만…."

"바로 그렇다. 나는 여기 와서 관란(觀瀾, 물구경)의 도를 느끼는 듯하다. 그것을 겸재 진경의 골수(骨髓)로 삼고 싶다. 금강산에선 산수(山水)를 보았지만 여기선 뒤집어 수산(水山)이라 말할 수 있는 뜻밖의 기세가 있다. 그 것을 그리고 싶도다."

"사또, 물을 그리신다면 그냥 물이 아니라 물의 뜻을 그리는 것이겠지 요? 물의 뜻은 무엇이옵니까? 낮은 곳으로 머리를 내려 깊이 추락하는 것. 그 끝없는 하심(下心)이 바로 물의 뜻이 아닐지요?"

하심! 이때 선이 세오를 쳐다보았다. 비를 살포시 맞은 머리칼이 곱 다. 아름다웠다. 선은 자신도 모르게 그녀를 와락 껴안고 말았다.

"그래, 바로 그것이다. 달섬이 죽음으로써 내게 말해준 것도 바로 '추 락'이었다. 아, 이 여인은 내게 이걸 말하려 하였구나. 물이 떨어지는 저 마음을 그려, 산이 솟아오르는 기운과 깊이 교합하게 하는 것. 그것이 산수의 웅장한 협주(協奏)로 울려 퍼지는 그 경지를 내게 일러주려고 하 였구나."

세오가 말했다.

"반드시 그럴 것입니다. 사또, 서른 살 겸재는 일약 솟아오르는 금강 산 같은 기세였습니다. 1만 2천 봉이 모두 저마다의 에너지로 솟아오르 면서 비약의 노래를 부르는 그 기개가 오늘의 겸재화풍으로 끌어올렸다 고 할 수 있을 것입니다. 그렇다면 이제 쉰에서 예순으로 치닫는 겸재는 무엇일까요? 삶이란 비약으로만 이뤄질 수 없는 것이며 또 바위 같은 골 기(骨氣)에 더하여, 낮은 곳으로 내려앉는 겸허와 물 같은 유연함의 미덕 이 필요하다는 것. 그것 또한 달섬이 말하려는 뜻이 아니었을까요?"

선이 말했다.

"내 무슨 뜻인지 이제야 뚜렷이 알겠노라. 젊은 시절 금강산으로 들어 가면서 폭포를 그린 적이 있다. 한번은 금강외산의 '구룡폭(九龍瀑)'이었다. 단순 장쾌한 폭포의 동세(動勢)를 담은 것으로, 수십 차례 습작을 해오던 중국의 '여산(廬山)폭포도'의 화의(畵意)를 새겼지. 그러니까 관념 산수를 금강산에 응용한 것이었다. 폭포는 단순하지만 그것을 감싼 산의 형세가 험하고 비장하여 긴장미를 자아내는 힘이 있었어. 그러다가 금강산 길목의 철원에서 '삼부연(三釜淵)폭포'를 그리면서 홀연 깨달은 바가 있었다. 이 폭포는 바로 세 번 꺾이는 3절(三切)의 물길로 기운을 증강하는 형세가 볼 만 했지. 내연폭포도 또한 이 3절의 굽이치는 힘을 활용해 보리라."

선은 문득 바위벼랑을 바라보며 중얼거렸다.

"아아, 달섬아. 3절의 벼랑 위에 네가 물이 되어 쏟아져 내리고 있구나."

세오가 말했다.

"내연은 12폭이라 하는데 3폭으로 줄이시겠다는 말씀이십니까?"

"그래, 진경은 마음이 받아들이고 눈이 읽어내고 감정이 흘러가는 그것을 담는 것이다. 폭포를 그리는 것이 아니라 폭포의 정신을 그리는 것이요, 산수를 그리는 것이 아니라 산수의 혼을 흐르게 하는 것이다. 낙락장송은 빽빽이 늘어서서 천 명의 병사가 줄 선 듯하고, 성난 폭포는 급히 쏟아지니 만 마리의 말이 울부짖는 듯하다(長松鬱立千兵列 怒瀑急噴萬馬喧). 이 여산(廬山)의 기세를 내연산의 기세에 옮겨보리라."

"아, 사또. 미천한 저에게도 감흥이 솟아나는 듯합니다. 산경(山景)의 진수는 형상에 있고, 수경(水景)의 골수는 바로 소리에 있다는 뜻이 아닌지요? 물소리를 그려내는 일. 그것이 또 하나의 진경입니다."

겸재가 소리쳤다.

"화성(畫聲)! 소리를 그린다. 세오가 내 귀를 번뜩 뜨이게 하는구나. 세오야, 얼른 내려가자구나. 내연삼용추의 큰 음악을 담아야겠구나."

선은 세필 두 자루를 거머쥐고 깎아지른 바위벽을 서릿발같이 혹은 칼끝같이 그어 내리기 시작했다(상악(霜鍔)준법). 그리고 붓을 뉘여서 끝을 길게 뻗치게 하는 도끼자국 화법으로 바뀌었다(장부벽(長斧劈)준). 깎아지른 암벽이 그려졌다. 절벽 위에는 흙산이 있어서 수림(樹林)이 좋다. 미점(米點). 중국 북송화가 미불이 창안한 점묘법을 쓴다. 붓을 눕혀 쌀알 같은 점을 찍어 촉촉한 기운을 표현한다. 뼈대 같은 암벽을 부드러운 흙산이 감싸고 있으니 음양의 조화가 화폭의 생기를 돋운다. 폭포는 중폭인 두 갈래 관음폭이 부각되었다. 관음폭이 움직이는 방향을 따라 오른쪽 벼랑 중턱으로 난간을 흐르는 길이 나 있어, 물과 인간이 서로 동행하며 대화하는 것 같은 기분을 자아낸다. 중폭에는 소(沼)의 꿈틀거리며 휘어도는 물의 형세가 눈에 들어온다. 관음폭 옆에는 세 개의 동굴이 그려진다. 이른바 관음굴이다. 이는 원래 상폭인 연산폭 부근에 있으나, 거기엔 표현하기가 어려우므로 정선은 이곳으로 옮겼다. 흥취를 위해 변화를 준 것이다.

"상폭인 연산폭에 사다리가 보입니다."

곁에 있던 세오가 가만히 말을 꺼내자, 선은 대답한다.

"그래, 그림을 보면서 사람들은 풍경 전체를 맛보기도 하지만 그림의 일부가 되어 그 속에 들어가고 싶어 하기도 하지. 우리가 걸어 올랐던 저 작은 사다리는 그림 감상자들을 바로 그 자리에 데려가는 구실을 하지. 저 사다리를 가만히 들여다봄으로써 그는 그 위에 있게 되고 그러면서 폭포소리도 들리게 되며 산바람도 느끼며 험준한 바위 기운도 온몸으로 받아들이게 되는 것이지."

"산 끝에 작은 암자도 보입니다."

"그래, 지난날 월섬과 함께 머물렀던 계조암이 아니더냐?"

"아, 그렇군요. 이렇게 보니 정겹습니다."

"사또, 과연 내연삼용추는 다양한 형상의 폭포들이 저마다 다른 소리를 내면서 산의 정적 속으로 파고드는 기이한 기운이 생동하고 있는 듯합니다. 기절(奇節)한 산세가 두루 표현되어, 명승의 한 면목을 전신(傳神, 혼을 전함)하고 있는 큰 작품이 아닐까 합니다."

"그런가? 하지만, 내 마음에는 아직도 미치지 못한 무엇이 있구나. 그것이 무엇인지 모르겠구나."

며칠 뒤 선은 내연산 할무당제(祭)를 보고 돌아온 청천 신유한, 최천익, 오암, 세오를 만났다. 당시 할무당제는 내연산 문수봉과 삼지봉 사이에 있는 할무당재의 백계당(白啓堂)에서 정월대보름과 팔월대보름 두 차례 지내는 제사였다. 선은 웃으며 오암에게 물었다.

"불도를 닦는 이로, 산신에게 예를 표해서야 되겠소?"

오암은 대답했다.

"할무당은 원래 보경사에서 기거하던 박씨 성을 가진 보살이었다고 합니다. 이분은 지극정성으로 부처에게 빌면서 죽어서도 남을 돕고 싶다고 서원(誓願)하였습니다. 그가 죽었을 때 호랑이가 나타나 그 몸뚱이를 할무당재에 물어다 놓았지요. 그 위에 돌들이 저절로 쌓여 무덤이 되었는데 사람들이 지나다가 우연히 그 앞에 엎드려 기구(祈求)를 하니, 하는 것마다 이뤄졌다 하더이다. 그러하니 내연산 할무당은 부처의 뜻을 펴는 큰 보살이 아닐지요?"

선은 말했다.

"허허, 그건 몰랐구려. 청천은 거기 가보니 어땠소?"

"참으로 내연산이 보통 산이 아니라는 생각이 들었지요. 저 할무당은 경상도 사투리로 쓰는 할무라는 말과 '무당(巫堂)'이라는 말이 합쳐진 게 아닐까 하는 생각이 들었습니다. 무당은 물론, 오래전에 신과 통하던 여성 지도자를 가리키는 의미고요. 할무당을 고모(姑母)라고 하는데 조선의 큰 뿌리가 되는 마고(麻姑)할머니가 아니겠습니까. 백두산, 태백산으로 이어진 천제(天祭)의 전통이, 여기까지 내려와 할무당 신제로 유지되고 있는 게 아닌가 생각을 하였소이다."

"놀랍군요. 천익은 무엇을 보았는가."

"예, 할무당이 여왕이라면 여왕의 부군이 계시더군요. 대권산왕대신이라는 이름으로 할무당 옆에 패가 모셔져 있더군요. 이분을 대개 신령님이라고 부르는 것을 보니 내연산의 원래 산신이었던 것 같았습니다."

선이 말했다.

"산이 물과 바위의 음양을 갖추고 있으니, 그 신령 또한 그런 조화를 이루고 있는 모양이오."

세오가 웃음을 띠며 거들었다.

"사또께서는 오직 산수(山水)생각만 하시는 분 같습니다."

"하하하, 그러냐?"

며칠 뒤 세오에게 '내연산 폭포도'를 주었다. 그녀는 기뻐 어쩔 줄 몰라 하면서 그림을 가만히 들여다보더니 말했다.

"너럭바위 위에 있는 네 사람 중에서 서 있는 사람이 문득 월섬처럼 느껴집니다."

정선은 아무 말도 하지 않았다. 세오가 다시 말했다.

"중허대(비하대) 위의 노송이 참으로 돋보입니다. 마치 스승 겸재가 천하의 화풍을 섭렵하고 낙락장송으로 거기 세상을 굽어보며 서 있는 것 같습니다."

"네가 나를 과하게 추켜세우는구나."

"아닙니다. 진심으로 말씀드린 것입니다. 그리고 사또, 제가 사또께 간절히 올릴 청이 하나 있습니다."

"청이라면…?"

● 진경을 깨달은 저 나무를 겸송(謙松)이라 부르리라

선은 세오를 바라보았다. 문득 그녀의 눈에 물기가 어른거리는 것이 보였다.

"청이 있다더니… 왜 그러느냐?"

"아닙니다. 너무 행복해서 그렇습니다. 감히 여쭙건대 사또와 둘이서 중허대에 한번 오르고 싶습니다. 그리고 오는 길에 관음폭에 사또의 이름을 각자(刻字)하고 싶습니다."

"허허, 왜 그러느냐? 중허대를 유산(遊山)하는 것은 당연히 반길 일이지만, 굳이 내 이름을 새기고 싶지는 않구나."

"아닙니다, 사또. 제가 어제 꿈을 꾸었는데, 사또와 이별하는 꿈이었지요. 지금껏 그런 생각은 없이 그저 사또와 오래 같이 있을 줄로만 알았는데, 곧 한성으로 떠나실 분이라고 생각하니 갑자기 가슴이 꽉 막히고 눈앞이 막막해지더군요. 그래서 사또께서 떠나시더라도 그 각자를 들여다보며 견뎌야겠다고 생각했습니다. 사또, 이런 제 마음을 물리치지 마시기를."

"그것이 네게 위안이 된다면 내 헛된 이름이 귀한 바위를 조금 깎은들 할무당이 노하진 않으리라."

"은혜가 망극합니다, 사또."

세오는 교리(校理)를 지낸 명필인 이현망(李顯望, 1688-?)에게 글자를 부탁했다. 그는 명인(名人) 사또 곁에 이름을 함께해도 괜찮겠냐고 물은 뒤 '이현망갑인추정선(李顯望甲寅秋鄭敾)'을 나란히 써주었다. 선과 세오는 연산폭에 들러 각자했다.

"너무 깊이 새기지 말거라. 부질없다."

글을 새기는 이에게 선은 주문했다. 세오는 옆에서 눈물을 글썽거렸다. 몇 번 정선(鄭敾) 두 글자를 어루만진 뒤, 그녀는 선의 뒤를 따라 중허대로 올랐다. 험준한 길이다. 문득 세오가 물었다.

"사또는 이곳에 오셔서 가장 보람 있는 일이 무엇이옵니까?"

"음, 글쎄. 내연산을 발견한 것이 아니겠느냐?"

"내연산도 이 땅의 산들 중의 하나일 뿐인데 굳이 '발견'이라고 하시는 뜻은 무엇이옵니까?"

"그래, 네 말이 맞다. 내가 서른 살에 이곳에 들렀다면 아마도 다른 내연산을 보았을 것이다. 그로부터 삼십 년의 세월을 겪고 난 다음에 이곳에 왔으니 산이 달리 보이는 것이리라. 결국 경물(景物)의 산을 본 것이라기보다는 내 마음속에 있는 산을 찾아낸 것이 아닐까 싶구나."

"그 마음속의 산은 어떠하옵니까?"

"아름답다. 장엄하고 처연하다. 계절이 나뭇잎들이 추락하는 가을인지라 그런 기운이 더욱 뚜렷하다."

"그것은 슬픈 산이 아니오니까?"

"아니다. 그렇지 않다. 인생도 올라가는 시절이 있고 내려가는 시절이 있다. 굳이 따진다면 올라가는 길과 내려가는 길은 같은 길이다. 다만 사람의 마음이 바뀌어 있을 뿐이다. 올라가는 산길에선 산꼭대기와 하늘만 보이지만 내려가는 산길에선 길가에 핀 꽃도 보이고 졸졸 흐르는 샘물도 마시며 머문다. 길을 음미하며 걸어온 날들을 추억하며 가는 것이다. 이것 또한 산수의 일부가 아니겠느냐?"

"그렇다면 다른 산에도 내려가는 길은 있을 것이고 계곡 또한 있을 것이니 굳이 내연산의 진경이라 할 만한 것은 아니지 않을지요?"

"그렇게도 볼 수 있을 것이다. 하지만 여기엔 무려 열두 개의 폭포가 있어 하강하는 물이 향연을 펼치는 산이다. 금강산이 상승산수라면 이곳은 하강산수다. 물의 장엄한 추락은 낮은 곳에 처하는 삼엄한 심법(心法)을 일깨우는 게 아니냐? 처연한 물의 낙법. 이것이 인생의 백미이며 산수의 절정을 이루는 대목이라는 생각을 얻었노라."

그들은 숨을 몰아쉬며 중허대로 올랐다. 너른 바위 앞에 서 있는 낙락장송을 보았다.

"세오야, 저 나무를 짚고 서 보아라."

선의 주문에 그녀는 소나무에 기대어 서서 발아래 폭포를 바라본다. 한 줄기 바람이 땀 흐른 귓가를 스치며 생각이 티끌 없이 맑아진다.

"여기서 바라보니, 인간의 사는 일이 작고 부질없어 보입니다."

"그래, 여기가 초월한 이들의 세상관람처가 아니겠는가."

선은 대답하며 세오의 모습을 스케치했다.

"세오야, 이 그림을 부채에 그려 너에게 주겠노라. '의송여인관란도(倚松女人觀瀾圖)'라고 제호하면 좋겠구나. 나 또한 저 나무에 설 테니 내 모습을 한번 그려보려무나."

"제가 감히 어찌…."

"허허, 무슨 소리를 하는 거냐? 너 또한 영남의 자부심 강한 화인일진대…."

선이 고송에 기대자 세오는 빠르게 붓을 움직이기 시작했다. 바람이 불자 단풍 몇 잎이 계곡 아래로 팔랑이며 날아간다. 선은 세오의 그림을 바탕으로, 얼마 전 화의(畵意)가 솟았던 '고사의송관란도(高士倚松觀瀾圖)'를 그리기로 마음먹는다.

사생(寫生)을 끝낸 세오가 지필묵을 챙겨 넣으면서 문득 말했다.

"사또, 사또의 총애가 워낙 월섬에게로만 향하는지라 감히 말씀 못드렸사옵니다만…."

늙은 나무에 의지해 서 있던 선은 세오를 바라보았다. 세오의 얼굴이 상기되어 있었다.

"소녀는 사또를 처음부터 깊이 사모하여 왔습니다. 화업은 물론이고 그 인품과 학식, 그리고 예술을 탐구하는 그 뜨거움까지, 날마다 그리워하지 않은 적이 없습니다. 사또께서 벽촌의 어리석은 화생에게 많은 가르침을 주셨기에, 그것만으로도 은혜는 넘치지만…."

"세오야, 무슨 말을 하려는 것이냐?"

"사또께서 임기가 끝나시어 한성으로 올라가시면, 이곳 청하는 제게 캄캄해질 것입니다. 하여 저를 조금이라도 불쌍히 여기시는 마음이 계시다면, 한 번만이라도… 깊은 총애를 받을 수 있기를 바라고 있사옵니다."

"세오야, 나는 이미 월섬의 일만으로도 어지럽고 괴롭다는 것을 너는 알지 않느냐? 어찌 이러느냐?"

"사또, 그 깊고 아름다운 화인의 길을 이어줄 자식 하나를 갖는 게 소원입니다. 사또가 가신 뒤에 아이를 의젓하고 분명하게 키워 이 땅의 진경산수의 도를 잇도록 할 것입니다. 부디 꺾지 말아 주십시오."

"세오야, 그건 아니 될 일이다. 어찌 내가 그런 일을 하겠느냐?"

"사또, 며칠 전 제가 꿈 얘기를 드렸었지요? 사또를 보낸 그 꿈에 영조대왕이 나타나셔서 크게 웃으시며 이렇게 말씀하셨습니다. '그가 떠난다고 너무 울지 말거라. 그는 너에게 큰 선물을 주고 갈 것이다. 그의 호가 겸재가 아니더냐? 겸재의 겸(謙)은 주역으로 풀면 곤(坤)과 간(艮)으로 이뤄져 있느니라. 곤은 어머니에 해당하는 것이고 간은 세 번째 아들인 막냇자식을 의미하는 것이다. 겸재에겐 이미 장성한 두 아들이 있다. 그러니 세 번째 아들은 네게서 날 것이 아니겠느냐.' 그러시면서 겸재에게 이 말씀을 드리라고 하셨습니다."

선은 참으로 당혹스러웠다. 임금이 꿈에 나타나 그런 말씀을 하셨다니, 참으로 놀라운 일이 아닌가. 문득 영조가 선을 청하로 보내면서 이렇게 말했던 일이 기억났다.

"겸재는 현감으로 가 계신 동안 영남과 동해안의 승경을 섭렵하여, 조선 산수의 진경을 제대로 갖추도록 하시오. 아마도 진경의 요체는 겸산겸수(謙山謙水)에 있지 않을까 싶습니다."

왜 임금은 겸재 속에 들어 있는 겸(謙)을 다시 떠올리게 하셨을까. 눈물로 얼룩진 세오의 뺨을 어루만지며 선은 생각에 잠겼다. 갑자기 영감이 번득이며 스쳐 갔다. 아하! 지산겸(地山謙). 주역의 지산겸은 아래 맨 위 막대는 온전하고 아래 막대 두 개가 터진 간(艮)이 밑에 있고, 세 막대가 모두 터진 곤(坤)이 위에 있다. 이 형상을 가만히 들여다보면 폭포 두 개가 잇달아 흘러내리는 모습이다. 주역은 겸(謙)을 이렇게 설명한다. '지산겸은 하는 일을 완성하는 끝맺음의 괘이다. 하늘의 도는 가득 찬 것에서 덜어 겸손한 것에 보태주고 땅의 도는 가득 찬 것을 비우고 겸손한 것에 흘러든다. 겸손한 자는 존귀한 자리에 있으면 빛나고 비천한 자리에 있어도 남이 얕보지 못하니, 군자가 지녀야 할 마지막이다.' 아, 그러니까 내연산은 바로 스스로를 낮추는 인격 도야의 겸산겸수를 천하에 알리는 묘처가 아니던가. 낮은 산 얕은 물. 이제야 알겠구나. 진경(眞景)은 산수가 지닌 덕을 인간이 하나의 도(道)로 삼아 깨달아 들어가는 빛나는 수행처임을.

"세오야, 네가 내게 깊은 깨달음을 주었구나. 우리를 깨우쳤던 저 소나무를 겸송(謙松)이라 이름 짓고 싶구나. 겸(謙)을 가르쳐준 나무. 오늘에서야 내가 진짜 겸재로 거듭나게 되었구나. 이제 상승처의 진경과 하강처의 진경을 섭렵하여, 도처 강산에 내재해 있는 큰 정신을 삼엄하게 대면하리라. 다시 그려야겠다. 세오야, 어서 내려가자."

선은 또 하나의 '내연산 삼용추'를 그린다. 복잡하던 산경의 오른쪽 부분을 과감히 없앴다. 벼랑 갓길도 치워버렸다. 대신 폭포가 세 번 방향을 트는 그 움직임을 힘 있게 표현했다. 그리고 산과 바위 또한 물의 기운에 조응하여 함께 움직이는 듯한 동세를 살려냈다. 관음폭 아래에는 유산(遊山) 나온 선비들이 앉거나 서서, 추락진경의 산 기운을 음미하고 있다. 그 선비들의 귀로 들려오는 폭포성이 생생하다. 낮아져라! 일대 화두(話頭)처럼 쩌렁쩌렁 울리는 이 소리. 청겸(청하겸재)이 뽑아낸 최고 진경이 아니던가.

여헌 장현광,
선바위 마을을 스토리텔링하다

　지금부터 여풍(旅風) 속으로 걸어 들어가려 한다. 여풍은 17세기에 불던 '여헌(旅軒) 장현광 바람'을 의미하며, 퇴계(이황)와 남명(조식)을 아우르는 당대 유학의 거장이었던 그가 포항 죽장의 선바위(立巖) 마을에 은거하는 동안의 자취를 따라가며 위대한 가르침과 아름다운 생각을 음미하는 나들이(旅)의 신바람(風)이기도 하다.

● 입암에서 여헌을 인터뷰하다

　1637년 6월 19일. 빈섬은 포항 죽장의 입암(선바위) 마을을 찾아갔다. 석 달 전 84세의 여헌 장현광(張顯光, 1554-1637) 선생이 이 마을로 돌아왔다는 소식을 듣고 인터뷰를 하기 위해서였다. 전날 데스크로부터 여헌에 대한 간단한 메모를 받았다.

* 16세기 조선 성리학에 퇴계, 남명, 율곡이 있다면 17세기엔 여헌이 있음.
* 여헌은 전대의 위대한 세 스승의 학설들이 피비린내 나는 붕당(朋黨)의 갈등을 불러일으킨 사실을 직시하고, 그 3사(師)를 뛰어넘는 탕평론(치우침이 없이 공평한 이론)을 내놓아 일대 학풍을 일으킴.
* 인조임금이 '500년마다 한 분씩 나타난다는 성현'으로 찬사를 보냈다 함.
* 조선시대 스토리텔링의 초절정고수라 할 만함.
* 여헌이 포항의 입암을 특히 사랑하여 떠돌이를 자처한 가운데서도 늘 돌아오고 싶어 했던 의지처(依支處)였다 하니 그 곳곳을 꼼꼼하게 취재해올 것.

메모를 읽고 빈섬은 고개를 갸웃거렸다. '아니, 퇴계 남명, 율곡을 넘어서서 독자적인 논의를 펼치실 만큼 대단한 분인데, 왜 이리 이름이 생소하단 말인가? 그리고 스토리텔링이라니? 요즘 유행하는 문화콘텐츠인데 조선에 벌써 고수가 있었다고?'

대구를 거쳐 포항 근처 봉계라는 곳에서도 한참 굽이굽이 들어갔다. 산과 개울이 서로를 감아 돌며 흐르는 길을 타고 올라갔다. 심산유곡(深山幽谷). 마을이 있을 것 같지 않은 곳인데 산 아래 오순도순 모여 앉은 촌락이 눈에 들어온다. 물고기가 노니는 일급수 개울 위에 우뚝 솟은 바위가 하나 보인다. 저게 여헌이 입탁암(立卓巖)이라 이름 붙였던 그 선바위구나. 그냥 바라보기만 해도 한 자락 이야기가 그냥 걸어 나올 것 같은 신비하고 우람찬 포즈. 마을에 들어서자 많은 선비들이 나무를 심고 있다. 그중의 한 분에게 여헌 선생이 어디 계시냐고 묻자, 지팡이를 짚고 있는, 흰 수염이 인상적인 한 노인을 가리킨다. 빈섬이 다가가서 꾸벅 인사를 했다.

"어디서 오신 분인가."

"저는 2013년 대한민국의 신문사에서 왔습니다. 선생님을 좀 인터뷰할까 하고요."

"병든 노인에게서 무슨 얘기를 들을 게 있겠는가?"

"병자호란(1637년 2월 남한산성 함락) 난리 통에 나무를 심으시는 까닭은 무엇입니까?"

"나라가 위급하니 선비로서 나가 싸워야 하겠으나 젊은 시절 무릎을 상한 뒤로(모친상을 극진히 치른 다음 이 병이 생겼다) 기동이 몹시 어려우니 이 은처(隱處)에서 때를 기다리고 있는 셈일세. 지금 심는 나무는 복숭아나무일세. 이 아름다운 곳을 무릉도원처럼 가꿔놓으면 후세 언젠가는 좋은 여행처가 될 것 아닌가. 얼마 전엔 저 선바위 아래서 제문을 지어올리고 제사를 지냈네. 이 나라가 다시 외세를 물리치고 입암처럼 굳건히 서도록 기원하는 행사였네."

"인조반정 이후에 선생님을 조정에서 최고의 예우를 하며 모시고자 했는데 대부분 거절하신 까닭은 무엇입니까? 당시 인조임금은 당대 최고의 산림(山林, 재야학자)으로 선생님을 모시려고 특별가마까지 준비한 것으로 압니다만."

"허허. 자네, 처사(處士)가 뭔지 아는가?"

"학생부군신위 대신에 쓰는 처사부군신위에서 본 것 같습니다."

"아, 그렇구먼. 학생부군신위의 학생은 원래 성균관 학생을 가리키는 말로 아무나 쓸 수 없는 말이었지. 그러다가 벼슬 못한 사람을 높여 학생이라 불러주는 관행이 생겼더군. 처사는 그야말로 관직에 나아가지 않은 사람을 가리키는 말일세. 조선시대에 이 말은, 긍지의 낱말이었지. 퇴계 선생도 세상을 떠날 때 자신의 비석에 '처사'라고 써달라고 말했지. 그러자 경쟁자였던 남명 선생이 이렇게 되쏘았지. '아니, 가끔 벼슬도 했던 사람이 무슨 처사란 말인가? 평생 벼슬 없이 산 나 같은 사람도 감당하기 어려운 호칭이거늘.' 처사 얘기를 길게 한 것은, 내 뜻이 어디에 있었는지 말하고 싶어서일세. 광해군이 물러나고 인조대왕이 나를 불렀을 때, 나가지 않은 것은 물론 병이 짙어서였지만, 때가 옳지 않았네. 사실 선비에게 출처(出處, 벼슬에 나가는 일과 시골로 들어와 은둔하는 일)보다 더 고심해야 할 일이 어디 있겠는가. 반정(反正)은 명분이 상쾌하지 않았어. 남명이 아끼던 정인홍을 죽인 것도 과한 태도였지. 89세의 고령이었던 내암(來庵, 정인홍의 호)은 광해군이 거듭 불렀으나 벼슬도 거부하고 고향 합천에만 머물러 있었는데 굳이 그를 참한 것은, 남명이 내세운 군자당-소인당의 논리를 죽인 것이지. 여보게, 어떻게 생각하는가. 남명의 가르침을 당리당략에 이용한 대북파의 이이첨 같은 이가 큰 이름을 더럽힌 셈이지만, 어쨌거나 남명의 뜻을 참(斬)한 반정세력이, 남명의 뜻을 귀하게 여기는 나를 조정에 앉혀 반정에 대한 비판론을 잠재우겠다는 것은 경우에도 맞지 않았다고 보네. 하지만, 반정 전체를 옳지 않다고 생각한 것은 아니네. 성심성의껏 왕에게 자문을 해준 것은 그런 의미네."

"선생님이 1621년에 발표하셨던 경위설(經緯說)에 대해 듣고 싶습니다."

"아, 그거? 1621년이었지. 내가 68세 때였구먼. 그 전해에 한강 정구 (1543-1620) 선생이 돌아가셨어. 한강은 남명 조식(1501-1572)의 으뜸 제자였지. 나의 처숙부이기도 하고(첫 아내 청주 정씨를 연결해준 사람이 정구였다). 세상 사람들은 11살 연상인 한강과 내가 학문적 동지였다고도 하고, 그의 제자였다고도 하지. 둘 다 틀린 말은 아니네. 그에게서 남명의 학문하는 법과 삶의 태도를 많이 배웠으니 사승(師承)이라고도 할 수 있고, 또 수평으로 서로 의론을 펼치며 경쟁했던 점을 떠올린다면 동지라고 할 수 있지. 1614년 영창대군이 광해군에게 죽임을 당할 무렵에, 한강은 그를 살려야 한다는 전은론(全恩論, 온전한 은혜를 베풀자는 주장)을 내놨었지. 당시로선 참으로 용기 있는 주장이었는데… 그런데 권력에게 괘씸죄로 찍혀 그의 기반인 성주 일대의 사람들에게 과거 응시 금지령이 내려졌어. 기막힌 일이었지. 죽음에 이르렀을 때 그는 이렇게 중얼거렸어. '자리가, 자리가 도무지 바르지 않구나.' 그 말이 어찌나 가슴에 와 닿던지… 그때 생각했어. 자리를 바르게 만드는 일이야말로 내가 할 일이다. 이제 내가 오랫동안 고심해왔던 성리학의 새로운 이론을 내놓을 때가 되었구나. 붕당의 갈등과 피비린내 나는 정쟁(政爭)을 낳아온 이기선악(理氣善惡)의 틀을 좀 바꿔보자."

"어떻게 바꾸고자 하셨는지요?"

"이(理)는 선이요, 군자당이며, 기(氣)는 악이며 소인배라는 구도는 남명의 단호한 의불의(義不義)의 구분에서 왔지. 남명과 퇴계는 더없이 훌륭한 분이었지만, 그들의 이론이 정치에 적용되면서 물의가 일어났네. 오래 전 나는 아내가 베틀을 짜고 있는 것을 보고 문득 깨달았지. 아아! 하늘의 이치가 저기에 있구나. 이(理, 四端)와 기(氣, 七情)는 저런 것이구나. 사단은 날줄이며 칠정은 씨줄이다. 그러니 사단만이 선이 아니고 칠정만이 악도 아니며, 씨줄과 날줄이 나눠지고 합해져야 베를 짤 수 있듯이 붕당도 좌우종횡으로 서로 역학관계를 형성해야 공존과 견제가 동시에 가능하지 않겠는가. 퇴계의 선악론(이기이원론, 좋은 사람과 나쁜 사람을 엄격히 구분해야 한다)은 분쟁을 부르고, 율곡의 우열론(이기일원론, 좋고 나쁨보다 우열이 있을 뿐이므로 보완하고 함께 가야 한다)은 가치 혼란과 옳은 비판의 차단을 부르니, 이와 기가 교직하는 경위(經緯)야말로 현실적이면서도 근본적인 해석이 아니겠는가."

스스로가 평생을 두고 야심차게 준비했던 학설이었던지라, 여헌은 장광설을 뿜는다. 명쾌하게 잘 이해가 가진 않았지만, 퇴율(退栗)의 극단을 통합하여 당쟁의 소모를 줄이고자 했던 그 열정은 피부에 와 닿았다.

"1595년 성주목사 허담이 한강 선생에게 영남 최고의 학자가 누구냐고 물었을 때 선생님(장현광)을 꼽았는데, 그때 연세가 어떻게 되셨는지요?"

"42세였을 거야."

"한강이 선생님을 가리켜 공자의 최고 제자인 안자(顔子)에 비유하셨지요?"

"허허. 과분한 말씀이셨지. 나의 무엇을 보시고 그렇게 평하셨는지… 내가 18세 때 '우주요괄첩'이란 10개의 도표를 만들었는데 이걸 보고 사람들이 천재가 나왔다고 놀라던 기억이 나네. 중국과 우리나라의 성리학설을 종합하여 우주 근원부터 실천 단계까지를 한눈에 볼 수 있도록 정리한 것이었어. 물론 나로선 체계적으로 공부를 하려는 방편이었지. 그리고… 21세 때 안동에서 있었던 유생들 자체 시험에서 마침 안자에 관한 시문이 예제로 나왔어. 〈활개운무견청천(豁開雲霧見靑天, 구름과 안개 열어젖히니 푸른 하늘이 보이는구나)〉이라는 시제가 나왔지. 안자가 가난했지만 학문적으로 뛰어났다는 것을 은유한 시였지. 거기에 나는 〈견천이미도우천(見天而未到于天, 하늘을 보았으나 하늘에 도달하진 못했구나)〉이라고 답을 썼어. 하늘을 본 것만으로는 모자라고 그것에 닿기 위해 끝없이 수행정진을 하는 것이 중요하다는 것을 밝힌 시였지. 내 시험지를 본 관리가 깜짝 놀라며 '속유(俗儒)를 뛰어넘는 큰 그릇'이라며 극찬을 했다더군. 나이가 들면서 나는 여러 책을 보지는 않았어. 오직 주역에만 몰두했지. 왜란을 겪으면서 금오산, 구지산을 돌아다녔지만 주역은 표지가 너덜거리도록 놓지 않고 있었어. 한강 선생이 그런 학문적 집요함을 높이 평가하셨는지도 모르겠네."

● 과메기에 이끌려 이곳에 왔노라

　여헌(旅軒)은 선바위 곁 입암정사의 마루 난간 앞에 앉아 아래로 흐르는 물을 바라보고 있었다. 그의 등 뒤에 일제당(日躋堂) 현판이 걸려 있다. 날마다 오르는 집이란 뜻이다. 감실(龕室)에 쌓아둔 책을 늘 읽고 마루에서는 늘 강론이 이어지기를 바라는 마음을 담았으리라. 바위에 가까운 오른쪽 방이 우란재(友蘭齋), 왼쪽은 열송재(悅松齋)다. 우란은 지란지우(芝蘭之友), 열성은 송무백열(松茂栢悅)에서 나온 말이니, 공부하는 제자들의 맑고 향기로운 사귐과 공부를 서로 격려하는 우정을 강조한 것일 터이다. 인터뷰 중에 얼굴이 뽀얀 여인 하나가 막걸리에 산채(山菜) 안주를 놓은 술상을 차려온다. 빈섬이 말한다.

"선생님이 쓰신 시 구절, 일포수작파 휴상남대아(日哺數酌罷 携上南臺哦)가 생각나는군요. 저녁답 몇 잔 술 마시고, 남쪽 누대에 함께 올라 '아, 좋다' 탄성을 지르네."

"허허, 그 시를 아는가?"

"예. 부끄럽지만, 취재 오기 바로 전에 읽었습니다. 그리고 선생님의 시 가운데 가장 저를 사로잡은 것은…."

"음, 그게 무엇이었나?"

"지금, 선생님이 보시고 계신 저 물을 읊은 시, '전간(前澗, 앞개울)'이었습니다. 그 시를 보고, 여헌은 조선의 대성리학자일 뿐 아니라, 최고의 시인이었구나 하고 감탄을 하였습니다."

"허허…."

선생의 너털웃음에 빈섬이 스스로 풀이해 정리해놓은 메모를 내보였다.

물결에 뜬 꽃잎, 막 보았는데(始見花爛浮)
이내 황톳물 넘실대며 흘러가네.(旋作黃流灣)
고운 집 그림자, 물속에 어른거리더니(纔觀玉宇涵)
어느새 얼음 밑 여울물 소리 듣네.(復聽氷下灘)

　　　　　　　　　　－여헌의 '앞개울(前澗)' 중에서

지나가는 사람들은 그때 그 시냇물만을 보지만, 시냇가에 사는 사람은 사시사철 그 물이 쉼 없이 흘러가는 것을 본다. 한때의 물만을 보는 사람은 그 물이 전부인 것으로 생각하고 지나가지만, 늘 그 물을 들여다보는 사람들은 그 물의 변화와 한결같음을 함께 본다. 4행은 봄·여름·가을·겨울, 계절마다 흐르는 시냇물의 모양을 담았다. 물결에 뜬 꽃잎은 봄이다. 그걸 막 본 듯 했는데, 벌써 여름이 와서 황톳물이 콸콸 흐르는 것이다. 집 그림자가 옥빛을 띠며 물 위에 아른거리는 것은 가을이다. 물이 맑기에 더욱 그림자가 고운 것이다. 그걸 보는가 했는데, 곧 얼음 밑에서 여울물 흐르는 소리를 듣는 것이다. 어떤 시인은 지리산에 살아보고야 해마다 우는 뻐꾸기가 같은 놈이 아니라는 것을 알았다고 했는데, 여헌은 저 개울의 사계절 속에서 인간의 희노애락의 변화와 덧없는 삶 속에서 견지해야 할 것들을 깨닫는다. 물을 바라보는 저 눈길, 더없이 그윽하다.

다시 인터뷰에 들어갔다.
"선바위 마을은 언제 알게 되신 겁니까?"
"마흔세 살 때(1596)였다네. 그해에 참 어처구니없는 일이 있었네. 그 전 해 가을에 유성룡 대감이 나를 추천해 보은현감에 임명됐지. 나는 여러 번 벼슬을 사양해왔지만 그땐 나라를 위해 봉사할 마음이 생겼네. 그런데 석 달 만에 큰 병이 나서 도저히 일을 할 수가 없었어. 그래서 사직서를 몇 번 냈는데 충청감사가 받아들여 주지 않았어. 하는 수 없이 도망치듯 봇짐을 싸서 나왔는데, 이 일로 체포되는 일이 생겨났지. 여러 사람이 변론해주어 풀려나긴 했으나 몸과 마음이 많이 피폐해져 있었네. 윤팔월 초하루에 일식(日蝕)이 있던 그해였네. 동봉(東峯, 권극립(1558-1611)의 호)이 나를 찾아왔네. 동봉은 영천에서 은거하던 선비였는데 임진란 때 입암으로 피난을 와서 솔안(松內)마을을 일궈 살고 있었었네(지금도 이곳엔 안동 권씨들이 많다). 우연히 그를 알게 된 뒤 서로 마음이 깊이 통하였네. 동봉은 편지를 보내 입암에 놀러오라고 입버릇처럼 말했네. '천하를 품은 절세처(絶世處)가 있는데, 천하의 절세인(絶世人)이 빠졌으니, 어찌 안타깝지 않겠습니까. 선생이야말로 이곳에 탁립(卓立)해야 할 큰 바위임에 틀림없습니다.' 내가 그에게 쓴 편지는 이랬지. '늦봄의 산속에서 유인(幽人, 은둔자)께서는 멋진 흥취가 절로 곱절이겠습니다그려. 못난 저는 번번이 봄빛 고운 날에 그대 숨어사는 암혈로 가서 그 경승을 구경하지 못하니 한가한 가운데서도 어찌 한스러움이 아니겠습니까.' 그렇게 글을 나눴던 그가 문득 찾아왔네. 그리고 내 손을 이끌었네. '입암에는 모든 것이 다 사방 자연 속에 들어 있습니다. 그곳엔 산에서 빚은 막걸리가 있고 앞 논에서 거둔 쌀로 만든 밥이 있고 개울에서 잡은 생선이 있으며 뒷 채전에서 갓 뽑은 채소가 있고 또 뒷산자락의 과수에서 딴 과일이 있습니다.' 이것만 해도 좋은데, 입암은 바다에서 멀지 않아서 소금에 절인 생선도 있다고 말하지 않겠는가. 이 마지막 말에 그만 반하고 말았네. 이 시절 처음 본 이곳 풍광을 잊지 못해. 선경(仙境)이었지."

빈섬은 생각했다. 아, 바다에서 멀지 않다는 걸, 여헌도 깨닫고 있었구나. 그러니까 이곳이 청하(淸河, 포항) 부근이라 청어 과메기가 나오는 것을 좋아했구나. 사실 여헌이 이곳에 온 것은 입암4우라 일컬어지는 권극립, 손우남(두 사람이 임란 때 먼저 와 정착했다), 정사상, 정사진을 중심으로 문인(門人) 기반을 확장하려는 포부도 있었을 것이다.

여헌은 고향 인동(구미)에서 학맥을 형성했는데, 남명의 기반인 진주를 중심으로 한 영남우도와 퇴계의 기반인 안동을 중심으로 한 영남좌도

문인들의 대통합을 꿈꾸었던 그로서는, 입암이 상징적인 소통처(疏通處)라고 생각했을지도 모른다.

"왜 곧 그곳을 떠나셨는지요?"

"이듬해 봄 정유재란이 일어났지. 나는 청송과 주왕산과 봉화 일대를 떠돌았네. 이렇게 떠돌 때 내 호를 나그네집(旅軒)이라 지었네. 그 뒤에 인동(구미)의 생질과 함께 살게 되었지. 1600년, 내 나이 47세 때 입암이 눈 앞에 사물거려서 견딜 수가 없었네. 식솔은 인동에 두고 홀로 솔안 마을을 찾아왔네. 입암 28곳에 이름을 지었던 것은 바로 이때였네. 그 작명의 뜻을 새기며 시 13수를 지어 남겼던 것이 기억나네."

"그때가 바로 조선 최고의 스토리텔러가 탄생하는 순간이었군요?"

"그 스토리텔링이라는 것이, 내가 이름을 지어 자연을 거울삼고 아름다움을 더욱 깊이 즐기며 학문과 도리를 환기하는 것과 같은 의미이던가? 내가 입암에 와서 이름을 붙일 때, 원래 이름 없는 자연에 군이 이름을 붙여 시끄럽게 하는 것은 시냇물과 산을 자신의 물건으로 쓰고자 함이 아닌가 하고 따지는 사람들이 있었네."

"그래서, 선생님은 뭐라고 하셨습니까?"

"조물주가 만물을 만든 이유가 쓸모없는 물건을 만들고자 함은 아니었을 걸세. 물건이 있는데도 쓰지 않는다면 조물주가 어찌 좋아하겠는가. 곡식은 인간에게 밥이 되려고 태어난 건 아니지만, 사람이 스스로 그것을 먹지 않던가. 밥을 먹는 것이 조물주를 번잡하게 하는 일이 아니듯, 사물에 이름을 짓는 일도, 스스로의 쓸모를 위하여 하는 일이니 자연을 잘 쓰고자 함일세. 이곳의 자연은 지금껏 이름이 없었기에 사람들이 놀고 감상하는 곳이 되지 못하였다네. 이름을 지음으로써 버려지는 시냇물과 돌덩이가 아니라, 사람들이 호명하고 즐기는 것이 되게 한 것이네. 또한 이것은 내가 즐거움을 붙이는 장소로 삼기 위한 것이 아니라, 자연을 벗으로 삼는 하나의 도(道)를 실천한 것이니, 어찌 망세(忘世)의 유희로 삼는 것이라 하겠는가."

"와, 바로 선생님의 그 말씀이, 제가 살고 있는 2013년에도 그대로 적용되어야 할 스토리텔링 이론이 아닌가 합니다. 약간 다른 질문인데⋯ 선생님은 26세(1579) 때 한강 정구의 질녀인 청주 정씨와 결혼을 하셨던 것으로 압니다. 그리고 6년 만에 사별하셨고⋯ 그리고 임란 이태 전인 1590년에 야로 송씨와 재혼을 하셨지요? 송씨와는 후사가 없어서 15년 뒤인 1605년(52세) 때 종제인 장현도의 둘째 아들 응일(1599-1676)을 양자로 들였습니다. 76세(1629년) 때 39년을 해로(偕老)한 야로 송씨가 돌아가셨습니다. 그런데 동봉에게 보낸 편지에 보면 '가실(家室)'을 들이는 문제는 마음속에 작정한 것이라 늦출 수 없습니다' 라고 하셨는데, 재취 이후에 또 다른 부인을 들인 바가 있으신지요? 혹시, 아까 술상을 봐온 분은⋯."

여헌은 빙그레 부드러운 웃음을 지었다. 그리곤 수염을 잠깐 어루만지며 기침을 돋우더니 얘기를 꺼냈다.

"입암정사를 짓고 나서 제자들에게 나는 이렇게 말했소. '작은 서재가 이뤄졌으니 우린 이곳에 거처하며 무엇을 닦고 무엇을 해야 하는가. 정자와 당(堂)을 짓는 이들은 많으나 그 목적은 같지 않다. 주색을 즐기는 자는 유흥처로 삼고, 활쏘기에 빠진 자는 싸움터로 삼고, 바둑을 일삼는 자는 도박장으로 여긴다. 이는 굳이 입에 담을 바가 못 된다. 또한 인륜을 버리고 공허한 것을 일삼는 노장(老莊)의 은둔도 우리가 취할 바가 아니다. 오직 우리는 변함없이 우뚝한 저 바위를 배워, 수신양성에 힘을 기울일 것이다.' 그 여인은 비록 규중(閨中)의 몸이기는 하나 호학(好學)하는 것이 남자에 못지않아, 가히 여사(女士)라 할 만한 인재요. 여인은 도화(桃花)라 하오. 그 여학(女學)처럼만 공부하라는 뜻으로 오늘 제자들에게 복숭아나무를 심게 한 것이오. 허허."

빈섬은 곁에 와있던 여헌의 제자 쌍봉(雙峯, 정극후의 호, 1577-1658)에게 입암정사 수업의 한 장면을 묘사해줄 수 있느냐고 물었다. 쌍봉은 고개를 끄덕이고는 이렇게 말했다.

"하루는 선생님이 정사의 서쪽마루에 앉아계셨는데, 제자 열두 명이 모시고 있었습니다. 저녁비가 걷혀 하늘이 맑게 개고 환했습니다. 선생님은 책상 위에 있는 책을 펴시고는 '활개운무견청천(豁開雲霧見青天, 구름 안개 확 걷히고 푸른 하늘이 보이도다)'이란 구절을 보여주셨지요. 선생님은 '이게 어떤 경지인지 알겠느냐?'라고 우리들에게 물었습니다. 제자들은 아무도 대답을 못하였습니다. 선생님은 천천히 일어나시며 말하기를 '이것은 아는 것과 실천하는 것의 경계다'라고 하셨습니다. 그러고는 '구름이 걷히고 하늘을 보는 것은 사람의 욕망을 걷어내고 하늘의 이치를 만나는 것과도 같다. 미혹(迷惑)에 갇혀 헤매던 학문이 홀연히 그 벽을 뚫고 나서서 십분통투(十分通透)하는 경지가 바로 저것이다!'라고 하셨습니다. 제자들은 선생님이 손가락으로 가리킨 그곳을 바라보며, 학문의 깨달음이 무엇인지 느꼈습니다. 선생님은 자연 모두를 학습 교보재로 사용하십니다."

● 홍시 하나의 인연

죽장 선바위는 여헌 이전에도 서 있었고 여헌 이후에도 여전히 서 있지만 그 전후(前後)는 아주 다르다. 여헌이 입암28경을 이름 지은 뒤로 이 일대는 시인 묵객의 명소가 되었다. 그리고 그때 지은 이름은 400년간 이곳의 명성을 키우며 화제를 불러일으켜 왔다. 한 사람이 한 지역의 산과 바위와 개울에 대해 한꺼번에 이름을 짓고 그것이 이토록 세간에 힘 있게 유통되고 있는 사례는 찾기 어려울 것이다.

여헌이 이곳에 처음 왔을 때 솔안(松內) 마을 주민들에게 눈앞에 보이는 봉우리와 개천의 이름을 물었더니 모두 고개를 갸웃거렸다. 그저 앞산 뒷산이며 옆 개울이며 너른 들판이었다. 더없이 아름다운 풍경인데 그것을 부를 이름이 없다는 점은 참 아깝다는 생각이 들었다. 이름이 그 가치를 돋우고 기억하게 하며 사람들의 입을 통해 불리면서 신뢰감 있는 브랜드가 된다는 것을 여헌은 파악했다. 그런 점에서 그는 이야기보따리를 푸는 시작이 네이밍임을 간파한, 선구자적인 스토리텔러였다.

여헌은 단순히 이름을 짓고 그친 게 아니라, 그 이름들에 다양한 방식으로 생명력을 불어넣었다. 유학적 세계관과 전통적 미감을 일깨우는 명칭을 강의에 활용함으로써 그 이름이 의미심장해지도록 했다. 여기에 시인들이 저마다 시제(詩題)로 사용함으로써 콘텐츠와 감성의 폭을 넓혀놓는다. 여헌은 스스로 '입암13영(立巖十三詠)'을 남겨 스토리텔링의 시범을 보였다. 그에게 솔안 마을 일대를 천천히 거닐면서 그가 붙인 이름들의 의미를 직접 설명해줄 수 있느냐고 물었다. 여헌은 흔쾌히 고개를 끄덕였다. 권극립, 정사상, 손우남, 정사진 '입암4우(友)'와 몇 명의 제자들이 동행했다. 도화도 함께 따랐다. 빈섬이 우스개 삼아, 네이밍의 달인께서 이 나들이 프로그램의 이름을 지어줄 수 있느냐고 했더니 여헌은 이렇게 말한다.

"선바위 여풍(旅風) 둘레길이라 하면 어떨까?"

오, 과연 간략하면서 핵심을 찌르고 있다. 17세기 여헌(旅軒)바람을 맛보는 길이며, '나들이의 신바람' 이기도 한 여풍(旅風)이란 말.

"그런데, 길을 나서기 전에 잠깐 소개할 분이 있소이다. 사실 이곳이 유명해진 것은 나 때문이 아니라 이분 덕분이라고 할 수 있지."

빈섬은 일행을 돌아본다. 낯선 얼굴이 하나 보인다. 여헌보다는 연하로 보이는 깡마른 체구의 남자. 과묵한 인상이지만 눈빛이 형형하다.

"이 분은 무하옹(無何翁)이라고 하네."

"아, 무하옹이라면 노계(蘆溪) 박인로 선생님(1561-1637) 아니십니까?"

그의 손을 덥석 잡자, 무하옹은 부드러운 미소를 지으며 빈섬의 손을 잡아준다.

"2013년 세상에서는 내가 유명하다더니 과연 그런가 보오."

"예, 그렇고말고요. 정철, 윤선도와 함께 조선 3대 시가인(詩歌人)으로 손꼽히고 있지요. 선생님의 시는 교과서에도 많이 나옵니다. 누항사(陋巷詞), 선상탄(船上嘆)도 유명하지만, 시조 조홍시가(早紅枾歌)는 저도 암송하고 있습니다."

"무하옹은 이 마을로서도 아주 특별한 가객이네. 그가 지은 입암별곡과 입암가 29수는 이곳을 조선의 명승으로 이름나게 하였지. 그리고 내가 지은 이름을 힘 있게 전파해준 것은 바로 이 사람이라네. 쉽고도 친근한 한글 노래로 만든 일은 참으로 선견지명이 있는 판단이었네. 백성들과 후손들은 그의 노래를 통해 내가 지은 이름들을 기억하게 되었지. 참 고맙고 기특한 이가 아닐 수 없네."

그윽하게 무하옹을 바라보던 여헌 선생이, 앉았던 너럭바위에서 몸을 일으켰다.

"자, 이제 여풍 둘레길을 떠나보세."

"사실, 이번 스토리여행은 선생님이 전문가이신지라 제가 따로 설명할 것이 없을 듯합니다."

빈섬이 이렇게 말하자, "허허. 그러면 월급을 누가 주겠나? 내가 하는 말들에다 열심히 해설을 달아야 밥값을 하는 것이지."라며 여헌 선생은 껄껄 웃었다.

"지역별로 묶어서 설명하는 게 좋겠군. 우선 선바위와 그 주변부터 한 번 보자고. 선바위가 서 있는 개울은 이름이 가사천(佳士川)이라 하네. 아름다운 선비 같은 개천. 이것은 이미 지어져 있던 이름인데, 그대로 훌륭한 네이밍일세. 물을 보는 것도 노하우가 있다(觀水有術)고 말한 것은 맹자였지. 그냥 바라보는 것이 아니라 그 물결의 움직임을 살피라고 하였네. 세상의 일을 살펴 그 흐름을 파악하는 방법이기도 하지. 선바위(입암, 탁립암, 입탁암) 앞에는 경심대(鏡心臺)와 수어연(數魚淵)이 있고, 선바위 뒤에는 계구대(戒懼臺)와 기여암(起予巖)이 있네."

선생은 기문(記文)에서 이렇게 써놓고 있다.

'입암 밑으로 흐르는 시냇물 가운데에 돌이 깔려 있는데 모가 나고 우뚝 솟은 것이 출몰하고 이리저리 종횡한다. 가운데는 틈이 있는데 가로 세로 한 길쯤 된다. 흐르는 물이 이곳에 멈추어 깊이 파이고 매우 맑아 작은 못이 되었다. 이 돌을 이름하여 경심대(마음거울의 누대)라 하고 몸을 씻고 치아를 닦으며 물고기가 노는 것을 구경할 수 있는 이 못을 이름하여 수어연(고기를 세는 연못)이라 한다.'

한편 입암 바닥에 깔린 돌이 북두칠성과 닮았다 하여 상두석(象斗石)이라 부른다. 가사천의 흐름을 보면 태극처럼 에스(S)자로 급격히 휘돌며 흐른다. 일제당에 앉아 그 물길을 구경하는 맛이 장쾌하다. 또 '대 위는 10여 명이 앉을 만하니 차를 끓이고 술을 데우는데 적당한 장소이며 따라온 노비들과 어린아이들도 곁에 편안히 앉을 곳이 있다. 대 위에 앉으면 3면이 모두 절벽이어서 경계하고 두려워하는 마음이 있으므로 계구대(경계하고 두려워하는 누대)라 부른다. 입암 뒤쪽에 한 바위가 산처럼 솟아 있으니 높이가 4, 5길이 될 만하고 주위는 수십 척이다. 높이 솟고 우뚝하여 구름이 주둔해 있는 곳이다. 소나무 수십 그루가 용 모양의 가지로 서로 얽혀 신선이 사는 곳의 풍취가 있어 우러러보는 사람들이 자연히 흥기(興起)하는 바가 있다. 그래서 칭하기를 기여암(나를 일으키는 바위)이라 하였다.'라고 설명하고 있다.

자, 여헌 선생 말씀대로 빈섬이 밥값을 해야 할 기회다. 경심(鏡心)과 수어(數魚)는 문학적인 명칭이지만, 계구(戒懼)와 기여(起予)는 옛 책에 나오는 말이다. 계구는 중용(中庸)의 '그 보이지 않는 곳에서 경계하고 조심하며 그 들리지 않는 곳에서 두려워하며 무서워한다'에서 따온 것이고, 기여는 논어의 공자 말씀인 '나를 일으키는 자는 상(商)이다, 비로소 함께 시를 말할 수 있게 되었구나'라는 구절에서 왔다. 상(商)은 공자의 제자 자하를 가리킨다. 자하가 시경의 한 구절인 '소박함이 현란함을 만들었구나.'라는 대목이 무슨 뜻이냐고 묻자 공자는 '그림 그리는 일은 흰 여백이 있은 뒤에야 가능하다'(繪事後素)고 대답한다. 그러자 자하는 '예(禮)는 뒤에 생긴 것이군요.'라고 다소 튀는 코멘트를 하는데, 이 말을 듣고 공자가 기뻐하며 저렇게 말한 것이다.

'이제 너랑은 시를 논할 만큼, 말이 좀 통하는 것 같아.' 대화가 조금 비약적으로 발전하는지라 행간을 곰곰이 읽어야 하지만, 수많은 옛 선비들을 열광시킨 대목이므로 이 대화를 이해 못하고 지나치는 것은 안타까운 일에 가깝다. 여하튼 여헌은 기여암을 보며 공자의 멘트와는 조금 다른, '나를 일으키는' 분발의 의미를 담고자 했다. 입암 뒤에 있는 바위의 두 곳을, 하나는 '두려움'으로 삼고 하나는 '신바람'으로 삼는 것은 양쪽의 조화를 고려한 것일 터이다.

선바위는 선 자리(立場)며 저 산은 바라봄(觀點)이니

여든네 살 같지 않았다. 평생을 거의 은자(隱者)로 살았기에 마음의 평정을 잘 유지해온 탓일까. 여헌 선생의 얼굴에는 맑은 정기가 서려 있었다. 무릎이 많이 약해져 청려장을 짚고 제자들의 부축을 받긴 했으나, 목소리는 우렁찼다. 빈섬에게 말했다.

"이쯤에서 무하옹이 쓴 〈입암〉이란 시조, 뭘 수 있겠는가?"

무정히 선 바위, 유정(有情)하여 보이나다.
최령(最靈)한 오인도 직립불의(直立不倚) 어렵거늘
만고에 곧게 선 저 얼굴을 놓칠 수가 없구나.

"좋구려. 최고의 영장류(靈長類)라는 인간('최령한 오인'이란 말은 여헌이 자주 쓰는 말이었다. 박인로가 스승의 말투를 흉내내어 시조에 담은 것이다)도 남에게 의지하지 않고 똑바로 서 있기가 쉽지 않은데 바위가 변함없이 그렇게 서 있으니, 이것이야말로 뜻을 가르치는 큰 스승이며 본받아야 할 선바위 얼굴이 아닌가. 이번엔 눈을 들어 산을 보기로 함세. 지금껏 우리가 본 것은 우리가 발 딛고 있는 것, 그리고 우리 발밑에 있는 것들이었네. 이런 것들에게서 배울 점은 우리가 서 있는 곳이 어떤 곳인가 하는 것일세. 우리는 늘 형편을 걱정하지 않는가. 그것이 바로 자신이 닿아 있는 자리에 대한 염려일세. 그러나 눈을 들면 다른 것이 보이지. 지금은 그런 공부를 하고자 하네. 여보게, 수암(守庵, 정사진, 1567-1616). 자네가 이야기를 해보게나."

수암은 입암4우 중의 한 분으로 여헌 선생이 아끼는 고제(高弟)였는데, 공자의 애제자 안회(顏回)와 비교하는 사람도 있었다. 일흔한 살의 제자는 일어서서 이렇게 말했다.

"예, 발밑을 보는 법이 있고 물을 보는 법이 있듯이, 산을 보는 법이 있습니다. 산은 높이를 지녀서 우러르는 것이며 올라가는 것이기도 하고 내려오는 것이기도 하며 또한 쌓는 것이기도 하기에 학문의 수행을 은유하기에 좋습니다. 가까운 산 세 개를 볼까요. 입암에서 남쪽으로 냇물을 건너 마주 선 봉우리는 구인봉이며 일제당 건물 동쪽 뒤에 늘어선 솔안 마을의 서쪽으로 약간 급경사를 이루며 솟은 산은 소로잠입니다. 입암 뒤 계구대에서 동쪽으로 고개를 돌리면 보이는 봉우리는 토월봉입니다."

"구인봉은 서경(書經)의 '여오편(旅獒編)'에 나오는 '구인공휴일궤(九仞功虧

—簣'에서 따온 말입니다. 아홉 길의 산을 쌓아올리는데 한 삼태기의 흙을 게을리하여 무너진다는 뜻으로 학문은 끝까지 진력해야 그 봉우리를 만날 수 있다는 이야기를 담고 있습니다. 소로잠의 소로(小魯)는 '노나라가 작다'는 뜻으로, 공자가 하신 말씀을 이름에 품었습니다. 공자는 동산(東山)에 올라가 노나라가 작다고 하셨고, 태산에 올라가서는 천하가 작다고 하셨지요. 세상을 굽어보는 큰 통찰력에 대한 얘기이기도 하지만, 뒤집어보면 작은 노나라에서도 공자 같은 성현이 나는 것이니, 조선 땅 선바위 마을에서도 뛰어난 현인이 나올 수 있다는 의미입니다. 당나라 시인 유우석이 '산이 깊다고 영산(靈山)이 아니고 신선이 살아야 영산'이라고 했던 그 시의(詩意)를 곱씹게 하는 이름입니다. 토월봉(吐月峯)은 달을 토해내는 봉우리라는 뜻으로 순수하게 풍경의 아름다움을 담았습니다. 아마도 입암 뒤쪽에 있는 산인지라, 머리를 식히고 감성을 돋우는 소재로 이렇게 짓지 않았을까 생각합니다. 스승님은 이 봉우리가 둥근 것에 착안하여 상천봉(象天峯)이라고 불렀는데, 치우치지 않은 원만한 인격을 배우는 소재로 삼기도 하셨습니다."

"먼 곳의 네 산을 보겠습니다. 토월봉 동쪽, 욕학담 뒤에 있는 산은 산지령이며 구인봉 뒤쪽 등성이로 타고 올라가 동쪽으로 멀리 뻗은 산은 함휘령이고, 함휘령에서 서쪽으로 번은 줄기를 타고 내려오면 구인봉의 뒷줄기인 정운령을 만납니다. 정운령 너머 서쪽으로 경운야로 내려오는 곳에 있는 것을 격진령이라 이름하였습니다. 산지령(產芝嶺)은 영지를 품은 산으로 인간의 마음속에 있는 경(敬)이야말로 영지와 같이 향기로운 것이니 잘 가꿔야 한다는 당부를 담은 것입니다. 함휘령(含輝嶺)은 산이

옥을 품으면 반드시 빛을 감추고 있는 것이라는 주자의 말씀에서 따온 이름입니다. 영지가 경(敬)이라면 빛나는 옥은 의(義)가 아닐지요? 정운령(停雲嶺)은 구름도 쉬어가는 고개라는 뜻인데, 은자의 한의(閒意)를 담았을 것입니다. 또 격진령(隔塵嶺)은 티끌세상을 멀리하는 은세(隱世)를 되새기는 이름입니다. 네 산을 천천히 둘러보면 '공경의 마음을 품고, 옳음을 되새기면서, 마음을 한가롭게 하니, 이것이 바로 은둔자의 경지로다' 라는 이야기가 생겨나는 것입니다."

빈섬이 말했다.

"정말 여헌 선생님은 세상을 잘 쓰인 도덕책 한 권으로 리모델링하는 아름다운 상상가인 듯합니다. 빈섬이, 여헌을 사모한 후대 사람인 매헌(梅軒, 정욱, 1709-1730. 입암28경을 시로 읊었다)의 '소로잠' 시를 한 구절만 읊겠습니다."

縱然賢聖殊高下 未必東山勝此山 (종연현성수고하 미필동산승차산)

비록 성현에 높고 낮음이 있다고 해도 공자님 동산이 어찌 반드시 이 산보다 낫겠는가.

여헌 선생은 얼굴이 붉어졌다.
"아닐세, 아닐세. 무엇에든 성현을 마음에 두고 최선을 다하는 것은 좋으나, 성현을 깎아내리는 말은 우리가 하고자 하는 공부의 진면목이 아닐세. 이번엔 도화가 한번 들판 경치들을 소개하여 보려무나."

도화는 나직한 목소리로 시작했다.

"스스로가 발을 딛딘 곳을 보고, 멀리 산을 바라보면서 나를 알고 천하를 살폈다면, 이제 현실 속으로 거닐며 음미할 때가 되었습니다. 들판의 지형이 바뀐 곳이 많아서 2013년 답사객들이 이해할 수 있도록 미래의 지명을 활용하여 설명드리고자 합니다. 입암면 면사무소 뒤쪽 동편에 자리 잡은 평지동 일대와 입암 쪽 들판이 바로 경운야라는 들판입니다. 야연림은 가사천 하류로 남쪽 개울가에 늘어서 있던 숲인데 모두 사라지고 농토로 바뀌었습니다. 입암을 향해 들어오다가 일광리를 지나 도로가 굽은 곳에서 죽장이 보일 때쯤에 기도원 입구가 있는 골짜기가 초은동입니다. 이곳에서 죽장 쪽으로 조금 더 올라가면 서운사라는 절이 나오는데 이곳을 심진동이라 하였습니다. 구인봉 뒤로 멀리 보이는 정운령에서 입암 방향으로 흘러내리는 골짜기를 채약동이라 합니다. 일야삼동(一野三洞)은 대개 한적한 은거의 풍경을 이름으로 정했습니다. 경운야(耕雲野)는 구름이 밭을 가는 들판이라는 뜻으로 낮게 내려온 운무의 풍경을 시적으로 표현한 것입니다. 스승님은 은둔이 신선처럼 사는 것이 아니라, 이렇듯 백성들이 땀 흘리는 방식대로 일하며 함께 사는 여민락(與民樂)이라는 점을 새겼지요. 초은동(招隱洞)은 세상살이에 찌든 이들에게 귀거래를 권하는 골짜기란 의미이며 심진동(尋眞洞)은 진리를 찾아나서는 골짜기란 뜻으로 자연 속에 큰 뜻이 있음을 강조한 말씀입니다. 또 채약동(採藥洞)은 약초를 캐는 은둔자의 노동을 의미하면서도 약초란 인간의 몽매(蒙昧)를 깨우치는 공부를 은유하기도 합니다. 스승님이 쓰신 경운야에 관한 시 한 수를 빈섬께서 읊어주시겠습니까?"

峽居謀卒歲 夾鋤以晨昏 往來雲煙裏 父子與季昆

(협거모졸세 협서이신혼 왕래운연리 부자여계곤)

죽는 날까지 산골에 살겠다고 맘먹고
호미를 끼고 새벽부터 저녁답까지
구름 긴 들판 속 오고가네.
아버지와 아들, 그리고 아우와 형님

빈섬이 말했다.

"이 시는 목가적인 풍경이 그림처럼 살아나는 절창이 아닐까 합니다. 입암마을 출신인 농석(聾石, 권병기의 호, 1876-1969)이 '구름이 밭을 다 못 갈았는데 구름은 다시 돌아나네, 산골사람 쉴 새 없을 텐데 스스로 한가하네(耕不盡雲雲更出 山人無暇自安逸),'란 시도 기억에 남습니다. 사실 여헌의 모든 네이밍 중에서 '경운야'가 들어 있기에 기껏 학문하여 저 홀로 즐기는 독락(獨樂)에 빠진 것이냐는 시비를 떨쳤습니다. 그런데 선생님은 나그네 집(旅軒)이란 호를 쓰셨는데, 2013년 용어로 하자면 모텔을 의미하는 것입니까?"

다소 도발적인 질문이었을까. 여헌은 껄껄 웃었다.

"내가 그때까지 호를 거추장스럽게 여겼는데, 마흔네 살 때 내 집을 마련하는 기분으로 호를 가졌어. 입암에 왔던 그다음 해 봄, 정유재란을 피해 산속을 떠돌던 때였지. 집이라고는 없었던 때 이름집(堂號)을 갖는다는 것이 역설적이지 않은가. 누군가가 묻더군. '여(旅)는 나그네인데, 헌(軒)은 주인이 있는 거처이니, 말의 모순이 있는 게 아닌가.' 그래서 내가 자네가 말한 '여관' 론을 이야기했어. 여관은 주인이 있지만 나그네가 기거해도 아무 문제가 없지 않은가? 나그네가 여관에 머무르는 동안, 그는 그 방의 주인이 아니던가? 내게 소유한 헌(軒)은 없지만 세상 우주가 나의 헌(軒)이니 어찌 정처가 없다 하겠는가?"

불교에서 말하는 수처작주(隨處作主)와 닮았으나, 그런 것을 경계하는 조선의 분위기를 감안하여 더 따지지는 않았다.

"선생님, 아무래도 '미스터 모텔'이라는 별명을 붙여드려야겠는데요?"

빈섬이 농담을 던지자 다시 웃으며 말했다.

"조선 강토에 전란이 휩쓸어 고향도 잃고 부모 신주도 잃었네. 그 나그네 마음을 붙든 건 오직 주역 한 권이었네. 세상과 인생의 변화에 껑충거리지 않는 담담한 통찰과 집요한 공부로 내면의 큰 집을 지은 셈이니 그 또한 나쁘지 않았네."

그렇게 말하면서 여헌은 따라오는 일행을 향해 외쳤다.

"자, 이제는 개울을 쭉 따라 걸으세. 어떤가, 이번엔 무하옹이 길잡이가 되어보게."

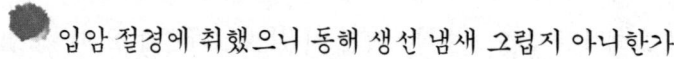
입암 절경에 취했으니 동해 생선 냄새 그립지 아니한가

박인로 선생이 나서서 설명을 하기 시작했다.

"입암의 가사천에는 4개의 대(臺)가 있습니다. 누대라고 해봤자 사람이 지은 건 아니고 그냥 너럭바위입니다. 입암서원에서 오른쪽으로 휘도는 개울이 만활당 앞에서 왼쪽으로 다시 감기면서 태극 형세를 이룬 물결이 입암 앞으로 흘러들면 곳곳이 깊이 패여 소(沼)와 깎인 바위를 만듭니다. 절벽이 펼쳐지다가 구인봉 아랫자락에 바위가 평평하게 패인 굴이 있는데 이곳을 피세대라고 부릅니다. 바위가 넓어서 초가집 몇 칸을 지을 면적이지만 물이 불으면 잠기는 높이라 짓지 못하니 안타깝다고 하였지요. 유학자가 피세(避世)가 웬 말이냐고 항의를 하는 이도 있었지만, 전란의 소용돌이 속에서 평안을 찾고 싶은 마음을 그리 표현하셨다고 생각합니다. 이곳에선 예부터 개를 잡고 국을 끓이며 낚시도 하고 놀았다고 합니다. 피세대에서 한참 올라가면 상엄대가 나옵니다. 기이한 바위들이 여러 개 자리 잡고 있는 곳입니다. 상엄(尙嚴)은 엄자릉에게 헌정하고 싶다는 의미를 담았습니다. 엄자릉은 후한의 광무제와 함께 공부했던 친구로 평생 은둔하며 광무제가 헛된 이름을 세상에 널리 알린 것에 혀를 찼지요. '낚싯대 하나 드리우니 모든 일이 무심하다, 재상 자리를 준다 해도 이 강산과 바꾸지 않으리'라고 했던 그분입니다. 이 바위 자리가 그런 은둔가에게 걸맞다는 생각을 하셨을 것입니다. 화리대(畵裏臺)는 야연림을 따라 서원 쪽으로 들어오다가 솔안 마을 부근 못가서 개울 북쪽산에 붙어선 바위입니다. 바위 모양이 별난 것은 아니고, 부근의 풍광이 좋아서 '그림 속의 누대'라고 지었지요. 합류대(지금은 하천 정리 과정에서 폭파되어 사라짐)는 가사천과 청송 방향 꼭두방재에서 흘러온 물이 합쳐지는 곳에 있는 큰 바위입니다. 두 물이 합수(合水)하는 의미가 좋아서, 스승님은 여기에 오래전부터 정자를 짓고 싶어 하셨지요."

"그리고 이 개울엔 담(潭)이 2개, 탄(灘, 여울)이 1개 있습니다. 사대이담

일탄(四臺二潭一灘)이 늘어서 있다는 것만으로도 가사천의 절경을 짐작할 수 있습니다. 입암서원 위로 계곡을 타고 한참 올라가면 기븍으로 갈라지는 길이 나오는데 오른쪽에 우뚝 솟은 바위 아래가 욕학담(浴鶴潭)입니다(지금은 시멘트로 보를 막아 연못이 되었다. 그리고 바위는 암벽 등반 연습장이 되어 쇠못이 곳곳에 박혀 있다). 학이 목욕을 하는 담이란 뜻인 이곳은 입암이 자랑하는 아름다운 곳입니다. 물소리가 골짜기를 가뒀다(水聲籠一壑)고 찬탄을 받는 명소입니다. 합류대 부근(지금의 죽장장터 뒤쪽으로 경지와 주택 부지로 변했다)에는 조월탄(釣月灘)이 있습니다. 달이 낚시를 하는 여울이라는 의미이지만, 실은 사람들이 '밤낚시'를 즐기는 곳이었습니다. 그리고 맨 하류엔 세이담(洗耳潭)이 있는데 황제가 되어 달라는 이야기를 듣고 귀를 씻었다는 고사를 빌린 이름입니다. 다리로는, 밟으면 영롱한 소리가 난다는 향옥교(響玉橋)와 이끼를 밟고 걷는 답태교(踏苔橋)가 놓여 있습니다. 그리고 28경의 마지막은 기여암 옆에 있는 우물입니다. 스승님은 주역에서 이름을 따 물막정(勿幕井)이라고 지었습니다(이곳은 사라졌으며 현재 우물은 만활당 뒤쪽 늙은 느티나무 아래에 하나 있을 뿐이다)."

빈섬이 말했다.

"무하옹의 설명을 듣는 것도 좋은데, 시인이 쓰신 입암 가사를 한 번 더 읊는 것도 괜찮지 않을까 싶습니다. 도화 선생님이 낭랑한 목소리로 한번 읊어주시는 건 어떻겠습니까?"

모두들 나들이를 하느라 다소 지친 듯 여헌 선생의 거처인 만활당(萬活堂)에 둘러서고 앉았다. 매미 소리가 요란한데, 도화의 〈입암별곡〉이 울려 퍼진다.

"티끌세상 사람들아 입암 풍경 보았는가, 무릉도원 좋다한들 이보다 나을소냐, 봉우리 뜬 흰 학은 구름 사이 춤을 추고, 깊은 물 숨은 두견 달 아래 슬피 운다, 봉래산이 어디더냐 영주산이 여기로다. 일제당 올라앉아 이십팔경 돌아보니, 탁립암 뚜렷하여 맑은 개울 돌기둥 되고, 기여암 생겨나서 계구대 되었으니, 임위계구(臨危戒懼) 하신 말씀 이때에 채웠는 듯, 구인봉 높은 봉에 공휴일궤 조심하오, 토월봉 달 뜬 풍경 봉우리로 돋는구나. (…) 신라 일천년과 고려 오백년에, 영웅과 호걸이 그렇게 많았건만, 하늘의 뜻이 있어 네 벗이 둥지 치니, 절반이 꽃산인 시절 여헌 선생 불렀도다. 청려장에 부들부채 진원공 본을 받아, 청풍에 반쯤 취해 시골살이 약속하여, 일제당 높이 짓고 우란열송 이름 짓고, 경전을 쌓아두고 도의를 강의하니, 세 은자에 둘 더 하고 네 현인이 두 배되니, 이름 지은 이십팔경 눈앞에 펼쳐졌네. 도도한 신선의 맛 바깥에서 알 리 없다. 위수에 고기 낚고 남양에 밭 가는 듯, 한가히 숨었으니 따르는 이 누구인고, 이러한 은둔처를 천년에 둥지 쳤으니, 산과 물의 빛깔이 절로절로 배었더라. 산절로 수절로 산수간에 나도 절로, 아마도 절로 배어든 인생이 절로절로 늙으리라."

제 2 부

착한 여자와 나쁜 여자, 갈림길에 서다

홍낭과 이옥봉,
16세기 조선의 사랑과 시(詩)

● 16세기 여인, 홍낭과 이옥봉의 길

임진왜란은 조선의 여자를 바꿔놓았다. 성종 대(재위 1470-1494)에 이르러 왕조의 기틀이 잡히고 조선이 안정되어 가면서 성리학의 이념은 여자의 삶에도 영향을 미쳤다. 성종의 어머니인 인수대비(1437-1504)는 "나는 홀어미인지라 옥 같은 마음의 며느리를 보고 싶구나."라면서 여성교육서인 '내훈(內訓)'을 편찬했다. 열녀전, 여교명감, 소학 등에서 쓸 만한 구절을 발췌하여 정리한 책이다. 내훈은 여자의 삼종지도(三從之道, 어려서 어버이께 순종하고 시집가서는 남편에게 복종하고, 남편이 죽은 뒤에는 아들을 따라야 한다는 도리. 예기(禮記)의 '의례'에 나오는 구절)를 규범화하여 집안의 질서를 잡으려는, 왕실의 야심찬 기획을 담고 있다. 왕실을 포함한 풍기문란으로 물의를 일으켰던 어우동을 즉각 처형한 것도 분위기를 일신하려는 당시 권력의 의도적인 결정이었을 가능성이 있다. 인수대비는 내훈의 정신을 철저히 실천하고자 했고, 자유분방하던 며느리 윤씨를 폐비시키는 일에도 일정하게 가담한다.

이 사건은 이후 윤씨의 아들이자 자신의 손자인 연산군을 격분케 했고, 왕과의 갈등 끝에 한스러운 죽음을 맞는다. 인수대비는 죽은 뒤 3년 상도 금지당한 채 고혼(孤魂)이 되어 떠나갔다. 인수대비의 역설(逆說)은, 여성의 자유와 권리도 시대의 분방함과 함께 신장되고 있던 큰 흐름을 돌려놓으려던 폭빈(暴嬪, 그녀는 그런 별명으로 불렸다)의 개인적인 의욕이 좌절되어간 자취라고도 말할 수 있다.

인수대비가 눈을 감던 1504년, 조선의 16세기는 돋고 있었다. 관료였던 유희춘(眉巖 柳希春, 1513-1577)이 남긴 '미암일기'에는 16세기 양반 가정의 일상이 생생하게 드러나 있다. 거기에는 우리가 알던 '조선 여자'가 아닌, 개성적이고 당당한 여성이 등장한다. 미암의 부인이었던 송덕봉이 그 주인공이다. 그녀는 남편과 금실이 좋았지만 그 언행을 매섭게 꾸짖기도 하고 문제를 조목조목 따지기도 한다. 형제자매가 공평하게 재산을 물려받고, 남자가 처가살이 하는 것이 일반화되어 있던 사회가 16세기였다. 여자들이 생각했던 것보다 훨씬 당당했다는 점은, 16세기에 이름을 떨친 기생들의 면면만 살펴봐도 알 수 있다. 그들은 성적인 차별 규제나 부부 윤리규범에서 자유로웠던 존재였기에 더욱 당당할 수 있었다.

생몰연대가 알려져 있지 않지만, 16세기 초반에 태어난 것으로 보이는(서경덕이 51세일 때 그녀가 21세 나이로 화담을 찾아왔다면 1519년생) 황진이는 어떠했던가. 고려의 수도였던 송도에서 결코 조선의 도읍인 한양으로 무대를 옮기지 않고 기개를 지켰던 여인. 필요한 돈과 재물을 싸가지고 가서 당대의 예술가들과 계약동거를 청했던 자유연애주의자. 당시 송도 출신의 대학자였던 서경덕에게 '대학' 경전을 옆에 끼고 찾아가 가르침을 청했던 지식욕망. 명망 높은 기생으로서의 영화(榮華)를 일거에 걷어치우고 금강산으로 올라가 백두대간을 훑으며 삶의 고행을 자청했던 수도사 같은 결연한 종지부. 황진이는 16세기를 살면서 이 땅의 여성이 얼마나 크고 당당할 수 있는가를 유감없이 보여준 역사적인 모델이었다.

황진이만이 아니다. 시인이었던 유희경과 일탈의 지식인이었던 허균과 연애하며 스스로의 시격(詩格)을 다졌던 매창(1573-1610)도 16세기의 후미를 장식한 걸출한 여인이 아니던가. 또 기생이 아닌 양가의 여인으로 큰 족적을 남긴, 율곡의 어머니 신사임당(1504-1551)과 허균의 누이였던 천재시인 허난설헌(1563-1589)도 16세기의 시대 기운을 읽고 큰 족적을 남기며 살아낸 위대한 여인들이 아닐 수 없다.

참혹했던 전쟁은 조선 여성의 삶을 치명적으로 찢어놓았다. 전란 속에서 많은 여자들은 전리품이 되거나 능욕을 당할 수밖에 없었고, 전쟁이 끝난 뒤에도 그 상처와 악몽과 후유증은 긴 그림자로 남았다. 왜란의 절규 속에서 여성들은 규방(閨房)이라고 불린 안방 깊이 들어앉았다. 외출은 금지되고 많은 행동에 규제가 따라붙었다. 굳어진 남성 중심사회에서 여자는 얼굴도 이름도 없는 그림자로 떠도는 17세기의 질곡이 시작됐다. 1592년에 시작된 전쟁을 사이에 둔 16세기와 17세기는 그래서 공기가 다르다. 규중(閨中)은 사회적 창살이었다. 여성들이 이 안에 갇히는 심각한 변화를 주목하는 일은 조선이라는 사회의 기틀 변화를 섬세하게 읽는 첫 걸음이 될 수 있다고 생각한다.

그 16세기의 마지막 공기를 유감없이 호흡한 두 여인이 있다. 두 사람은 1573년(선조6년)과 1575년이라는 아주 인접한 두 해에 역사 위로 얼굴을 드러낸다. 1573년 가을에 홍낭은 당시 최고의 시인으로 손꼽혔던 최경창을 만났다. 최경창은 북도평사로 발령받고 함경도로 가는 길이었는데 먼 길인지라 도중에 홍원에서 쉬어가기로 했다. 홍원부사가 술자리를 만들어줬고 취우정에서 운명의 여인과 조우한다. 시골 기생과 스타 시인의 하룻밤은, 두 사람의 삶을 내내 뒤흔드는 기폭제가 되었다.

시인의 열혈 팬이었던 홍낭은 그와 헤어진 뒤 그리움이 사무쳐 관청 기생의 '위수구역(衛戍區域)'까지 팽개치고 머나먼 병영으로 그를 찾아간다. 몇 달 뒤 최경창이 다시 서울로 발령이 나자, 그녀는 홍원으로 돌아왔다가 병상(病床)의 그를 간호해야 한다는 이유로 서울 천 리를 달려왔다.

기생과의 구설에 휘말리면서 최경창이 곤경에 빠지자 눈물을 머금고 다시 홍원에 돌아갔으나, 그가 죽었다는 소식을 들은 뒤 부리나케 서울로 와서 상을 치렀다. 한 남자를 위해 남북으로 천 리 길을 거듭 뛰어다닌 그 맹렬 여심 속엔 무엇이 들어 있었을까. 고독한 시인을 사랑한 그녀는 오직 사랑 밖에 모르는 뜨거운 운명을 주저함 없이 살아냈다.

홍낭이 최경창을 만난 지 2년 뒤인 1575년 충북 옥천에서는 이옥봉이 운명의 남자 조원을 처음으로 만났다. (물론 정확한 연도라고는 말하기 어려우나, 옥천군수가 벌인 시회(詩會)에 참석한 인물들의 면면을 분석하여 그 나이를 짐작해보면, 그 무렵일 가능성이 크다.) 이옥봉의 부친 이봉은 선조임금의 부친이었던 덕흥대원군의 먼 후손인 것으로 알려져 있다. 이봉이 옥천 군수직을 받은 것은 음직(蔭職)이었을 수 있으며, 당대의 명사들을 초청해 교유할 수 있었던 것도 그런 배경 때문이었을지 모른다. 하지만 이옥봉은 이봉의 서녀(庶女)였다.

조원을 만났을 때 그녀는 첫 결혼을 한 뒤 남편의 죽음으로 친정에 와 기거하고 있는 중이었다. 부친 이봉이 시재(詩才)가 빼어난 딸을 그 자리에 합석시킨 것은, 그저 자랑삼아 분위기 메이커로 내놓았을 법 하지만 운명은 이 자리를 사소하게 만들지 않았다. 패기만만한 젊은 조원의 눈과 이옥봉의 눈이 마주치면서, 젊은 남녀는 거침없는 정념의 불꽃을 피워 올렸다. 이 하룻밤의 사랑을 조원은 잊으려 했으나, 이옥봉은 그럴 수 없었다. 서울로 달려가 부실(副室)이라도 좋으니 함께 있게 해달라고 애원했다. 이옥봉과 섬씽이 있던 그해 조원은 아들 희일을 낳았기에 첩실을 들이는 일이 몹시 부담스러웠을 것이다. 조원이 거절하자 이옥봉은 부친 이봉까지 동원한다. 이봉은 조원의 외할아버지인 신암 이상서에게 부탁을 넣어, 결국 혼인은 성사된다. 조원은 '기생'처럼 놀았던 그녀의 전력을 걱정하여, 다시는 시를 쓰지 않는 것을 조건으로 삼아 결혼을 받아들였다. 이것이 비극의 불씨가 되었다.

그녀들은 저마다 운명의 남자를 사랑하며 불꽃같은 삶을 살았다. 죽음도 초월하는 뜨거운 열정이었다. 임진왜란이 닥치자 홍낭은 최경창에게서 낳은 아들의 손을 잡고 고죽시집(최경창의 시집)을 지키려 품에 안고 뛰었다. 그 기특한 일편단심을 인정받아 파주에 있는 최경창의 묘소 옆에 묻힐 수 있었다. 양반 가문으로서는 파격적인 허용이었다. 죽어서나마 늘 그리운 사람을 바라보며 지낼 수 있게 된 셈이다. 이옥봉의 말년은 참혹했다. 그녀는, 시를 썼다는 이유로 남편에게서 버림을 받은 뒤 다시 용서받지 못했다. 왜란이 닥쳤을 때 옥봉은 자신이 쓴 절절한 사모의 시(詩)들을 온몸에 감고는 한강에 몸을 던졌다. 두 사람은 시대를 거닐었지만 이루 말할 수 없을 만큼 숨 가쁜 삶이었다. 사랑은 그녀들을 뒤

흔들었고 시는 그녀들을 사로잡았다.

홍낭과 이옥봉을 격동시킨 키워드는 시(詩)다. 홍낭은 최경창의 시를 사랑했고, 그 시를 지키기 위해 인생을 걸었다. 시를 함께 나누고 싶은 그 절절한 소망이 그녀의 전부였다. 이옥봉은 스스로 시를 사랑했으며 사랑에 눈멀어 시를 팔아버린 파우스트였다. 시를 팔아버렸으나 시가 꿈틀거려 결국 사랑을 잃어버린 비극의 여인이 되었다. 그녀를 보면서 나는 어마어마한 '시인의 프라이드'를 느꼈다.

이 땅에서 시인으로 살면서, 시 때문에 그토록 삶이 엉망진창이 되면서도, 시를 그녀만큼 사랑했던 사람이 또 있을까. 이 여인은 시 때문에 살고 시 때문에 죽고 다시 시 때문에 부활했던 사람이다. 그 슬픈 오디세이들 또한 시간의 궤적이다. 우리는 지금부터 격정의 기로(岐路)에서 함께 번뇌하며 처절한 여로(女路)를 추체험할 것이다.

● 이름도 없는 여인, 홍낭

홍낭은 함경도 홍원에서 양반집 딸로 태어났으나 아버지를 일찍 여읜 후 가세가 기운다. 12세 때 어머니의 병이 위중해지자 40리 길을 맨발로 뛰어 의원을 부르러 간다. 한밤중에 문을 두드려 의원을 모시고 돌아와 보니 어머니는 벌써 숨진 뒤였다. 의지할 데가 없어진 소녀는 의원 댁에 몸을 기탁하나 무슨 일이 있었는지 기생으로 입적을 한다. 홍원에서는 유명한 기생이 된 홍낭은, 우연히 함경도 경성으로 좌천되어 가는 고죽 최경창을 만난다. 고죽이 가는 길에 이곳에 들른 것이다. 당시 고죽은 조선의 3당시인이라 불리며 당시(唐詩)의 바람을 일으키던 스타였다.

시골에서 그의 시를 외며 사모하던 홍낭은 자신의 앞에 앉은 사람이 그 유명한 고죽 최경창이라는 것을 알자 눈물을 줄줄 흘렸다. 고죽 또한 함경도까지 와서 생각지도 않게, 미색에다 거문고와 시를 모두 갖춘 홍낭을 만나고는 임지(任地)로 가고 싶지 않을 만큼 푹 빠졌다. 뼈와 살이 타는 하룻밤. 그리고 두 사람은 헤어져야 했다. 가는 사내가 그렇듯 '석 달이 지나면 너를 데리러 오마' 따위의 말을 남기고 최경창은 떠났다. 석 달 뒤 겨울이 되어서도 그는 오지 않았다.

겨울눈이 채 녹기 전에 홍낭은 그를 찾아 떠나겠다고 말한다. 고을 아전이 '관기(官妓)'가 이탈할 수 없다고 하자, '방직기(군대 위안부 기생)'로라도 보내달라며 자살 소동을 벌였다. 혀를 내두르며 서둘러 그녀를 보내주면서, 관기들이 모두 나와 엉엉 울었다. 이 추운 계절에 여진족이 도사린 전쟁의 땅에 여자 혼자 몸으로 간다는 것은 죽으러 가는 것보다 더한 일이 아니던가.

사지(死地)에 뛰어드는 심정으로 홍낭은 경성에 도착해 마침내 최경창을 만난다. 두 사람은 그곳 군막(軍幕)에서 두어 달 사랑의 꽃을 피운다. 그런데 최경창에게 한양으로 부임하라는 발령이 날아든다. 다시 이별이다. 두 사람은 한양으로 가는 길에, 동행할 수 있는 끝까지 동행하고는 잡았던 손을 놓는다. 놓았다가 한참을 가다가 다시 돌아와서 얼싸안고 엉엉 운다. 이때 쓴 홍낭의 시조가 '묏버들'이며, 고죽이 쓴 시가 '그대에게 유란(幽蘭)을 주노라'다. 홍낭이 묏버들을 가려 꺾은 까닭은 고죽이 피리를 잘 부는 사람이었기 때문이다. 유명한 피리곡에 절양류(折楊柳)가 있었다. 또 고죽이 유란을 준다는 시를 쓴 까닭은 홍낭이 거문고의 대가

였기 때문이다. 거문고 곡에는 유란곡이 있었다.

애틋한 이별 뒤에 한양에서 일하던 최경창은 큰 병이 나고 만다. 몸져 누워있다는 소식을 홍낭이 전해 듣고 서슴지 않고 천 리 길 한양으로 달려간다. 두 사람은 얼싸 안고 운다. 홍낭은 그 사람을 정성껏 간호하여 회생시킨다. 그때 '홍원 기생이 고죽의 시중을 들고 있다'는 소문을 들은 정적(政敵)들이 들고 일어났다. 당시 국상(國喪)이 끝난 지 얼마 되지 않은 때였는지라, 나라의 슬픔 중에 기생을 끼고 놀았다는 죄와, 함경도와 황해도 사람들은 한양에 들어올 수 없다는 양계지금(兩界之禁)을 어긴 죄로 고죽은 벼슬이 박탈되고 홍낭은 홍원으로 내쫓긴다.

이후 두 사람은 살아서는 다시 만날 수 없었다. 고죽은 나중에 다시 복권되어 지방 수령으로 부임해가던 중에 자객을 만나 불귀의 객이 되고 만다. 최경창이 죽어 파주에 묻혔다는 소식을 들은 홍낭은 다시 천 리 길을 뛰어 온다. 파주의 묘소 옆에 막(幕)을 차리고 3년상을 꼬박 지낸다. 아름다운 자신의 얼굴을 보고 흉한(兇漢)이 달려들까 우려하여, 칼로 미색에 자해를 하여 끔찍한 얼굴을 만들었다. 임진왜란이 나자 그녀는 최경창의 시집을 챙겨 품에 안고 최경창의 아들과 함께 그것을 지켰다. 임종 직전 홍낭은 최씨 가문의 자손에게 죽어서라도 최경창과 함께 살고 싶으니 그 언저리에 묻어달라고 유언한다.

살아서 왕복 4천 리를 뛰고, 죽어서 다시 왕복 2천 리를 뛴 이 기구한 마라톤 사랑은 둘 다 흙 속에 누워서야 비로소 서로 바라볼 수 있게 되었다. 사랑에 조건 따지고, 사랑의 이름으로 온갖 탐욕과 이기심을 끓이는 요즘의 뭇남녀들에게 홍낭은 말한다. 사랑은 그저 사랑하는 사람에게 달려가는 것일 뿐이라고. 이름도 없고 호도 없어 그저 홍낭(洪娘, 미스 홍)으로만 불리는 이 여인. 홍낭 무덤 앞에서 절하면서, 순도 100퍼센트의 이 사랑을 이 시대에 복원하는 것이야말로 이 땅의 셰익스피어들의 책무임을 절감한다. 더 파래진 가을 하늘에 여뀌꽃 몇 알 뜯어 말없이 던져본다. 술 생각이 난다.

　홍낭이 친필로 쓴 시조 '묏버들 가려 꺾어'가 공개된 건 2000년이었다. 임진왜란 이전의 조선 여인이 또박또박 써내려 간 글씨들을 보며 황홀한 기분을 느꼈다. 450년 전의 이 여인은 그날 잠깐 나를 스쳐 지나가는 듯하였다. 그리곤 잊어버렸는데 요즘 문득 내 책상 앞에 그녀가 다가와 맴도는 걸 느낀다.

　홍낭은 이름도 호도 없다. 조선 여자들이 이름을 깊이 감췄던 관행이야 접어둔다 해도 기생인 그녀를 부를 마땅한 호도 없는 건 얄궂다. 황진이나 매창, 송이나 계월, 죽향과 옥봉도 호명할 무엇이 있었는데 홍낭은 그저 홍씨 성을 가진 계집이라는 기표뿐이다. 요즘으로 치면 '미스 홍'일 뿐이다. 시조를 쓰고 난 다음에 쓴 음전한 서명이 '홍낭'인 것을 보면 스스로도 이 호칭을 마음의 명찰로 삼았던 듯하다. 이름도 붙여주기 아까운 보잘것없는 계집이라는 사회적인 함의가 느껴지는 호칭인 홍낭은 그러나 그녀의 삶을 통해 보여준 절절한 심기들 때문에 그녀만의 고유호칭이 된다. 한편 최경창의 후손들은 홍낭에게 '애절(愛節)'이라는 닉네임이 있었다고 전한다. 하지만 이 이름은 그 집안에서 기생의 '사랑과 정절'을 기려서 지어준 것이 아닌가 싶다.

　홍낭이 남긴 글은 '묏버들 가려 꺾어'로 시작하는 시조 한 수뿐이다. 어릴 적 잠깐 공부를 하였다 하고 또 당대의 스타 시인 최경창의 한시를 줄줄 꿰고 있었으니 그 재능에 멋진 한시 몇 수는 지었을 법 한데 도무지 남아 있는 게 없다. 한시가 아니더라도 황진이처럼 맛깔스런 시조라도 여러 수 남겼음직한 데 '묏버들' 외에는 보이지 않고, 다급하게 오갔을 편지 한 통도 남아 있지 않다.

일찍 아버지를 여읜 뒤 홀어머니와 살던 홍낭은 소문난 효녀였다. 어느 날 어머니가 병으로 누웠을 때 열두 살이었던 그녀는 40리 길을 밤낮없이 걸어서 의원을 모시러 갔다. 의원이 감복하여 나귀에 소녀를 태워 집으로 와보니 어머니는 이미 숨이 멈춰 있었다. 홍낭은 미친 듯 울부짖다가 실신하고 말았다. 의원은 소녀를 치료하고 그 어머니를 장사지내 준다. 이후 홍낭은 석 달 간 무덤 곁에서 지내다가 최씨 성을 가진 그 의원의 집에 수양딸로 들어간다. 여기서 시문과 가법(家法)을 배운 그녀는 몇 년 뒤에 어떤 곡절인지 의원의 집을 떠나 관기(官妓)가 된다. 여기까지가 홍원부의 기생 홍낭의 소시적 이력이다.

● 달을 던진 소녀, 이옥봉

조선 시인 옥봉(玉峯) 이원(李媛)은 생몰 연대가 나와 있지 않다. 나는 1558년생이라고 설정하였다. 조원을 만날 당시, 옥봉이 17세의 과부였다는 기록이 있다. 남편이 병약하여 결혼한 지 1년도 못되어 돌아가고 친정에 와 있었다는 것이다. 이 기록에서 나이를 추산하였다. 옥봉의 아버지인 이봉(李逢, 그의 생몰도 불분명하다)과 조원은 당시 정철, 유성룡, 심희수, 이항복 등과 어울렸다고 한다. 정철은 1536년생, 유성룡은 1542년생, 심희수는 1548년생, 이항복은 1556년생이다. 그리고 조원은 1544

년생이다. 이 중에서 가장 어린 이항복이 이봉의 시회에 어울렸다면 그의 나이를 몇 살쯤으로 잡아야 할까. 문명(文名)을 인정받았을 때인 만큼 아주 어린 나이로는 불가능할 것이다. 그래서 그의 나이를 19세로 잡아 문우들의 나이를 계산했다. 이때 운강 조원은 31세다. 연도를 따지면 1575년, 선조 8년이 된다. 이때 옥봉의 나이가 17세였다면 그녀는 1558년생이 된다. 사실이 아니라 하더라도 사실에 근접하는 풍경을 만들어낼 수 있다면 나는 이런 설정이 무모한 것은 아니라고 생각한다.

옥봉의 아버지 이봉 또한 태어난 해를 추정해놓아야 그에 대한 이미지가 선명해질 수 있다. 그가 어울려 놀았던 벗들의 나이를 감안할 때 그보다 너무 많으면 곤란하다. 조원과도 시문을 교유한 만큼 그와의 나이 차이도 너무 많이 나는 건 어색하다. 그래서 정철보다 일곱 살 많은 1529년생으로 잡았다. 조원과는 열두 살 차이가 난다. 조원과 옥봉이 첫 상봉하는 해를 1575년으로 잡으면 이봉의 나이는 43세고, 조원은 31세, 옥봉은 17세가 된다.

옥봉의 어머니에 대해선 기록이 없다. 그러나 아버지 이봉이 옥봉의 연애에 일정한 역할을 하는 것에 비해 어머니가 전혀 등장하지 않는 것을 보면, 옥봉이 어린 시절에 이미 돌아간 것으로 보인다. 옥봉에게 여동생 순남이 있었다는 기록을 감안할 때, 옥봉과 순남을 낳은 뒤에 그녀는 어떤 이유로 숨졌다. 혹자는 옥봉이 서녀(庶女)이며, 그 어머니의 신분은 기생(혹은 천한 출신)이 아니라 반가(班家)의 딸이었을 가능성을 제시하고 있으나 근거는 약하다. 오히려, 당시의 옥봉이 당한 여러 가지 차별과 냉대를 생각할 때 얼녀(孼女)였을 거라고 추정한다. 어머니 또한 옥천군수 이봉이 취한 관기였으며 시를 잘 썼을 것이라고 본다. 이쯤에서 나는 옥봉의 어머니를 상상한다. 그녀의 이름은 초월(初月)이었으며 이봉의 소실로 들어와 두 딸을 낳은 뒤 억울한 염문(艷聞)으로 자결한 여인이었다고 말이다. 그 염문은 정실부인이 질투에 사로잡혀 만들어낸 것이었다. 초월이 죽은 뒤 이봉은 크게 오해하였음을 알고는, 어린 두 딸에 대해 각별한 정성을 기울였다. 시재(詩才)가 빼어났던 그의 딸들을 보노라면 마치 아내 초월을 보는 듯한 착각에 빠졌다. 특히 옥봉은 초월의 미모까지 빼닮았다.

옥봉이 7세 때였다. 며칠간 당시(唐詩)를 즐겨 읽던 그녀가 아버지 앞에서 이런 시를 쓴다.

誰採崑山玉 巧成一半梳 (수채곤산옥 교성일반소)
自從離別後 愁亂擲空虛 (자종이별후 수란척공허)

누가 곤륜산의 옥을 캐다가
곱게 다듬어 반달모양 얼레빗을 만들었을까요?
이별한 뒤로부터
(내가) 슬픔과 어지러움에 하늘에 던진 거랍니다.

— 初月 (초승달)

아버지 이봉은 깜짝 놀란다. 얼마 전 소실 초월을 여읜지라 온 집안이 어수선하던 때였다. 초승달을 보고, 제 어미를 잃고 나서 던져버린 빗이라는 생각을 해내다니…. 게다가 어미의 호와 초승달을 겹쳐 쓴 표현이 아닌가. 기특하고 놀라운 아이로다. 그런데 옥봉이 '초월'을 써서 건네던 날, 갑자기 밝은 밤하늘이 흐려지며 천둥이 치고 소낙비가 쏟아졌다. 이봉은 시를 쥔 채 전율했다.

'마치 죽은 초월이 그 시를 알아듣고 눈물을 흘리는 것 같구나. 일곱 살짜리가 귀신을 울게 하는 시를 쓰다니… 무서운 아이로다.'

그는 며칠 전 그의 집을 다녀간 한 걸인 과객이 옥봉을 보고는 중얼거렸다는 얘기를 떠올린다.

"허허. 조선뿐 아니라 이웃나라까지도 뒤흔들 시를 품을 아이요. 다만 시 때문에 운명이 가파르니 참으로 안타까운 일이오."

그 얘기를 전해 들은 이봉은 아이의 얼굴을 곰곰이 뜯어보았다. 참으로 아름다운 눈썹과 서늘한 콧매를 지닌 그녀는 어리지만 고집과 강단이 있는 소녀였다. 비록 어리지만 시의 스케일은 대담했다. 다만 얼녀인지라, 제 뜻을 펴지 못하고 한낱 시기(詩妓)로 살아갈 생각을 하니 이봉의 가슴이 꽉 막히는 기분이었다. 이후 옥봉의 시는 조선의 비평안(批評眼)들로부터 찬사를 받는다.

옥봉보다 여덟 살 연하가 되는 신흠(申欽, 1566~1628)은 그녀의 시 중에서 江涵鷗夢闊 天入雁愁長(강함구몽활 천입응수장) 열 글자에 탄복하고 고금의 시인 중 이에 비견될 시구를 지은 적이 없다고 말했다. 강은 광활한 갈매기의 꿈을 적시고 하늘은 길고 긴 기러기의 수심을 들여앉혔도다. 두 마리의 새로 강은 더욱 넓어졌고 하늘은 더욱 길어졌다. 교묘한 표현과 대담한 붓질이 유장한 경지를 만들어내고 있다. 허균은 자신의 누이 허난설헌과 함께 옥봉을 당대 최고로 꼽는데 주저하지 않았다. 특히 옥봉을 규방의 시로서 지분 냄새가 나지 않는다고 격찬했다.

홍낭의 남자 최경창, 옥봉의 남자 조원

외로운 피리 최경창

　홍낭의 남자, 최경창은 누구인가. 학문과 문장이 능해서 이율곡, 송익필과 함께 당대 8문장에 꼽혔던 유명 인사였다. 문인인 그는 무인 못지않게 활을 잘 쐈다. 군막에서 김우서 장군을 보좌하고 있을 때 장군이 활쏘기 게임을 제의했다. 다섯 시씩 10순을 쏘는 내기였는데 장군이 먼저 발시를 했다. 장군이 첫 번째 시를 실패하자 최경창이 가만히 말했다. "이번에도 장군이 지셨습니다." 그러고는 시위를 당겨 정확히 가운데 흑점을 맞췄다고 한다. 이 고사에서는 그의 자신감이 느껴지기도 하지만 어쩐지 처세에는 아슬아슬할 것 같은 불안감이 드는 게 사실이다. 어쨌든 최경창의 무인적 기질은 함경도 경성에서 여진족을 정벌하는데 유감없이 발휘된다. 최경창의 호는 고죽(孤竹)이다. 그 호를 낳은 듯한 그의 시 한 편이 있다.

孤竹無枝葉 寄生海上山(고죽무지엽 기생해상산)
年年霜雪埋 崖傾根未安(년년상설매 애경근미안)
豈是材可用 所貴能傲寒(기시재가용 소귀능오한)

외로운 대나무 가지와 잎도 없이 바닷가 산에 붙어살고 있구나.
해마다 서리와 눈에 묻히고, 벼랑에 기울어진 뿌리는 불안해라.
어찌 이것을 재목으로 쓸 수 있을까.
추위에도 기품을 잃지 않을 수 있음을 귀하게 여길 뿐.

그는 성품이 강직하고 바른말을 참지 못해서 주위에 많은 적을 달고 살았다. 가지도 잎도 없는 고죽처럼 바닷가 벼랑에 겨우 붙어서 살고 있다고 스스로를 생각했을까. 재능을 귀하게 여겨 벼슬을 줄 것을 기대하는 게 아니라, 변방의 고통을 참아내는 미덕이라도 알아줬으면 좋겠다는 소박한 희망을 펼친다.

나는 여기서 고죽을 다른 의미로 해석해보려 한다. 그는 피리를 잘 불었다. 어렸을 적 영암의 바닷가에 살 때 왜구를 만났는데 소년은 문득 피리를 불었다. 그러자 병사들이 향수에 젖어 무기를 내리고는 돌아가 버렸다고 한다. 그는, 세상의 갈등을 아름다운 선율로 풀어내는 이 장면을 떠올리며 자신의 호를 '외로운 피리(孤竹)'라고 붙이지 않았을까 짐작해 본다.

그러나 세상은 피리소리 하나로 풀리는 건 아니었고, 오히려 그의 시는 적의로 가득 찬 비방에 내몰리기 일쑤였다. 그가 귀양지보다 못하다는 함경도 경성으로 발령받았을 때, "낮은 벼슬아치는 벼슬 노릇이 어렵고 / 변방의 살림은 시름만 쌓이네 // 나이 들어갈수록 벼슬길은 막히니 / 시인 노릇 힘들다는 걸 이제 알겠구나."라고 한탄한 것은 당시 소녀 시인 허난설헌이었다.

강직한 언론인 조원

옥봉의 남자, 조원은 누구인가. 시로 마른하늘에 비바람을 부른 소녀 옥봉은 나중에 조원이란 당대의 미남자를 만나 대담하게도 먼저 프러포즈를 한다. 조원의 증손자인 조성기(趙聖期, 1638~1689)는 이 사건에 대해 '좋은 새가 깃들일 가지를 고르는 뜻'이라고 표현했다. 조선이라는 사회에서 옥봉의 선택은 그만큼 주목받는 것이었고, 후손들조차도 그것에 대해 구구히 해석을 달만큼 이채로운 것이었다는 얘기가 된다. 대체 옥봉은 조원의 어떤 점에 그토록 반했을까. 자신의 목숨과도 다름없는 시와 바꿀 만큼 그에게 매달린 까닭은 무엇이었을까.

조원은 어린 시절 숙부의 양자로 들어갔으나 숙부와 생부가 거의 잇따라 돌아가는 바람에 두 어머니를 모시고 살았다. 자식에 대한 집착을 보이는 두 모친에게 그는 지극한 효성을 보였다. 꼿꼿한 가문수업을 받으면서 자라난 그는, 가풍이 엄하고 성격이 굳은 전의 이씨 집안의 여인을 아내로 맞았다.

어린 시절부터 천재 소리를 듣고 살았던 조원은 집안 어른들에 의해 철저하게 모범생으로 키워졌다. 냉정하리만큼 엄격한 원칙주의자였던 그는 그 때문에 너무 차갑고 교만하다는 지적을 받기도 했다. 그는 조식(曺植, 1501~1572)의 문하에 들어가 염결(廉潔)한 기질을 더욱 강화한다. 조식은 그를 보고 "아름다운 선비"라고 감탄하며 냉엄한 기상을 더욱 북돋웠다. 옥봉이 조원에게 반한 것은 그의 이런 면모가 아니었을까. 많은 사내들은 그녀의 미모와 시에 찬사를 보내며 호의어린 시선을 주었지만 조원은 그렇지 않았다. 창백할 만큼 뽀얀 피부에 깎아지른 듯한 얼굴선을 가진 이 남자는 냉담한 표정으로 자신을 바라볼 뿐이었다. 게다가 조원에 대한 풍문은 열일곱 살 옥봉의 가슴을 콩콩거리게 할 만큼 멋진 것이었다.

서른한 살의 젊은 정언(正言, 언론인)이 막 시작된 당파싸움을 향해 거침없이 공격을 했다지 않는가. 당쟁의 수뇌들을 당장 궁궐에서 쫓아내야 한다는 서슬 퍼런 주장은 그가 자신의 삶의 중심에 세운 원칙주의의 일단이겠지만, 담대하고 활달한 성격을 지닌 옥봉을 매료시키기에 충분했다. 게다가 시문과 서예에서 당대의 스타들과 어깨를 겨루는 능력 있는 선비였다. 자신이 갖추지 못한 당당한 신분과 맹렬한 용기를 갖춘 천재. 옥봉은 그를 보면서 들끓는 열정을 느꼈다. 이 남자를 위해선 나를 바쳐도 좋겠구나. 침묵하는 그에게 더욱 눈길이 가게 되는 건 이런 마음의 기류이렷다.

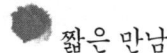 짧은 만남

홍낭의 첫 인연, 1573년 가을 홍원

고죽 최경창은 이해 가을에 북도평사(北道評事)라는 벼슬로 함경도 경성(鏡城)으로 가는 중이었다. 경성은 여진족과 창끝을 마주한 두만강 유역 무산과 경계를 이루고 있는 살벌한 변방이었다. 그는 서울에서 철령 고개를 넘어 안변 원산에 이르고, 동해안을 따라 함흥을 지나 홍원에 당도했다. 서울에서 천 리를 왔고 앞으로 천 리를 더 가야 경성에 다다른다. 홍원 지역은 딱 중간 지점인지라 하룻밤 쉬어가는 곳이었다. 홍원부사가 머나먼 부임길을 위로하고자 취우정이란 정자에서 술자리를 마련했다. 이곳에서 고죽은 홍원부 관기인 홍낭을 만난다. 홍낭은 고죽의 시를 외며 분위기를 돋웠다. 그러는 사이 서로를 바라보는 눈길이 잦아지고 짙어졌다.

두 사람의 마음속에 들어가 보지 못했으니 진상을 정확하게 알 수는 없겠지만, 홍원의 미스 홍은 당대 최고의 우상을 만난 밤이었고 꿈도

꾸기 어렵던 소원을 성취한 밤이었다. 이튿날 아침 홍낭은 중얼거린다. '고죽이 이곳으로 찾아와 나를 품에 안으시다니… 이건 운명이야. 나는 이제 죽어도 좋아.' 이렇게 홍낭이 생각하고 있을 때, 막 홍원을 떠나 경성으로 가고 있던 '피리 부는 사나이'는 쓸쓸한 벼슬길에 홀연히 만난 여인과의 밤을 떠올리고 있었다. '시골에 그런 시재(詩才)와 그런 미색이 숨어 있었다니…. 참으로 뜻이 잘 맞는 지음(知音)이 아니던가. 하룻밤 인연으로 끝내기에는 너무 아까운 사람이야. 변방으로 가는 몸이 여자를 끼고 갈 수는 없는 노릇이니, 정말 답답하군.' '피리'는 서둘러 미스 홍을 지웠다. 오랑캐의 칼날 앞에서 기생 생각만 하고 있을 수 없지 않은가.

옥봉의 첫 인연, 1575년 가을 옥천

1575년(선조 8년). 충북 옥천의 군수였던 이봉의 집에는 당대의 스타 글쟁이들이 모여 시회를 벌이고 있었다. 송강 정철(39세), 서애 유성룡(33세), 운강 조원(31세), 일송 심희수(27세), 백사 이항복(19세). 송강은 1566년 함경도 암행어사를 지낸 뒤 이이와 함께 사가독서(賜暇讀書)를 하던 시절이었고, 서애는 직제학 벼슬에 올라 있던 때였다. 운강은 정언(正言)이 되어 당쟁의 수뇌를 좌천시키라는 상소를 올렸다가 이조좌랑으로 밀려난 시절이었다. 기생 일타홍의 헌신으로 입신양명의 길에 들어선 일송은 3년 전에 별시문과에 급제해서 승문원에서 일하던 때였고, 백사는 아직 벼슬길에 오르기 전이었다. 국화 향기가 그윽하던 가을밤이다. 사랑채 한편에서 17세의 해사한 소녀 하나가 서성거린다. 달빛에 실루엣으로 묻어 나오는 얼굴이 달보다 더 환하고 그윽하다. 마침 밤 공기를 쐬러 나오던 이봉이 그녀를 보고는 헛기침을 한다.

"군수 어르신, 나오셨습니까?"

"오냐, 네가 이 밤에 어인 일이냐?"

"그냥, 달이 너무 좋아서요."

"허허, 내가 네 마음을 모를 리 있겠느냐? 천하의 시인묵객이 모인 자리이니, 호시호문(好詩好文)하는 네가 어찌 잠이 오겠느냐? 내 차라리 저들에게 너를 소개할 터이니 준비하고 사랑으로 건너오너라."

"어르신, 제가 어찌 감히…."

"괜찮으니라. 이미 너의 시재(詩才)가 장안에 제법 알려졌으니, 그들도 반가워할 게다."

"그러 하오면, 잠깐 안부나 여쭙겠습니다."

잠시 후 사랑채 문이 조심스럽게 열리고 한 여인이 들어오자 호탕한 웃음으로 가득하던 방안이 일순 고요해진다. 주인장이 일어서서 서둘러 침묵을 깬다.

"자, 자. 주흥을 깨는 일이 아니기를 바랍니다. 제 미천한 딸년 하나를 소개할까 합니다. 어릴 적부터 워낙 시를 좋아하는 아이라 재미삼아 가르쳤더니 이제 제법 시운(詩韻)을 깨우친 듯하여, 오늘 귀하신 벗들을 심심하지 않게 해드릴 모양이니 허물 삼지는 마시옵소서."

"오호, 문득 청초한 국화 다발이 방안에 피어난 듯하오."

너스레와 함께 좌중에서 박수가 쏟아지고 껄껄거리는 웃음이 퍼진다. 소녀가 조심스럽게 절을 하고는 앉아 눈을 가만히 내린 채 나직이 해어(解語)를 한다.

"저는 군수 어르신의 얼녀로 귀한 은혜를 입어 이렇듯 이 집안에 머물고 있습니다. 이름은 원(媛)이라고 하오며, 시를 나누는 벗들은 저를 옥봉(玉峯)이라고 부르기도 합니다."

그때 정철이 말을 건넨다.

"그래, 자네의 이름은 익히 들었노라. 여인이지만 한낱 규정(閨情)을 넘어선 호방한 기운이 시 속에 들어 있어서 자네를 '여사(女士, 여인선비)라고 부른다는 얘기를 들었다네."

좌중이 술렁인다.

"어사 나리, 송구스럽사옵니다. 제가 나리의 문향(文香)을 사모한지 오래되었습니다. 지난 번 함경도 어사를 하실 때 함산(咸山)의 국화를 노래한 7언절구는 깊이 마음을 사로잡는 바가 있었습니다."

"오호, 그랬더냐? 그러면 한번 외워볼 수 있느냐?"

"예, 나리의 시상까지는 나아가지 못했지만, 그 '함흥객관대국(咸興客館對菊)'의 문자들은 가슴에 새기고 있습니다."

나직하지만 당찬 목소리가 바람소리처럼 흐른다.

秋盡關河候雁哀 思歸且上望鄉臺(추진관하후안애 사귀차상망향대)
慇懃十月咸山菊 不爲重陽爲客開(은근시월함산국 불위중양위객개)

가을이 끝날 무렵 변방의 강에 철새 기러기가 슬프도다.
생각이 고향으로 가매 또다시 망향대에 오르게 되네.
으스스한 시월, 함산에 국화가 피다니
중양절에도 안 피던 것이 객을 위해 피었도다.

"기특한 아이로구나. 그대가 직접 지은 시들을 들어보고 싶도다."

"보잘것없는 것들입니다. 그저 우스개 삼아 들어주소서."

紅欄六曲壓銀河 瑞霧霏微濕翠羅(홍란육곡압은하 서무비미습취라)
明月不知滄海暮 九疑山下白雲多(명월부지창해모 구의산하백운다)

붉은 난간 여섯 굽이 은하를 누르네.

그윽한 안개비가 푸른 비단을 적시네.

밝은 달은 푸른 바다가 저무는 걸 모를 수밖에

구의산(중국 순임금의 사당이 있는 산) 아래에 흰구름 가득 끼어 있으니.

"소녀가 지은 「누상(樓上)」입니다."

문득 서애 유성룡이 말을 거든다.

"송강의 「망향의 대상(臺上)」보다 옥봉의 「누상」이 훨씬 호방하고 사내다우니 이게 어찌된 일이오?"

"하하하, 그러게나 말입니다. 기특한 이 여인의 시를 하나 더 들어보는 건 어떻겠소?"

"망극하옵니다. 일전에 병마사 어른께 올렸던 시를 한 수 읊겠습니다."

將軍號令急雷風 萬馘懸街氣勢雄(장군호령급뢰풍 만괵현가기세웅)
鼓角聲邊吹鐵笛 月涵滄海舞魚龍(고각성변취철적 월함창해무어룡)

장군이 호령하니 벼락이 치고 돌풍이 이는 듯하다.
만 개의 귀를 베어 거리에 내거니 기세가 등등하다.
북소리 퍼져 가는데 쇠피리를 부니
달이 잠긴 바다에 어룡이 춤추는 것 같구나.

좌중이 입을 딱 벌렸다. 국화 향기를 뿜던 이날의 은은한 시회는 만괵(칼로 벤 만 개의 귀)이 거리에 내걸린 삼엄한 경지로 내달리며 옥봉을 깊이 각인시켰다. 이런 소녀에게 특히 마음이 끌린 사람이 있었다. 선조 대의 언론인[正言]으로 당쟁 혁파를 주장하다가 좌천된 바 있는 조원이었다. 서른한 살의 겁 없는 이 지식인은 이제 갓 열일곱 살짜리가 내뱉는 저 거침없는 시어들을 만난 뒤 가슴이 두근거리는 걸 느꼈다. 마치 남명 선생을 대하는 것 같았다. 조원이 장원급제했을 때 그의 스승 남명 조식은 칼자루에다가 5언시를 써주었다.

宮抽太白 霜拍廣寒流(궁추태백 상박광한류)
斗牛恢恢地 神遊刃不游(두우회회지 신유인불유)

불 속에서 크고 흰 칼 뽑아내니
서릿발이 넓고 차가운 물살을 때린다.
북두성과 견우성이 떠있는 넓고 넓은 하늘
정신은 여유롭게 놀지만 칼날은 겉놀지 않는다.

'스승의 저 가르침, 神遊刃不游(신유인불유)의 추상 같은 기개가 저 소녀

의 시에 들어가 있지 않은가.'

조원이 이런 생각을 하며 옥봉을 보고 있을 때, 그녀 또한 눈빛이 유난히 강렬하고 복사꽃같이 환한 이마와 콧등을 가진 이 사내에게서 눈을 뗄 수 없었다.

'저분이 스물한 살 때 석년진사에 수석으로 합격하고 스물아홉 살 때 별시문과에 병과로 급제한 조선 최고의 엘리트 조원이신가? 최경창, 백경훈에 견줄 만한 문장가에다 조선 정치를 바로잡기 위해 목숨을 걸고 직언을 내뱉은 언간(言諫)이 아니던가.'

슬금슬금 훔쳐보던 눈길이 조금씩 뜨거워진다. 어쩌겠는가. 뜨거운 서른하나의 사내와 뜨거운 열일곱의 여인은 이날 밤 달빛 아래서 사랑에 빠졌다. 가도 아주 가지는 않겠노라고 손가락도 걸었다. 그리고 조원은 서울로 떠나갔다.

西隣女兒十五時 笑殺東隣苦別離 (서린여아십오시 소살동린고별리)
豈知今日坐此限 青鬢一夜垂絲絲 (기지금일좌차한 청빈일야수사사)

愛郎無計繫驄馬 滿懷都是風雲期 (애랑무계계총마 만회도시풍운기)
男兒功名自有日 女子盛歲忽已馳 (남아공명자유일 여자성세홀이치)

吞聲那敢歎離別 掩面却悔相見違 (탄성나감탄이별 엄면각회상견위)
聞郎已過康城縣 抱琴獨對江南湄 (문랑이과강성현 포금독대강남미)

妾身恨不似江雁 翩翩羽翩遙相隨 (첩신한불사강안 편편우편요상수)

粉臺明鏡棄不照 春風寧復舞羅衣(분대명경기부조 춘풍영부무나의)

天涯夢魂不識路 人生何用慰愁思(천애몽혼불식로 인생하용위수사)

서쪽 마을의 소녀 열다섯 살 때
동쪽 마을의 괴로운 이별을 보고 비웃었는데,
오늘 이 지경에 나앉을 줄 어찌 알았으리.
윤기 나는 머리칼은 하룻밤 새 가닥가닥 늘어졌네.

애인은 대책 없이 떠날 말을 매어뒀는데
도대체 이런 뜬구름 같은 약속을 가득 품다니
사내의 공명은 저마다 때가 있고
여자의 한창때는 문득 달려가 버린다네.

소리를 삼키자, 어찌 감히 이별을 탄식하리.
얼굴을 가리고 슬픈 빛을 숨기려 마주 보지 않았도다.
듣자니 그대는 이미 강성현을 지나셨네요.
거문고 안고 홀로 강남 물가에 앉았겠군요.

소녀의 몸이 그 강가의 기러기가 아닌 것이 한스럽군요.
날고 날고 또 날아 멀리까지 따라갈 텐데.
화장대 거울은 팽개치고 비춰보지 않으니,
봄바람은 언제 다시 비단옷 펄럭이게 할꼬.

하늘 끝 꿈꾸는 마음이 길을 못 찾으니
사는 일이 무슨 쓸모가 있는가, 이 슬픈 생각을 위로하는 데에?

― 苦別離(이별을 괴로워함)

그래. 당신 없이 사는 인생이 무슨 소용이 있는가. 시간을 늘려 견뎌 보자고 중얼거리지만 가슴에 돋아난 수심에 찬 생각들이 진무가 되겠는가. 떠나가는 당신의 동선(動線)이 사물거리듯 내 눈앞에 명멸하는데, 나는 지금 하늘 끝에 홀로 던져져 무엇을 하고 있는가. 삶의 길을 잃었다. 사랑에 빠진 이가 가장 슬플 때는 잠을 잘 때이다. 꿈인 듯 생시인 듯 이불 옆을 더듬는 옥봉의 손엔 버석거리는 빈자리의 서늘한 기운만 닿을 뿐이다. 벼락같이 닿은 사랑의 환함과 다시 벼락같이 찢어놓은 별리의 캄캄함을 열일곱 피어나는 작은 가슴으로 발딱이며 감당하기엔 너무 힘겹다. 시는 그래서 중얼거림이며 절규이며 순간순간의 유언 같은 것이기도 하다.

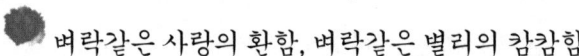 벼락같은 사랑의 환함, 벼락같은 별리의 캄캄함

홍랑의 석 달, 천 리 길의 그리움

홍낭은 석 달 동안 고죽 생각만 했다. 고죽이 없는 홍원에선 더 이상 숨도 쉴 수 없었다. 그러다가 함경도 변방 경성으로 이 남자를 찾아갈 결심을 한다. 어머니를 치료할 의원을 찾아 왕복 80리 길을 걸었던 열두 살 시절을 기억해냈을까. 이제 그녀 자신의 마음속에 깊이 든 병을 치료

할 '피리 부는 사나이'를 찾아 천 리 길을 가리라 마음먹었다. 그러나 홍원부의 기적(妓籍)을 담당하는 관리가 고개를 저었다.

"기생이 어디를 제 마음대로 가겠다는 것이냐? 너는 관청에 매인 몸이니 함부로 생각조차 내지 마라."

그때 홍낭은 방직기(房直妓)로 보내달라고 청을 한다. 방직기는 변방에 가는 병사들이 가족들을 데려가지 못하도록 하고 대신 그들의 수발을 들도록 나라에서 지원하는 기생이었다. 관리는 방직기 또한 규정이 까다로운지라 함부로 보낼 수 없다고 말한다. 그리고 변방으로 가는 먼 길에서 변이라도 당하면 어쩔 거냐고 묻는다. 홍낭은 대답한다.

"나는 두렵지 않습니다. 세상이 아무리 뜯어말려도 나는 갈 것이오. 천지의 모든 짐승과 우주의 모든 변괴가 한꺼번에 들이닥쳐도 나는 경성(境城)으로 갈 것이오. 나는 오직 내 발과 내 심장, 내 영혼의 실불에만 눈을 둘 것이오. 영혼의 불꽃 위에 아른거리는 북도평사 고죽 어른의 얼굴만 볼 것이오. 살아도 좋고, 죽어도 좋소. 천 리 길이 멀다 하나 십리를 가면 구백구십 리요, 그리운 사람과 그만큼 가까워진 것이니 여기 앉아 죽는 것보다 백 배 천 배 낫소. 짐승들이 내 살을 찢어도 웃으며 죽을 것이며, 짐승 같은 사람들이 내 심장에 칼을 꽂아도 고맙게 죽을 것이오. 내 인생은 모두 그를 만나러 가는 길이었고, 영원히 그를 만나러 가는 길이오. 가지 못해도 간 것과 다름없고, 가지 못해도 다시 갈 것이오. 세상에 목숨으로 태어나 오직 하나 내 목숨의 의미가 된 사람, 그를 위해 가는 길이니 다른 것은 모두 우습고 하찮은 것이오. 오랑캐가 무섭다 하나 별들이 나를 데려갈 것이오. 내 심장 속에 벌떡이는 이 그리운 생각이 오직 고죽 어른 계신 곳을 알고 있을 것이오. 내가 두려운 것은 얼어 죽고, 자빠져 죽고, 먹잇감이 되어 죽는 것이 아니라, 사랑할 수 있을 때 사랑하지 못하고 이대로 죽는 것이오. 미친 겨울밤 눈보라가 울고 길이 사라져 오도 가도 못할 때도 나는 고죽 한 사람의 시를 떠올리는 것만으로도 활활 불길처럼 타오를 것이오. 거울성은 바로 나의 경(鏡)이오. 오직 내 인생 단 한 번 나를 비춘 사람, 영원히 내 얼굴을 비춘 그 사람, 그가 있어야 내가 있는 바로 그 그림자의 사람. 완전한 나의 분신. 나는 내 나뉜 통증을 못 견뎌 지금 달려가는 길이오. 세상에 나뉘어 태어난 나를 드디어 만나러 가는 길이오."

그래도 관리는 허락을 하지 않았다. 유서를 쓰고 홍낭은 자살을 시도한다. 이에 놀란 관리가 서둘러 청을 넣어 허락을 받아준다.

이옥봉 서울로 가다 – 서방님, 첩으로 날 받아주오

옥봉은 잠을 이루지 못한다. 아아, 어찌할까나. 나는 사랑을 가졌어라. 꾀꼬리처럼 울지도 못할 기찬 사랑을 혼자서 가졌어라. 그분의 이름이 원(瑗)인데 내 이름도 또한 원(媛)이니 우리의 만남은 우연이 아니야. 하지만 나는 기생 소실의 딸인데다, 한 번 시집을 간 청상(靑孀)의 몸이 아닌가. (그는 결혼 1년 만에 병약한 남편을 여의고 친정에 와 있었다.) 그래 봤자 열일곱이다. 버젓이 정실로 시집갈 꿈이야 애초에 버렸지만, 심신을 바쳐 교유하고 소통할 벗과 같은 남자에 대한 희망이야 어찌 접을 수 있으랴. 여인은 한순간에 자신을 얽어매는 질곡의 조건들을 잊어버렸다. '사랑밖엔 난 몰라' 다. 며칠 후 보따리 싸고 서울로 올라가 그냥 조원에게로 달려간다. 그리고 대갓집에 사람을 넣어 그를 불러낸다.

"서방님, 저는 서방님의 첩이 되고 싶습니다. 이 천하고 가엾은 몸을 거두어 주소서."

그런데 조원은 고개를 흔든다.

"아아, 내가 너의 시를 좋아하고 너의 의기와 자태를 그리워하는 것은 틀림이 없으나, 너를 소실로 들이는 일은 하고 싶지 않구나. 집안에서 그런 것들을 반기지 않는 데다가 나 또한 젊은 시절에 마음을 어지럽히고 싶지 않구나."

"서방님, 제가 그 집안에 들면 참으로 정숙하고 고요한 여인이 되어 서방님의 수족이 되고자 합니다."

"그런 뜻이 아니니라."

"제발…, 거두어 주소서. 저는 옥천으로 내려가지 않겠습니다."

"허어, 그럴 수는 없노라. 다만 시간을 내서 너를 보러 가겠노라. 월하(月下)의 언약을 잊지 않았노라."

이 길로 옥봉은 서울 장안에서 화류의 몸이 된다. 장안에서 내로라하는 선비들과 시문으로 교류하는 연예계 스타로 떠오른다. 물론 그녀는 깨끗한 몸을 지키며 오직 조원만을 기다린다. 옥봉의 일편단심이 소문이 나면서 조원은 고민을 하게 된다. 스스로가 이미 언약을 한 바 있는 여인을 계속 모른 체하고 외면하는 것 또한 못할 짓이 아니던가? 이듬해 어느 봄날. 어느 벗이 전해주는 옥봉의 시 한 편이 조원의 마음을 후벼 판다.

有約郎何晩 庭梅欲謝時 (유약랑하만 정매욕사시)
忽聞枝上鵲 虛畵鏡中眉 (홀문지상작 허화경중미)

언약을 하신 님이 어찌 이리 늦으신가.
뜨락의 매화는 떨어지려 하는데
어머나, 가지 위에 까치가 울잖아.
공연히 거울속 눈썹을 그려보네.

― 閨情(여자 마음)

이 귀엽고 안쓰러운 옥봉의 마음을 어쩌겠는가. 까치 소리에 속아서 눈썹만 계속 그렸다 지웠다 하는 이 여인에게 결국 조원은 손을 든다. 이쯤에서 나는 두 사람을 생각한다. 당쟁의 영수들을 추방하라고 상소를 올렸다가 이듬해 좌천되는 피 끓는 사내 조원. 세상의 옳음을 지키기 위해 목숨을 버릴 준비가 되어 있는 그에게, 가정사가 청렴해야 하는 일은 당연지사였으리라. 비록 축첩이 허물이 되지 않는 사회였다 하더라도 개인적인 기준이나 가문의 기준 같은 것들도 있었을 것이다.

긴박한 정치적인 행동과 결단을 하는 와중이었으니 사사로운 일에서 빈틈이 있어서는 안 되는 상황이었다. 그런데 아름답고 재능 있는 한 여인이 죽기 살기로 매달리니 어찌 고민이 되지 않았으랴? 그리고 무엇보다도 조원은 의기와 재능을 지닌 여인, 이제야 제대로 마음의 밑바닥까지 후련히 소통이 될 듯한 지음(知音)을 만난 것이다. 고개를 흔들고 마음을 다잡아도 옥봉이 자꾸 그리워지는 걸 어떻게 한단 말인가. 조원은 옥봉의 집을 찾아간다.

飮水文君宅 靑山謝朓廬(음수문군댁 청산사조려)
庭痕雨裏屐 門到雪中驢(정흔우리극 문도설중려)

음수는 문군의 집이요, 청산은 사조의 오두막이라.
뜰엔 빗속에 발자국이 찍혔고 문엔 눈 속 지나온 나귀 한 마리 서 있네.

— 謝人來訪(고맙습니다, 그가 오시다니)

탁문군은 과부로 있다가 사마상여의 거문고 연주에 반하여 그를 따라 나선 여인이다. 그의 아버지 탁왕손이 화가 나서 그녀와 인연을 끊어버리자, 탁문군은 상여와 술집을 차리기도 했다. 지봉유설에 의하면 음수는 옥봉이 살던 곳의 지명이라 한다. 그녀는 자신이 살던 곳과 탁문군이 살던 곳이 같은 지명인 것을 시의 모티브로 삼았을 것이다. 그녀 또한 탁문군처럼 사랑의 도피를 꿈꾸었을까. 그럴 리가 결코 없을 '범생이' 조원이, 이까지 찾아온 일에 감격하여 옥봉은 벌써 '오버'를 하고 있는 셈이다.

飮水(음수)는 갈마음수(渴馬飮水)를 줄인 말이기도 하니, 사랑에 목마른 서방님이 드디어 물을 마실 수 있는 곳이기도 하렸다. 사조는 남조의 시인이자 문장가다. 아마도 조원을 가리키는 듯하다. 3, 4행이 교묘하다. 뜰엔 찍힌 雨裏屐(우리극)은 옥봉 자신이 찍은 것이다. 그리운 사람이 갑자기 온 바람에 황급히 달려나간 발자국이 젖은 땅에 찍혔다. 문에 도착한 雪中驢(설중려)는 바로 조원이 타고 온 것이다. 이른 봄날이라 들에는 비가 오고 산에는 눈이 왔다. 산에서 내려온 조원은 나귀 등에 눈을 얹은 채 서 있다. 그 뒤의 그림은 상상의 몫이다. 눈물이 어룽어룽, 똑바로 쳐다보지도 못하고 문간에 선 옥봉. 괜히 나귀에게 호통을 하며 마음을 진정시키는 조원. 부둥켜안을까. 아니, 서방님이 싫어 하실 거야. 옥봉은 조원의 손을 잡고는 안으로 들어간다. 그와 거닐고 싶었던 연못 앞에 그를 다시 한 번 쳐다본다.

玉峯涵小池 池面月涓涓(옥봉함소지 지면월연연)
鴛鴦一雙鳥 飛下鏡中天(원앙일쌍조 비하경중천)

옥봉은 작은 연못에 젖었네, 연못 수면엔 달빛이 흐르네.
원앙새 두 마리가 거울 속 하늘로 날아 내려오네.

― 玉峯家小池(옥봉네의 작은 연못)

그곳이 음수인 것은 이 연못 때문일까. 어쨌거나 물의 이미지가 성적인 기분을 도발하는 중이다. 원앙새 두 마리는 이 연인들을 말하는 것이지만, '비하경중천'은 맛이 있다. 물속에 비친 하늘로 내려오는 것은 실제로는 하늘 위로 솟구치는 것이다. 날아오르는 진짜 새와 내려앉는 물속의 새는 현실과 꿈의 착종(錯綜)이 아니던가. 연못에 그들이 비친 모습을 바라보며 옥봉은 하나의 판타지를 만들어내는 것인지도 모르겠다.

이날 밤 옥봉가에서 일어났던 원앙사(鴛鴦事)에 대해서는 알지 못한다. 다만 새벽녘에 우는 여인의 울음으로, 그날 밤의 도도한 상열(相悅)을 짐작할 뿐이다. 만남은 대개 헤어짐을 만드는 일이다. 하룻밤이 왜 그리 짧은가.

明宵雖短短 今夜願長長(명소수단단 금야원장장)
鷄聲聽欲曉 雙瞼淚千行(계성청욕효 쌍검루천행)

내일 밤은 비록 짧아지고 짧아질지라도
오늘 밤은 원컨대 길어지고 길어지소서.
닭 울음소리 들리며 새벽이 오려하니
두 눈에서 눈물이 천 줄이나 흐르네.

― 別恨(헤어지는 슬픔)

 남자는 하룻밤의 일로 여인의 마음을 수습하러 왔겠으나 여인은 그 하룻밤의 일로 희망을 더욱 다부지게 키운다. 첩이 되어 그 집에 상주하고 싶은 여자와 그냥 가끔 마음을 달래는 시기(詩妓)면 족하다고 생각하는 남자는, 서로 딴 생각을 품은 채 다시 헤어졌다.
 어느 날 옥봉의 부친인 옥천군수 이봉은 경복궁 뒤편(현재의 청운동 경복고등학교 자리)에 있는 운강 조원의 집 앞에서 잠시 서성이고 있었다. 이윽고 결심한 듯이 인기척을 냈다.
 "이리 오너라! 옥천군수 이봉이 왔다고 일러라."
 전갈이 들어가자 조원이 뛰어나오는 소리가 난다.
 "군수 나리, 여기까지 어인 일이십니까?"
 "내, 상의할 일이 있어서 이렇게 달려왔소."
 조원은 짐작을 하였지만 무심한 표정을 지었다. 옥천 시회에 몇 번 참석한 터라 서로 잘 아는 사이이기에 공손하게 이봉을 안으로 모셨다.
 "뭐, 돌려서 말하기도 구차한 일이니 단도직입으로 말하리다. 내 딸년을 소실로 거두어 주시게."
 아마도 옥봉은 자신에게 시와 학문을 가르쳐준 부친에게 자신의 처지에 대해 호소를 한 모양이다. 조원은 뜻밖의 상황에 좀 난감해졌다.

"저, 나리. 저의 입장을 한번 살펴주십시오. 연소한 관원이 경황이 없는 중에 어찌 첩을 거느리겠습니까?"

"허어, 그건 장부답지 않은 말일세. 부디 부탁이네. 내 딸을 거두어 주시게."

"집안일이라 구차하다 싶어서 말씀을 드리지 않고자 했지만…, 실은 나리도 아시다시피 저는 일찍이 숙부의 양자로 들어갔는데 의부께서 일찍 돌아가셨습니다. 게다가 곧 생부까지도 세상을 여의셔서 생모와 양모 두 분을 어린 시절부터 모시고 살았습니다. 이런 곡절로 가화(家和)를 도모해야 하는 긴장을 하면서 살아온 점이 있습니다. 처(전의 이씨) 또한 반듯하여 법도가 엄한 사람인지라 신경이 쓰이지 않을 수 없습니다. 따님의 곡진한 마음을 생각하면, 어르신의 뜻을 따르고 싶지만 저의 상황이 이러하니 나리가 그쪽을 설득하여 주시면 고맙겠습니다."

"거참, 어려움이 없진 않겠네만…, 자네만 굳은 결심을 하면 되는 일 아니겠는가."

"제 원칙도 그러하니, 더 이상 그 이야기는 없었으면 좋겠습니다."

굳은 표정으로 조원이 말을 자르는 통에, 이봉은 머쓱한 표정이 되어 마당으로 내려섰다. 딸의 얼굴이 떠오른다. 일순 콧등이 시큰해진다. 갓 둘레로 내려앉는 봄 햇살이 마음마저 후끈거리게 하는 듯하다.

며칠 뒤 조원은 아내 전의 이씨의 부친인 이준민(李俊民 1524~1590, 호는 신암(新菴), 의정부 좌참찬)과 마주 앉았다.

"여보게, 어제 옥천군수가 내게 찾아왔었네. 시를 하는 그의 얼녀를 자네에게 소실로 주고 싶어 하더군. 그런데 자네가 거절을 했다 하던데…."

"장인어른, 법도와 의리를 귀히 여기는 집안에서 규방을 번거롭게 하는 일을 하고 싶지 않습니다."

"이 사람아, 그건 그런 게 아닐세. 그 여인의 곡진한 뜻을 받아들이는 것이 훨씬 의리 있는 처사일세. 사내가 처첩을 두는 것은 그릇의 크기이기도 하네. 내가 소실을 데려올 날짜를 택일해주겠네. 자네는 그저 아무 말 말고 받아들이게나. 내가 알기로는 옥천군수의 딸이 재능도 뛰어나고 용모도 반듯하여 집안에 기특한 보배가 될 걸세."

장인이 소실을 추천해주는 기묘한 상황이다. 조원은 묵묵히 그의 말을 들을 수밖에 없었다. 한편으로는 기쁜 마음이 돋아나는 것도 사실이었으리라.

● 두 여인이 거닌 조선, 뜨거운 사랑의 길

묏버들 가려 꺾어 보낸 홍낭

찬바람이 살을 에는 땅에 갑자기 방직기생이 왔다는 소식에 최경창은 어리둥절해한다. 덮어쓴 치마를 걷어보니 홍낭이 아닌가.

"이게 어찌된 일이오? 거기서 여기가 천 리 길인데 얼어붙은 겨울 천지를 어찌 걸어왔단 말이오?"

"북도평사 어르신을 생각하며 걷는 길은 북풍한설도 봄날 같더이다. 소녀 천 리 길을…."

홍낭이 말을 잇지 못하고 눈물을 주르르 흘린다. 이런 무모한 사람을 봤나? 최경창이 주위의 시선도 잊은 채 여인을 덥석 안는다. 그 겨울 홍낭과 최경창은 막중(幕中)에서 가장 행복한 동거생활을 시작한다. 수천 리 변방으로 내몰려 여진족을 격퇴하고 있는 '미스터 바른 소리'와 사랑을 위해서는 앞뒤 안 가리고 돌진하는 용감한 '미스 홍'이 합창한 겨울 연가는 군막의 밤을 사우나 속처럼 끓였을 것이다.

그런데 봄이 온다. 뭇생명들은 기지개를 켜는 봄이지만 홍낭에게는 그렇지 않았다. 최경창에게 서울로 부임하라는 명령이 왔기 때문이다. 그로서는 갈구하던 소식이었다. 홍낭은 서울에 함께 가고 싶었지만 그럴 수 없었다. 방직기 신분인지라, 임무가 끝나면 다시 원래의 소속인 홍원으로 가야 한다. 그녀는, 그가 잘 되는 것이 내가 행복한 것이라고 최면을 걸며, 그의 복귀를 축원할 수밖에 없었다. 하지만 그와 작별하기가 어려워 서울길로 자꾸만 슬금슬금 따라갔다. 그러다가 쌍성(지금의 영흥)까지 갔다. 그리고 헤어졌다. 떼어지지 않는 걸음을 꾹꾹 밟으며 버들가지가 새초롬한 함관령에 이르렀다. 사위가 어둑해지고 봄비가 부슬거리고 있었다. 여기서 홍낭은 시조 '묏버들'을 짓는다. 최경창은 서첩에서 이날의 상황을 이렇게 증언한다.

"나와 이별한 뒤 홍낭이 함관령에 이르렀을 때에 날이 저물고 비가 내렸다. 이곳에서 홍랑이 내게 시를 지어 보내왔다."

묏버들 갈해 것거 보내노라 님의 손대
자시는 창 밧긔 심거 두고 보쇼셔.
밤비예 새닙 곳 나거든 나린가도 너기쇼셔.

이 시조가 뭐가 그리 좋은가. 1936년 가람 이병기는 이 시가 실린 서첩의 발문에서 글씨가 홍낭의 친필이라고 밝히고 시의 내용과 표현이 훌륭하다고 평가했다. 이 시가 대중적인 유명세를 타는 건 고등학교 국어 교과서에 실리면서부터였을 것이다. 연구자들은 간결한 표현으로 애틋한 마음을 곱게 표현해낸 작품으로 평가한다. 나는 이 시의 바깥에 사물거리는 삶의 드라마가 워낙 강렬해서 시를 더욱 생생하게 돋워냈다고 생각한다. 미친 듯이 몸부림쳐서 천 리 길을 달려가 겨울 동안 품었던 사람을, 봄날에 문득 내놓고 돌아선 여인이, 못내 아쉬워 길가의 버들가지를 꺾어, 저 멀리 가고 있을 남자에게 보내는 그 마음이야말로, 어떤 말로도 표현할 수 없는 시가 아니던가.

  왜 하필 버들가지를 꺾었는가. 홍낭이 이별을 슬퍼하는 피리 곡조인 절양류(折楊柳)를 모를 리 있었겠는가. 어느 날 군막에서 고죽이 그녀에게 피리로 절양류를 불러주지 않았을까. 버들가지를 보니 그 생각이 눈물과 함께 왈칵 솟아올랐으리라. '갈해 것거(가려 꺾어)' 보내는 이유는 뭔가. 버들가지는 곧 내 마음이기 때문이다. 그리고 귀한님에게 갈 것이기 때문이다. 가지를 가만히 고르는 마음이 바로 내 마음이다. 마치 시와 노래를 고르는 것처럼, 지금 하나하나 골라낸 버들가지가 이제 멀어져가는 당신에게 보낼 수 있는 나의 노래이기 때문이다. '님의 손대'는 정확히 무슨 뜻인지 알기 어렵다. '님의 손에'라고 해석하면 생생하기는 하지만 '손대'가 '손애(손에)'의 의미로 사용되는 용례가 있는지 모르겠다. '소(所)+ㄴ대'로 '계신 데'를 말하는 것은 아닐까. '보내노라 님의 손대'로 도치한 것에 대해서도 많은 사람들이 감명을 받았는데, 그 소리의 리듬감도 확 살아났지만 지금 홍낭의 마음속에 일어나는 긴급한 마음이 뒤집힌 어순으로 잘 드러났다고 생각한다. '묏버들을 골라 꺾어 보냅니다.' 이 말이 전보처럼 타전된다.

　버들가지는 봄날 가장 먼저 싹을 틔우는 전령(傳令)이다. 버들은 양(楊)이라 하고 물가에 늘어진 수양버들은 류(柳)라고 한다. 도연명은 버드나무와 자신을 동일시하여 오류(五柳) 선생이라 자칭하기도 했다. 깨끗하고 준수한 풍모를 그 나무에서 느낀 것이리라. 그러나 차츰 버들은 여성적인 이미지로 굳어진다. 여성의 가는 허리는 유요(柳腰)가 된다. 두보와 백거이도 유요를 노래했다. 버들잎은 유미(柳眉)라 하여 미인의 눈썹을 가리키는 말이 된다. 한나라 이후 중국에선 헤어지는 사람에게 강가의 버들가지를 꺾어주는 습속이 있었는데 이로 하여 절양(折楊)은 이별의 상징이 된다. 버들의 유(柳)는 머물게 한다는 유(留)와 음이 같아 가지 말라고 만류하는 뜻을 지니며, 또 가장 이른 봄에 푸르러지니 가시더라도 일찍 다시 돌아오시라는 의미를 담기도 한다. 홍낭이 버들가지를 꺾은 뜻은 이런 뉘앙스들을 조금씩 품고 있을 것이다.

　'자시는 창 밧긔'는 야한 표현이다. 그냥 '창 밖에 심거 두고'라고 해도 좋을 것을 굳이 '자시는'이란 말을 넣은 홍낭의 센스가 느껴지는가. 우린 겨울 내내 동침했던 사이라는 암시를 거기 넣어 놨다. 그러니 마치 동침을 하듯 '자시는 창'에 있어야 하는 것이다. 그러나 '창 안'으로 들여 놓아달라는 말은 차마 하지 못한다. 기생이 어디 그런 마음이야 먹을 수 있겠는가. 그저 창밖에서라도 당신을 볼 수 있으면 그만이다. '심거 두고 보쇼셔'도 아무렇게나 한 말이 아니다. 물에 꽂은 뒤에 버들가지나 감상하는 그런 방법도 있다. 그러면 곧 죽지 않는가. 그러지 말고 꼭 이걸 심어서 오래 두고 보시라는 얘기다. 심거 두라는 건, 오랫동안 나를 잊지 말아달라는 부탁이다.

'밤비예 새닙 곳 나거든'은 굳이 '심거 뒤야 하는 것'의 이유다. 버들은 아무 데서나 잘 자라 쉽게 뿌리를 내린다. 이제 가지를 꺾었으니 죽은 것처럼 보이지만 '새닙'이 다시 올라올 것이다. 밤비는 먼 곳에서 흘리는 홍낭의 눈물이다. 그리운 눈물로 그대 창밖의 버들가지를 키우리라는 얘기다. 사랑이 여기서 그냥 죽은 게 아니라 '새닙'이 날 것이라고 속삭인다. 이 시조의 시안(詩眼)은 '나린가도 너기쇼셔'에 있다. 버들은 내가 아니다. 그저 나무일뿐이다. 아무리 내가 이걸 보냈다 해도 서울에서 살게 되면 내 생각만 하기는 어려울 것이다. 그러니 내 생각만 하면서 살라는 말은 하지 않겠다. 당신의 전부가 되려는 게 아니니, 그 일부의 자리만 내주면 된다. 버들잎이 돋아나거든, 그냥 즐기셔도 좋되 혹시 홍낭이 여기 피어난 것이 아니냐는 생각도 한번쯤 해주소서, 이런 얘기다. 묏버들에는 고죽의 관심을 붙잡으려는 홍낭의 필사적인 몸부림이 들어 있다. 최경창은 이 시를 한시로 번역했다.

折楊柳奇與千里 人爲我試向庭前種(절양류기여천리 인위아시향정전종)
誰知一夜新生葉 憔悴愁眉是妾身(수지일야신생엽 초췌수미시첩신)

버들가지 꺾어 천 리에 보냅니다.
그대는 날 위해 뜨락 앞에 심어주소서.
밤새 새 잎이 나면 누가 알까요.
파리한 버들눈썹이 바로 저의 몸이라는 걸.

— 飜方曲(번방곡)

번역이라는 것이 대강의 의미를 추스르기도 어려운 일이라 이해는 가지만, 최경창의 이 번역은 홍낭의 시조를 많이 버려 놨다. 도치법도 사라지고 '자시는 창'도 희미해지고 '나린가도'도 못살려냈다. 그렇지만 최경창은 홍낭의 시를 받은 뒤 감회에 오랫동안 젖었던 모양이다. 두 편의 아름다운 시를 썼다.

전남 영암의 구림마을은 고죽이 태어난 곳이다. 월출산의 문필봉이 한눈에 들어오는 그곳에는 고죽관(孤竹館)이 지어져 있다. 그런데 고죽의 묘소는 경기도 파주군 교하읍 다율리에 있다. 거기엔 최경창 부부의 묘가 있고 거기서 살짝 내려앉은 자리에 홍낭의 묘가 있다. 그리고 하나의 비석 양쪽에 '홍낭가비'와 '고죽시비'가 새겨져 있다. 고죽시비에는 「묏버들」을 번역한 「번방곡」이 실려 있다. 나는 이 비석에 고죽이 쓴 「송별(送別)」이 새겨져 있었으면 좋았을 걸 하는 생각을 한다. 이 시는 8년 전 공개된 서첩 원본에 실려 있던 것이다.

玉頰雙啼出鳳城 曉鶯千澱爲離情(옥협쌍제출봉성 효앵천전위이정)
羅衫寶馬河關外 草色迢迢送獨行(나삼보마하관외 초색초초송독행)

고운 뺨 양쪽에 눈물 흘리며 성을 나왔네.
고운 목소리가 천길 가라앉으니 이별하는 마음이네.
비단 적삼 실은 말은 하천 관문 밖에 있는데,
풀빛이 멀어지고 멀어지며 혼자 길을 보내네.

아마도 이 시는 헤어지면서 쓴 것 같다. 눈물을 흘리는 홍낭, 목소리가 잠긴 홍낭. 떠나야 할 말은 강 저쪽에서 기다리고. 배를 타고 나아가니 홍낭이 서 있는 자리에 선명하던 풀빛이 차츰 멀어지네.

相看泳泳贈幽蘭 此去天涯幾日還(상간영영증유란 차거천애기일환)
莫唱咸關舊時曲 至今雲雨暗靑山(막창함관구시곡 지금운우암청산)

마주 보며 흐느끼다 유란을 주노라.
이제 가면 하늘 끝 언제 돌아오리.
함관령의 옛 노래는 부르지 마라.
지금 운우의 정 가득하니 청산이 어둡다.

이 시는 함관령을 지나던 홍낭에게서 버들가지와 시를 받은 뒤 그리운 마음에 되돌아 달려가서 만난 자리에서 쓴 것 같다. 그 또한 줄 것이 있다. 유란 한 촉이다. 홍낭이 준 절양류가 피리로 연주하는 곡이라면 최경창이 준 유란은 거문고로 뜯는 곡의 의미하기도 한다. 피리의 대가인 고죽에게 절양류를 주었으니, 거문고에 뛰어난 홍낭에게 유란을 주는 것이 참으로 잘 어울린다 할 만하다. 나는 이 대목에서, 홍낭의 이름을 유란으로 부르고 싶어진다. 영원한 미스 홍으로 돌아간 그에게, 사랑하는 고죽이 준 유란을 떠올리는 이름을 준다면 얼마나 행복해할까. 莫唱咸關舊時曲(막창함관구시곡), 함관령의 옛 노래는 이별 곡일지니 우리 굳이 이별을 노래해 눌러놓은 슬픔을 길어 올리지 말자는 뜻이리라. 至今 雲雨暗靑山(지금운우암청산), 겨울 동거 동안 쌓은 몸정이 지금 다시 달아오르니 떠나야 할 길이 어두워질 판이다. 운우(雲雨)는 마침 흩뿌리는 비구름과 사랑을 겹쳐서 한 표현이리라.

이옥봉의 결혼, 시와 사랑을 맞바꾸다

조원과 옥봉은 소지(小池)의 한편에 지어진 작은 누각에 앉았다. 나지막한 목소리로 조원이 입을 연다.

"내, 여러 경로로 너를 추천 받고 보니 많은 생각을 하게 되었노라. 혹여 소실 하나가 집안의 분란이 되지 않도록 각별히 유념하려무나."

"서방님, 그럼?"

"그래. 우리 가문 사람이 되어주렴."

옥봉은 대답 대신 왈칵 눈물을 쏟아낸다. 얼마나 기다렸던 말씀인가. 눈물 몇 방울이 소지에 떨어져 파문을 이룬다.

그때 문득 조원이 입을 연다.

"그런데 그 전에 나와 약조를 해야 할 일이 있느니라."

"어떤?"

"이제부터 시를 함부로 써선 안 된다. 물론 나와 나누는 시야 나무랄 수 없는 것이지만… 이제부터 너는 시기(詩妓)가 아니라 반가의 소실인 만큼 규방의 법도를 따라야 한다. 밖으로 다른 사람과 시흥을 나누거나 시를 내돌리는 것은 절대로 허락할 수 없는 일이다. 혹여 그런 일이 생기면, 내 너를 앞뒤 보지 않고 내칠 터이니… 그리 알 거라. 모질다고는 생각하지 마라. 소실에겐 소실의 품행이 있는 법. 그걸 감수하겠다고 맹약할 수 있다면 너를 받아들이겠다. 어찌 하겠느냐?"

"그래요, 좋아요."

"으음, 너무 쉽게 대답하니 오히려 내 귀가 의심스럽구나. 정녕 시를 접을 수 있겠느냐?"

"네, 그럼요. 제가 시를 쓴 건 외로움 때문이었습니다. 당신을 만나 당신과 함께 살아가니 이제 외로움이 있겠습니까? 당신을 내 가슴 속에 품은 시라고 생각하겠습니다."

사랑은 인간의 지혜와 사려를 잠깐 걷어가 버리는 것일까. 옥봉은 메피스토텔레스에게 영혼을 판 파우스트처럼, 저 첩살이의 행복을 꿈꾸며 그녀의 운명의 씨줄과 날줄이었던 시를 서슴없이 팔아버린다. 소지에 만월이 떠오르자 옥봉과 조원의 합쳐진 물그림자가 일렁거린다. 물속에 든 원앙 한 쌍이 가만히 파들거린다.

영화라면, 혹은 소설이라면 여기서 대개 해피엔딩이다. 그러나 인생은 영화와 소설이 끝난 뒤에도 계속된다. 삶은 드라마틱한 무엇이 지나간 다음에도 허전한 궤적을 그리면서 줄기차게 이어지는 법이다. 옥봉은 행복했을까. 물론 처음에는 그랬을 것이다. 우선 조원의 벼슬살이를 보자. 그는 옥봉을 첩으로 맞는 1576년에 이조 전랑(정6품 좌랑)이 된다. 이때 율곡 이이는 조원이 전랑이 되는 것에 극구 반대를 했다. 율곡은 "그가 문학적 명성은 있지만 국량과 식견이 부족하다."고 비판을 했다. 이 대목은 음미할 만하다. 그 전해에 조원이 정언의 직책을 맡아 당쟁의 영수들을 물러나게 해야 한다고 과격한 주장을 했던 것을 의식해서 장원급제 동기였던 율곡이 견제구를 던진 것이라고도 볼 수 있다. 그런데 옥봉을 소실로 받아들이는 과정과 이후의 일들을 들여다보면 조원의 '국량과 식견 부족'은 단순한 감정적 비판이 아니었을 수도 있다. 여하튼 조원은 이후 지방 관직을 전전한다.

그런데 옥봉은 소실이 된 뒤 정말 시를 접었을까. 그런 것 같지는 않다. 남편 조원 또한 시를 좋아한 사람인만큼, 옥봉이 시를 쓰는 것 자체를 말리지는 않았던 듯하다. 다만 그가 언명한 금시(禁詩)는 기생시절처럼 시를 통해 다른 남자와 교류하는 것을 금하는 원칙적인 선언에 가까웠던 듯하다. 첩실로 들어간 이후에 쓴 시들이 여럿 보이는 것은 이 때문이리라. 조원이 지방 관료 생활을 하며 떠돌던 처음에는, 옥봉이 함께 가지 못했다. 먼저 괴산서 근무했던 남편에게 옥봉은 시를 써 보낸다. 「賦雲江公除槐山(괴산군수가 되신 운강공에게)」가 그것이다. 그 뒤 1583년 1월 함경도 경원에 살던 오랑캐들이 반란을 일으켜 성을 함락시킨 사건이 일어났다. 옥봉은 이 변란을 걱정하는 우국시를 쓴다. 이 사건이 남편 조원과 어떤 상관이 있어서(잠깐, 그곳 부근에 발령을 받아 가 있었을 지도 모른다) 시를 썼는지 아니면 순수한 애국심의 발로인지는 분명하지 않다. 하지만 그의 시 속에 살아 있는 기개는 충분히 느낄 수 있는 시다.

干戈縱異書生事 憂國還應鬢髮蒼(간과종이서생사 우국환응빈발창)
制敵此時思去病 運籌今日懷張良(제적차시사거병 운주금일회장량)

源城戰血山河赤 阿堡妖氣日月黃(원성전혈산하적 아보요기일월황)
京洛徽音常不達 江湖春色亦凄凉(경락휘음상부달 강호춘색역처량)

전쟁과 선비의 일이 아주 다르긴 하지만
나라 걱정에 다시 머리칼이 푸르러지네.
적을 무찌르는 이 시절 '한나라 장수' 곽거병이 생각나고
전략을 짜는 오늘엔 '유방의 참모' 장량이 그리워지네.

경원성의 혈전으로 산과 강이 붉게 물들고

아산보의 나쁜 기운으로 해와 달이 누렇게 변했구나.

서울에 아름다운 소식이 여전히 오지 않았으니

강호의 봄빛도 처량하구나.

― 癸未北亂(계미북란)

피를 토하듯 우는 새

이 전쟁 이후에 조원은 삼척부사로 가게 된다. 이때 남편을 찾아간 모양이다. 가는 길에 영월에서 시를 짓는다.

五日長干三日越 哀詞吟斷魯陵雲(오일장간삼일월 애사음단노릉운)

妾身亦是王孫女 此地鵑聲不忍聞(첩신역시왕손녀 차지견성불인문)

닷새 걸리는 길을 사흘에 넘네.

슬픈 노래를 읊조리다 그치니 노릉(단종의 무덤)에서 구름이 피네.

이몸 또한 왕손의 딸이니

이곳의 두견새 울음은 듣기 힘겹구나.

― 寧越道中(영월 가는 길에)

남편을 찾아 떠나는 길이라 마음이 바쁜 중에 단종의 노릉 앞에서 잠시 쉰다. 왕릉을 보면서 자신도 왕족임을 상기한다. 그녀의 부친 이봉은 선조의 부친인 덕흥대원군의 후손이다. 얼녀에다 다시 천첩이 된 신분이지만, 혈통에 대한 자부심은 여전히 지니고 있는 그녀였다. 위의 시 此

地鵑聲不忍聞(차지견성부인문)에 눈길이 머문다. 마치 비운의 단종이 우는 것처럼 두견새가 운다. 옥봉이 그 소리가 듣기 힘겨웠던 것은, 어린 왕의 고독과 슬픔에 깊이 공감했기 때문이겠지만, 저 시 속엔 운명의 복선이 깔린 듯하다. 두견의 전설을 이쯤에서 음미해보자.

촉(蜀, 지금의 사천성)나라의 망제(望帝)는 어느 날 문산(汶山) 아래로 흐르는 강가에 서 있었다. 그런데 물에 빠진 시신 하나가 떠내려 오더니 문득 황제 앞에서 멈춘다. 시신이 눈을 뜨고는 몸을 벌떡 일으켜 앉는다. 망제가 깜짝 놀라 그에게 묻는다.

"당신은 대체 누구요?"

그러자 그는 대답한다.

"저는 형주에 사는 사람인데 실족으로 물에 빠져 죽었습니다. 그런데 어떻게 흐르는 물을 거슬러 여기까지 왔는지 모르겠습니다."

"오오, 당신은 하늘이 내게 내린 사람이오. 이름이 무엇이오?"

"저는 별령(鱉靈)이라고 합니다."

이후 망제는 별령에게 벼슬을 주고 나랏일을 맡긴다. 별령은 차츰 교만해져서 주위의 권신들과 짜고 권력을 농단한다. 그러다가 자신의 아름다운 딸을 망제에게 시집보내 세력을 더욱 확고히 한 다음, 마침내 황제를 촉에서 쫓아낸다. 하루아침에 나라를 잃은 망제는 분노를 이기지 못하고 죽는다. 죽은 황제는 새가 되었다. 피를 토하듯 우는 그 새를 사람들은 두우(杜宇), 원조(怨鳥)라 불렀다. 그 새는 "歸蜀途(촉나라로 돌아가는 길이야)"라고 운다. 이 전설에서 '물에 빠진 시신'의 모티프와 '촉나라에서 쫓겨난 새가 귀촉도라고 우는 장면'은 이옥봉의 생에서 비극적인 변주로 나타나게 된다.

삼척에 살 때 옥봉의 생활은 어땠을까. 「삼척읍지(三陟邑誌)」에서는 그녀를 '부기(府妓, 관청 기생)'라고 적고 있다. 기록하는 사람의 착각일 수도 있겠으나, 당시 소실의 삶이 어떠했는지를 짐작케 하는 대목일 수 있다. 그녀는 남편을 전담하는 기생처럼 비쳤던 모양이다. 그녀에겐 그것도 감지덕지였을까. 이 사람과 함께 살 수만 있다면 어떤 대접을 받아도 상관없고 무슨 이름으로 불려도 알 바 아니라고 생각했을까. 옥봉에게는 반 기생, 반 소실로 산 삼척 시절이 생애에서 가장 행복했는지도 모른다. 남편과 시와 사랑을 나눈 해변의 러브스토리는 그러나 시로 찾아보기는 어렵다. 1583년 가을에 쓴 옥봉의 시 하나가 보인다. 남편의 심경을 대변한 시다.

霜落眞珠樹 關城盡一秋 (상락진주수 관성진일추)
心情金輦下 形役海天頭 (심정금련하 형역해천두)

不制傷時淚 難堪去國愁 (부제상시루 난감거국수)
同將望北極 江山有高樓 (동장망북극 강산유고루)

서리가 내려 나무가 진주(삼척의 옛 이름이기도 하다) 같구나.
변두리 성에는 가을이 다 가는데
마음은 금수레(임금의) 아래 있으나
몸은 바다 끝에서 일하고 있도다.

시절에 상처받은 눈물을 억제하지 못하고

한양을 떠난 시름을 감당하기 어렵구나.

더불어 북극(임금 계신 곳)을 바라보라고

강산에는 높은 누대(죽서루)가 있구나.

- 秋思(가을의 생각)

지분으로 화장하는 아녀자의 연약한 태가 없었다고 말한 허균의 말이 실감난다. 心情金輦下(심정금련하)와 形役海天頭(형역해천두)를 읊조리노라면 더욱 그렇다. 옥봉이 만약 귀한 집의 남자로 태어나 벼슬을 하였다면 세상에 저런 기개를 펼치지 않았을까. 상처받은 남자의 눈물과 주류에서 밀려난 남자의 수심을 저토록 콕콕 집어내는 솜씨를 보면서 남편인 조원은 어떻게 생각했을까. 기특하고 자랑스럽고 놀랍다가도 가끔 섬뜩하지 않았을까. 저 시재(詩才)는 정녕 그를 뛰어넘는 것이 아니던가. 옥봉을 자신의 부실(副室)로 묶어두는 일이 오히려 버겁고 아슬아슬하다는 느낌은 없었을까.

삼척에선 1586년까지 살았다. 이후에 조원은 대구 위에 있는 성주의 부사로 간다. 옥봉의 또 다른 시가 보이는 것은 1589년 성주 부사를 끝내고 돌아가는 길에서다. 올라가는 길에 조원은 상주에서 한 살 위 옛 친구인 윤선각(尹先覺, 일명 윤국형)을 만난다. 술자리가 벌어지고 시를 나누는 때가 되었을 때 조원이 옆에 앉아 있던 옥봉을 향해 말한다.

"자네도 답례하는 시를 한 수 지어올리는 건 어떻겠나?"

이에 윤선각이 어리둥절한 눈으로 조원의 소실을 바라본다.

"예, 제가 부를 터이니 영감께서 쓰시겠습니까?"

주저하는 기색도 없이 그녀는 선선히 응한다. 쥐고 있던 흰 부채를 만지작거리면서 눈을 살짝 감았다 뜨며 시상을 다듬는다. 이내 서늘한 목소리가 흘러나온다.

洛陽才子何遲召(낙양재자하지소)
作賦湘潭弔屈原(작부상담조굴원)

장안의 능력 있는 사람을 불러 기용하는 일이 어찌 이리 더딘지
상담의 부(賦)를 지어 굴원을 애도할까.

상담은 상강 부근에 있는 오래된 도시의 이름이다. 굴원은 초나라의 권신들의 모함을 받고 이곳으로 쫓겨나 10년을 유랑하다가 멱라수에 몸을 던져 자살한다. 그는 상강 기슭에 앉아 분노에 차서 「懷沙賦(모래를 움켜쥐고 짓다)」를 쓴다. 시에서 그는 '내 능력이 뛰어나다 하여도 / 모함에 빠져 초라한 몸 되어 무엇 하나 이룰 수 없으니 / 가슴과 손 안에 가득한 보물들을 닦아줄 이 누구인가.' 라고 묻는다. 옥봉은 굴원의 이 호소를 빌려온 것이다.

手扮逆鱗危此道(수분역린위차도)

손에는 역린을 쥔 위태로운 이 길인데.

역린은 용의 비늘을 거꾸로 훑는 것을 말하는데, 왕의 뜻을 거슬러 심기를 불편하게 하는 일을 비유한다. 권력자의 미움을 받는 일이란 얼마

나 위험한 길인가.

淮陽高臥亦君恩(회양고와역군은)

회양(중국의 지명)에서 높은 베개 베고 누워 잘 수 있는 것만도 임금의 은혜로다.

젊은 시절 한때의 겁 없는 상소문으로 지방을 전전하고 있는 남편 조원과, 비슷한 경우로 역시 떠돌고 있는 윤선각을 동시에 위로하는 시다. 재능을 이렇게 썩히는 것이 말이나 되느냐고, 굴원을 데려와 항의하면서도, 더 나쁜 경우도 있을 수 있는데 그나마 화를 피하면서 사는 것도 다 임금의 은혜라고 지적함으로써 비분강개를 어루만진다.

이 시를 들은 윤선각이 깜짝 놀란다.

"아니, 이건 지분 냄새가 나는 아녀자의 시가 아니질 않소?"

조원이 웃으며 답한다.

"저 사람을 혹자는 여사(女士)라고 부릅니다. 비록 아녀자이나 시는 선비의 기개와 깊이를 지니고 있다는 뜻이지요."

"오, 대단하도다. 지사(志士)의 시가 아녀자의 입술을 통해 저렇듯 물 흐르듯이 흘러나오다니…"

선각은 나중에 이 상황을 이렇게 기록하고 있다.

"시상을 다듬고 시를 읊는 동안 그는 손으로 백첩선을 만지작거렸다. 때로 부채로 입술을 가렸다. 이윽고 흘러나온 목소리는 맑고 아름답고 처절하여 이 세상 사람 같지 않았다."

성주부사에서 이임하는 이때까지도 조원과 옥봉은 행복한 시절을 보내고 있었다.

평화롭던 삶이 요동치기 시작하고 그 이전과는 전혀 달라지는 전기(轉機)가 오는 것은 대개 세 가지의 대인(大因)이 있는 듯하다. 그 첫째는 운명적으로 다가오는 사건이다. 태풍처럼 들이닥치는 거대한 문제는 인간의 안정과 생활을 삼킨다. 둘째는 인간이 사소하게 뿌려놓은 불씨들이 스스로 화력을 키워 갑작스럽게 들이닥치는 경우다. 많은 불행에는 예견 가능한 이유들이 숨어 있다. 작은 방심과 실수와 어리석음들이 빚어내는 거대한 재앙. 일이 커지고 난 뒤에 아무리 뉘우쳐도 그 전의 상태로는 돌아갈 수 없다. 셋째는 오만의 저주다. 문제가 생겨날 무렵, 그것을 감당해야 할 인간은 겸허하고 신중해야 하지만, 대개 그렇지 못하다. 자기에 대한 과도한 자부심과 근거 없는 낙관주의가 일을 더욱 그르친다. 삶의 위기와 파국이란 신이 인간의 오만과 어리석음을 징벌하기 위해 준비한 회심의 메뉴인지도 모른다. 수분역린과 회양가도를 호쾌하게 읊던 이옥봉, 어쩌면 주위의 칭찬과 탄복에 자신이 본질적으로 처해 있는 위태로운 자리를 잠시 잊었을까.

● 숨이 멎을 듯한 비극 앞에서

홍낭, 한양에서 쫓겨나고

꼬박 2년간 무소식이었다. 버들은 가지를 뻗었을 것이고 유란은 새촉을 틔웠으련만, 서울로 간 사람은 가뭇없다. 그러던 겨울, 홍낭은 최경창이 몸져 병석에 누워 있다는 소문을 듣는다. 지난봄부터 계속 시름시름 앓았다는 것이다. 세상일이 뜻대로 되지 않아 심화가 일었던가. 혹은 홍낭에 대한 그리움이 은근히 짙어져서 병을 부른 것일까. 맹렬낭자 미스 홍은 이 소식을 듣자마자 바로 보따리를 쌌다. 그날로 밤낮없이 7일을 걸어 서울에 당도했다. 파리해진 고죽은 홍낭을 보고 희미하게 웃었다. '이렇게 와주다니…, 당신은 참 못 말릴 사람이오.' 그런 눈짓을 보냈으리라. 여인은 그날부터 그림자처럼 병간호를 한다. 그런데 홍낭이 서울에 왔다는 소문이 돌자, 고죽을 미워하던 정적들이 들고 일어났다.

"상감마마, 최경창은 인순왕후마마의 국상이 끝나기를 기다린 듯 기생과 어울려 환락을 즐기고 있사옵니다."

"마마, 최경창은 함경도 사람은 도성을 출입할 수 없다는 국법을 어기고, 함경도 기생을 끌어들여 희희낙락하고 있사옵니다. 양계지금(兩界之禁)을 비웃은 자를 엄히 벌주소서."

이 일로 최경창은 관직에서 파면되고, 홍낭 또한 홍원으로 쫓겨났다. 떠나는 길에 고죽은 시 두 수를 지어준다.

同心不同車 別離時屢變(동심부동차 별리시루변)
車輪尙有跡 相思人不見(차륜상유적 상사인불견)

烟雨空濛提柳垂 行舟欲發故遲遲(연우공몽제유수 행주욕발고지지)
莫把離情比江水 流波一去沒回期(막파이정비강수 유파일거몰회기)

마음은 같지만 수레는 함께 타지 못 하네.

이별은 때마다 거듭 바꿔놓겠지.
수레바퀴는 자취라도 있는데
그리운 사람은 볼 수가 없네.

안개비에 하늘은 희부연데 버들은 늘어지고,
가는 배는 떠나려하는데 자꾸 늦어지네.
헤어지는 정을 강물에 비기지 맙시다.
흐르는 물 한번 가면 돌아올 수 없으니.

세 번째 만남은 더욱 아팠다. 아마도 홍낭은 자신이 고죽의 인생을 망쳤다는 죄책감에 오래 시달렸으리라. 오직 그리워한 죄, 오직 만나고 싶었던 죄밖에 없는데 세상은 그녀의 남자에게 죄를 씌웠다. 내가 감히 무어라고, 저 아름다운 사람에게 이토록 누를 끼치는가. 나의 그리움이 무슨 대수라고, 그를 불명예스런 혐의에 옭아매는가. 두 사람은 다시는 살아서 서로를 볼 수가 없었다. 고죽이 말한 相思人不見(상사인불견) 다섯 글자 그대로다.

그런데 최경창의 시 중에 「흰 모시치마(白苧裙)」라는 한시 한 편이 있다. 나는 이 시가 홍낭이 쓴 게 아닐까 조심스럽게 추측해본다. 한양에서 쫓겨난 뒤 홍원으로 돌아온 그녀는 절망의 세월을 살았다. 애인은 파직당하고 자신은 쫓겨났으니 할 수 있는 게 없었다. 이제 보고 싶다고 찾아갈 수도 없다. 죽었다 생각하고 살아야 할 판이다.

憶絆長安日 新裁白苧裙(억재장안일 신재백저군)

別來那忍着 歌舞不同君(별래나인착 가무부동군)

서울에 있을 때의 일을 생각하면서
흰 모시치마를 새로 지었네요.
이별을 하였으니 어찌 입을 수 있겠습니까.
노래하고 춤을 춰도 그 님이 아닌 것을.

답답한 마음은 고죽도 마찬가지다. 시류와 이익 따라 움직이는 사람들. 남을 흠잡고 욕하고 밀어내어 그 자리를 차지하려는 아귀다툼이 끔찍하게 느껴졌을 것이다. 가엾은 홍낭을 생각하면 달려가 위로라도 하고 싶지만 세간의 눈이 무서운지라 그럴 수도 없다.

이옥봉은 남편에게 버림 받고

- 운명을 뒤흔든 한 편의 시

1590년. 마당을 얼렸던 얼음들이 녹으면서 촉촉한 물무늬를 그리는 이른 봄날이었다. 햇살이 좋은 오후 살짝 밀려드는 춘곤을 느끼며, 마루에 앉아 마당에 선 매화에 돋는 움을 살피고 있던 옥봉은 밖에서 들리는 왁자한 소리에 문 쪽으로 눈을 돌렸다. 약간의 승강이 끝에 하인 뒤로 모습을 내민 젊은 아낙 하나가 있었다. 야윈 얼굴이지만 고운 태가 있는 여인이었다.

"뉘시더냐?"

옥봉의 말에 하인은 아직 여인의 정체를 잘 파악하지 못했는지 우물쭈물한다. 대신 아낙이 옥봉이 앉은 자리 앞까지 와서 마당에 엎어지듯 주저앉더니 눈물을 주르륵 흘린다.

"저는 운강어른 집안의 먼 척족으로 파주에서 산지기를 하고 있는 이의 아내입니다. 오늘 아침 갑자기 관원들이 들이닥쳐 남편이 소를 훔쳤다면서 잡아갔습니다. 우리가 비록 사는 수완이 변변치 않아 가난하게는 살고 있지만 한 번도 남의 것을 탐내거나 어리석은 과욕을 부린 적이 없습니다. 맹세컨대 남편은 그걸 훔칠 사람이 아니며, 누군가의 착오로 누명을 뒤집어 쓴 것입니다. 하소연할 데도 없고 기댈 데도 없는 사람이라 이렇게 염치불구하고 부사어른 댁에 달려왔습니다. 부디 헤아려 주십시오."

옥봉은 하인을 부른다.

"여보게, 영석이. 영감님을 찾아 이 사실을 알려드리게."

그때 영석은 머리를 긁적이며 우물거리는 소리를 뱉는다.

"네. 그렇게 하겠습니다만, 나리는 오히려 호통을 치실 것입니다. 관가에서 하는 일에 어찌 관여를 한단 말이냐? 이렇게 말씀입죠."

옥봉은 곰곰이 생각에 잠긴다. 작년 이후 벼슬에서 잠깐 쉬게 된 이후로 조원은 성격이 더욱 까칠해진 것 같다. 마흔여섯 살 가부장의 권위를 의식해서일까. 자신을 대하는 태도도 예전 같지 않은 듯하다. 작년 이후로 시를 나눈 기억도 없다. 내가 나이가 들어보여서 싫증이 나신 걸까. 설마…, 서른둘이지만 아직 화장 거울 속의 눈썹은 날아갈 듯이 곱다. 이런 생각을 하고 있을 때에, 문득 아낙이 말한다.

"사실은 나리가 아니라 마님께 부탁을 드리러 온 것입니다. 파주목사는 마님도 친분이 계신 것으로 들었습니다. 오래전….”

아낙은 기생 시절의 옥봉을 떠올렸으나 차마 입에 말은 내지 못했다.

"그래, 그 분이 파주목사로 가셨지?"

옥봉은 반가운 생각이 들었다. 그래, 시문도 참 빼어나신 분이셨지. 그는 자신에게 참으로 공을 들였던 사람이기도 했다. 매몰차게 몇 차례 거부했는데도 화를 내기는커녕 너털웃음으로 옥봉을 편하게 해준 사람이었다. 그 사람이면, 틀림없이 내 말씀을 들어주실 거야. 영감님 집안 사람이기도 하니, 할 수 있다면 억울한 누명을 벗겨주는 것이 옳지 않겠는가.

몇 번이나 절을 하며 남편의 무죄를 설명하는 그녀를 보내고 옥봉은 백첩선을 들고 나와 만지작거리며 시어를 골랐다. 소를 끌고 간 사람이라… 견우(牽牛)가 아닌가.

洗面盆爲鏡 梳頭水作油(세면분위경 소두수작유)
妾身非織女 郞豈是牽牛(첩신비직녀 낭기시견우)

세숫대야를 거울 삼아 쓰고,
물 발라 빗질하며 기름 삼아 씁니다.
아내인 제가 직녀가 아닌데
낭군이 어찌 견우(소를 끌고 간 사람)이겠습니까.

세숫대야를 거울로 쓰고 물로 빗질하며 기름 삼아 쓰는 여인은, 가난해도 반듯하게 사는 사람이다. 직녀는 베를 짜는 기구도 있어야 하니 나처럼 가난한 사람이 그런 게 필요하랴? 그러니 그와 꼭 같이 가난하고 욕심 없는 사람인 남편이 소도둑일 리 있겠습니까.

옥봉이 쓴 시는 파주목사에게 전해진다. 소도둑과 견우를 넘나드는 기발함, 견우와 직녀를 내세워 부부 간의 애틋한 정리를 표현한 솜씨, 세숫대야 거울과 물 빗질의 참신함만 봐도 파주목사는 이 시를 쓴 사람이 누군지 알 수 있었다. 거기다가 익숙한 필체를 보고 가슴이 뛸 정도였다. 얼마 만에 보는 옥봉 시인가. 시를 읽자마자 그는 관원을 불러 소도둑으로 잡혀온 사람이 있는지를 물었다.

"그를 풀어주어라. 그는 죄가 없다."

어리둥절해하는 옥사 관리에게 파주목사는 이렇게 말한다.

"저 사람은 소를 훔쳐도 감춰둘 곳이 없다. 그것을 팔 수도 없고 부릴 수도 없고 쇠고기로 만들어 먹을 줄도 모른다. 산을 지키는 일밖에 해온 일이 없는 어리석은 그가 소를 훔쳐서 어디다 쓰겠는가?"

- 벗겨진 신 한 짝에 슬프게 내려앉는 매화 꽃잎

옥봉이 파주목사에게 시를 보내서 옥사를 해결했다는 소문은 남편인 조원의 귀에도 들어갔다. "참으로 뛰어난 소실을 가졌구려." 달려와 치하를 하는 옛친구의 얘기를 들으면서 조원의 얼굴은 굳어져갔다. 그는 이제 막 벙글 대로 벙글어 시들기 시작하는 뜰의 매화 꽃잎을 보면서 중얼거렸다.

"나랏일을 농단하는 교만한 시를 어디다 쓰겠는가?"

급히 부른 자리인지라 옥봉은 미처 단장도 못한 채 들어와 앉았다. 집안사람의 일을 해결해준 것을 가지고 치하를 하려나 싶기도 했지만, 왠지 방안의 공기가 싸늘했다. 조원의 얼굴은 살얼음이 낀 듯 차가웠다.

"자네, 견우 시를 써서 파주목사에게 보냈는가?"

"예."

"관청의 일을 다른 이가 사사로이 관여하는 것은 나라를 어지럽히는 일인 걸 모르는가?"

"…."

"아직도 서울 장안에 노는 기생의 때를 벗지 못했는가?"

"…."

"이 집안의 기강을 이렇게 우스꽝스럽게 만들어놓고도 괜찮을 줄 알았는가?"

"…."

"14년 전 자네가 이 집에 들어올 때 한 금시(禁詩)의 맹약을 잊지 않았겠지? 지금 그 약조를 어겨 지아비와 그 집안을 수치스럽게 한 바, 자네는 지금 당장 짐을 꾸려서 나가게. 뒤도 돌아보지 말고 떠나서 다시는 내 눈에 보이지 않게 해주게."

"나리, 나리. 그건…."

"여봐라. 이 여자는 오늘부터 우리 집 사람이 아니다. 당장 끌어내라."

"나리!"

마당에선 후드득 비가 쏟아지고 있었다. 바람까지 불어 낙화하는 매화들이 마당에 흩날렸다.

"나리, 죽을죄를 지었사옵니다. 다시는 시를 짓지 않겠습니다. 다시 시를 짓는다면 그 자리에서 죽여도 좋습니다. 나리. 한 번만, 부디 한 번만 용서를 해주십시오. 제가 어리석어 앞뒤 분별을 잠시 잊었습니다. 나리…."

그때 조원의 추상같은 목소리가 터져 나온다.

"뭣들 하느냐? 썩 끌어내지 못하고…."

신발 하나가 벗겨진 채 옥봉의 치마가 마당을 쓸었다. 그녀를 끌고나가는 하인 서넛이 뺨으로 거침없이 떨어지는 빗줄기를 옷소매로 닦아낸다.

"나리, 나리."

울부짖는 소리를 쾅 닫히는 대문이 밀어낸다. 마당 한복판의 신발 한 짝에 날아온 매화 꽃잎 하나가 슬프게 내려앉는다.

왜 조원은 이토록 박정하게 그녀를 내쳤을까. 조원의 고손자인 조정만은 『이옥봉 행적』이라는 글에서 이렇게 말하고 있다.

"세상 사람들은 옥봉을 용서하고 받아들이는 것이 군자다운 포용력이었을 거라고 말하지만, 고조부는 그의 재주가 덕보다 승한 것을 미워하고 염려했을 것이다."

그러나 이 대목에서 조원과 나란히 장원급제를 했던 율곡 이이가 조원을 향해 지적한 '국량과 식견이 부족한 사람'이라는 평가가 다시 떠오르는 게 사실이다.

"잘못했습니다, 용서해주소서. 다시 시를 쓰지 않겠습니다, 살려주소서. 차라리 저를 죽여주소서. 제발 한번이라도 만나서 얘기를 할 수 있도록 기회를 주소서. 부디, 저를 이대로 죽게 하지 마소서. 나리."

경복궁 옆 효자동에는 여인의 피맺힌 아우성이 끊임없이 돌아다녔지만, 조원의 집 대문 빗장은 끝내 꿈쩍도 않았다. 이후 옥봉의 이야기들은 소문에 의지할 뿐이다.

옛사람들의 걷기 151

죽음과 부활

홍낭, 함관령의 옛 노래

최경창은 1582년에 종성부사로 복권되었다. 부임 1년 만에 한양으로 돌아오다 객관에서 의문의 죽음을 당한다. 그의 나이 45세 때였다. 최고의 시인이자 정치인인 스타 하나가 공무 집행 중에 살해당했는데도 조선의 검찰들은 왜 이 사건을 제대로 수사하지 않았을까. 최경창의 입장에서 보자면, 참으로 기구한 삶이 아닐 수 없다. 변방에 내몰렸다가 겨우 서울로 돌아와서는 뜻밖의 기생 스캔들 때문에 다시 파직 당하고, 이제 서울에서 뭔가 좀 해볼까 하는 즈음에 이런 변을 당한 게 아닌가. 정치적 음모가 떠오를 만도 하다.

여하튼 홍낭은 이 날벼락 소식을 들은 뒤 묘소가 있는 파주로 갔다. 무덤 옆에 묘막을 짓고 9년간 시묘살이를 했다. 임진왜란이 나기 직전까지였다. 그녀는 미색이 혹여 방해가 될까 스스로의 얼굴을 칼로 그려 상처를 냈다고 한다. 산중에 있는 아름다운 여인에게 뭇 사내가 덤벼들까 걱정한 것이리라. 그녀에게 고죽은 인생의 전부였다. 사랑 앞에선 육체 따위는 거추장스러운 것이며 목숨 따위도 사소한 것일 뿐이다. 세수도 하지 않고 머리도 빗지 않은 채 조석으로 고죽의 영전에 상식을 올리며 곡을 했다. 임진년에 왜란이 나자 홍낭은 '고죽시고(孤竹詩稿)'를 품에 안고 숨어 병화(兵火)를 피했다.

홍낭은 최경창과의 사이에 아들 하나를 두었다는 설이 있다. 이름이 최즙이었다고 한다. 함남 경성시절인 1573년 무렵에 생긴 아이라면 왜란 때는 스물에 가까워졌을 것이다. 그게 사실이라면 이 전쟁 때 사랑의 결실인 최즙은 어머니 홍낭과 함께 아버지의 시를 지키려 목숨을 다해 뛰어다녔을지도 모른다. 최즙의 후손이 현재 살아 있다는 얘기도 있으나 자세히 알 수는 없다. 전쟁이 끝난 뒤 그녀는 이 시들을 해주 최씨 가문에 넘겨주었다. 홍낭은 임종 때에 "고죽 곁에 묻어달라."는 말을 남겼다. 최씨 문중은 그녀의 정절을 기려, 고죽 부부의 합장묘 밑에 그녀를 묻고 해마다 제사를 지내왔다. 조선 사회에서 양반의 문중에 기생이 받아들여진 건 홍낭이 처음이자 마지막이었다.

  나는 홍낭의 사랑이 불가사의하게 느껴진다. 고죽이 살아 있을 땐 경성 천 리 길, 그리고 한양 천 리 길을 내달렸고, 죽어서는 다시 파주 천 리 길을 뛰어온 사랑. 열두 살 때 사경을 헤매는 어머니를 위해 앰뷸런스처럼 80리 길을 뛰었던 일이 그녀의 삶에 복선이 됐다. 도대체 고죽의 어떤 점이 그렇게 좋았을까? 강직하여 세상에 잘 섞이지는 못했기에 우수에 찬 얼굴의 미남자였을까. 활을 잘 쏘는 사람이었으니 건장한 체구였으리라. 무엇보다 시를 잘 쓰고 문장이 뛰어난 점도 매력이었을 것이다. 군막의 겨울에 남녀는 시로 깊이 교감하는 완전한 지음을 경험했을지도 모른다. 자존심이 강한 외로운 들개 같은 사내. 그러나 알고 보면 한없이 따뜻하고 유약한 면모도 있는 남자. 그런 것들이 홍낭의 모성을 건드렸을지 모른다. 그리고 보면 고죽은 힘겨울 때마다 홍낭의 사랑이 구급(救急)하는 삶을 살았다. 미스 홍으로선 한없이 보호해주고 싶은 남자였는데, 세상이 그걸 방해하고 뜯어말렸다. 그리운 유란! 함관령의 옛 노래는 아직도 흐르는데.

이옥봉, 죽어서 시가 되다

- 한강의 미친 여인

그해 봄과 이듬해, 그리고 임진왜란이 일어나는 4월 이전까지 옥봉은 서울을 떠돌았다. 한강 뚝섬 부근에 움막을 짓고 미친 여자처럼 울부짖으며 살았다는 얘기도 있다. 강가에 서서 멀리 북악을 바라보며 하염없이 눈물을 흘렸을 여자.

深情容易寄 欲說更含羞(심정용이기 욕설갱함수)
若問香閨信 殘粧獨倚樓(약문향규신 잔장독의루)

깊은 속내를 어찌 쉽게 털어 놓으리.
말하고자 하니 또다시 부끄러움이 입에 고이는 것을
혹시 아녀자의 안부를 물으신다면
남은 화장 그대로 둔 채 홀로 누각에 기대 있다 하소서.

— 離怨(헤어진 슬픔)

함수(含羞) 두 글자에 내면의 정황을 아리도록 아프게 담았다. 무슨 말을 하려고 해도 수치감부터 입안에 고여 말을 못한다. 저 그리운 사람을 원망하겠는가. 모두 내 잘못이 아니던가. 내 어리석음이 내 행복의 눈을 찌른 것이 아니던가. 부끄럽고 부끄럽다. 모두 내 탓이되, 그래도 그 사람이 보고 싶은 건 어떻게 하나. 정말 그는 나를 잊었는가. 어떻게 잊을 수가 있는가. 아마도 그 또한 그리운 생각을 누르며 이별의 고통을 견디고 있으리라. 그 또한 내 안부가 궁금하리라. 당신이 혹시 나의 근황을 물어온다면, 나는 대답하리. 나는 당신과 헤어질 때 그대롭니다. '잔장(殘粧)'은 엄연한 이별에 저항하는 여인의 유일한 몸짓이다. 움막집에 앉아 옥봉은 부채도 없이 중얼거리며 이 시를 썼으리라.

그러다가 칠석날을 맞는다. 그녀를 이 지옥으로 끌고 온 '견우'가 아니었던가. 기가 막힐 노릇이다. 강물소리를 들으며 밤하늘을 우러른다. 견우성과 직녀성을 찾으며, 내게도 재회라는 것이 있을까를 생각해본다. 있다면 언제? 저 물길 닳혀버린 구름강[雲江]은 언제 다시 흐를까. 은하(銀河)처럼 흘러 우리를 다시 만나게 해줄 수 있다면… 모두들 견우, 직녀를 가련하다 말하지만, 무엇이 가련한가? 그들의 1년이야 하늘에선 아침저녁이나 다름없다. 붓을 든다.

無窮會合豈愁思 不比浮生有別離(무궁회합기수사 불비부생유별리)
天上却成朝暮會 人間漫作一年期(천상각성조모회 인간만작일년기)

영원히 만나는 이들인데 어찌 근심스런 표정을 짓는가.
뜬 구름 같은 인생이 이별을 겪는 것과는 비교할 바가 아니지.
하늘에서야 아침저녁으로 만나는 일이 아니던가.
사람들이 늘려 잡아 1년 만에 만난다고 말하네.

— 七夕(칠석날에)

옥봉이 이렇게 견우, 직녀의 이별 기간에 시비를 거는 것은, 스스로의 재회가 워낙 희망 없고 답답하기 때문이다. 하루 반나절 떨어져 있었으면서 무슨 엄살이야? 그런 기분이다. 견우, 직녀가 저희들은 만나면서, 우리는 갈라놓았다. 시 한 수에 나락으로 떨어진 이 여인은 괜히 칠석의 하늘에다 화풀이를 한다.

가을이 되었다. 보름 무렵. 그래도 경복궁 옆 동네에선 소식 없다. 옥봉은 꿈만 꾼다. 그것만이 조원에게로 가는 길을 내준다.

近來安否問如何 月白紗窓妾恨多(근래안부문여하 월백사창첩한다)
若使夢魂行有跡 門前石路已成砂(약사몽혼행유적 문전석로이성사)

요사이 안부를 묻습니다, 어찌 지내시는지요.
달빛이 창에 환하니 더욱 슬퍼져요.
만약에 꿈속의 혼령이 간 길에도 발자국이 난다면
그 집 문 앞의 돌로 된 길은 이미 모래가 되었을 걸요.

— 自述(고백)

若使夢魂行有跡 門前石路已成砂(약사몽혼행유적 문전석로이성사). 옥봉의 이 시는 그를 기억하게 하는 백미다. 얼마나 뻔질나게 그 집에 돌아가는 꿈을 꿨으면, 이런 소리를 할까. 과장법이 그 어떤 사실적 묘사보다 생생하고 실감나게 하는 경우도 드물 것이다.

겨울이 되었다. 춥고 아프고 슬프다. 아직도 연락이 없다. 죽었는가, 살았는가. 마음이 죽었는가, 몸이 돌아갔는가. 내가 죽었는지 살았는지 궁금하지도 않은가.

平生離恨成身病 酒不能療藥不治(평생이한성신병 주불능요약불치)

衾裏淚如氷下水 日夜長流人不知(금리루여빙하수 일야장류인부지)

평생 이별한 슬픔이 진짜 병이 되었네.

술로도 안 되고 약으로도 못 고치네.

이불 속에서 흘린 눈물, 얼음 아래 흐르는 물 같아서

낮이고 밤이고 내내 흘러도 남들은 모르리.

— 閨情(여자 마음)

여기선 衾裏淚如氷下水(금리루여빙하수)다. 차가운 이불 아래서 끝도 없이 흐르는 눈물. 꽁꽁 언 겨울 강 아래로 흐르는 물과 같다. 이토록 그리움이 흘러내려도 아무도 알지 못하네. 고독에 몸부림치는, 작은 움막 속의 씰룩거림. 겨우 내내 떨었던 여자는 이듬해 봄날 광릉까지 떠내려갔다.

봄, 여름, 가을, 겨울, 다시 봄. 시간은 앞으로 가지만 기억은 자꾸만 더 먼 옛날로 회귀하는 마음의 퇴행을, 옥봉은 어떻게 견뎠을까. 사랑하는 사람과의 생이별, 시로 맺어지고 시로 끊어진 기막힌 인연. 이제 사람은 가고 시가 남아서 사랑을 연명하는 기구한 날들. 그를 기억하는 누구도, 다시는 옥봉을 찾지 않았고, 옥봉의 행방을 알지 못하고, 그의 기억을 서둘러 지워갔다. 뚝섬 어디선가 움막에 앉아 울부짖는 광녀(狂女)를 보았다는 사람도 있었지만 그 소문 또한 바람에 흩어져 사라져버렸다. 2년 뒤, 아무도 옥봉에 관해 묻지 않는, 뒤숭숭한 임진년 봄날에 왜란이 일어났다.

- 왜적과의 만남

한양이 짓밟혔다. 임금이 몽진하자 조원은 행재소로 달려갔다. 조원의 가족들은 철원으로 피난을 갔는데 거기서 불운하게도 몰려오는 왜군들을 만났다. 조원의 첫째 아들 희정과 둘째 희철은 칼을 뽑고 나아가 왜병과 싸우는 동안 셋째와 넷째 아들은 몸이 불편했던 어머니 전의 이씨를 번갈아 업어가며 샛길로 달렸다. 두 아들은 죽고 두 아들은 살았다. 조원의 집 근처인 서울 경복고등학교 부근의 청운동 일대를 효자동이라고도 부르는 것은 어머니를 구하기 위해 죽어간 조희정과 조희철을 기리기 위해서다.

한편 옥봉은 어떻게 되었을까. 옥봉의 아버지 이봉은 왜란을 맞아 의병장으로 나섰던 기록이 있다. 옥봉에게는 순남이란 여동생이 있었다. 그녀 또한 시를 잘 했다. 왜병이 몰려오고 있다는 소문이 들리고 임금조차 몽진을 하고 없는 봄날 스산한 한양의 강가에서 죽음을 기다리는 이 여인에게, 물어물어 순남이 찾아왔다.

"언니!"

오래전 귀에 익은 목소리에 산발한 여인이 움막에서 고개를 내민다.

"너! 순남이 아니냐? 네가 어떻게 여길?"

"소문을 들은 지 한 해가 지났는데 나 또한 기방에 묶인 몸인지라 나올 수가 없었어요. 전란 통에 빠져나왔죠. 언니가 어찌나 보고 싶던지… 몸은 괜찮아요? 영, 실성한 사람 행색이네? 아이고, 우리 언니가 어쩌다가…"

둘은 부둥켜안고 흐느낀다. 그저 서로의 몸을 부비며 뺨을 만지며 머리칼을 쓸어보며 눈물을 주룩주룩 흘린다. 두 사람은 며칠간 거기서 같이 지낸다. 어느 날 아침 강둑에 나란히 앉은 자매. 오랜 침묵 뒤에 옥봉이 말을 꺼낸다.

"순남아."

"응? 언니."

"곧 왜놈들이 이곳에도 들이닥칠 거야. 그러면 우린 능욕을 당하고 죽게 되겠지. 그런 봉욕(逢辱) 전에 너는 떠나거라. 다만 나를 위해 한 가지만 해주고 가거라."

"떠나려면 언니도 같이 가야지. 나 혼자서는 못 가."

"나는 떠나지 않는다. 더 이상 살 이유도 없다. 나는 사랑을 잃고 죽지 못해 시를 쓰며 살았다. 이제 마침 국란으로 죽을 이유가 생겼으니 고마운 일이다. 얼른 죽어서 다시 태어나 못 다한 사랑을 이루고 싶단다."

"언니!"

"대신 너는 나의 부탁을 들어줘야 한다."

"언니, 무슨 부탁을 하려고?"

"…."

– 세월을 휘돌아 되돌아온 읍귀시

1592년 봄날의 이야기는 여기서 끝난다. 그리고 우리는 끊긴 필름처럼 시간을 10년쯤 건너뛰어야 한다. 1602년 조원의 아들 조희일(호는 竹陰, 1575~1638)은 대과에 급제하고 승문원 저작이 된 뒤 사신으로 명나라를 다녀온다. 절강성 온주의 아름다운 항구, 용만에 머물러 있었다. 그는 문득 그전 해 궁궐에서 있었던 영광을 생각한다. 초시와 복시에 장원급제한 그를 앞혀놓고 선조는 "보기 드물게 뛰어난 문장이었다."고 칭찬했다. 또 어전의 병풍에 글씨를 쓸 서예가를 선발하는 테스트가 있었다. 한석봉(이름은 호)과 김남창(이름은 현성)이 그와 겨루다가 붓을 내려놓고 물러났다. 선조는 이렇게 말한다.

"그의 아버지 조원의 필세 역시 탁월하였는데 그 아들이 더욱 뛰어나도다."

이후 사람들은 그의 부(賦)와 서예가 '적벽부'를 지은 소동파와 같다 하여 '조적벽(趙赤壁)'이라고도 불렀다. 그런데 적벽이 있는 황주 부근에 문득 와 있으니 감회가 새롭다. 바다가 보이는 누각에 앉아 있을 때 이곳의 퇴직한 늙은 관리 하나가 다가와서 종이쪽지 하나를 건넨다. 거기엔 "朝鮮 承旨 趙瑗"이라고 씌어 있었다. 희일은 깜짝 놀란다. "뉘시기에 우리 부친의 이름을…." 고개를 끄덕이며 미소를 짓는 중국인과 필담이 시작되었다.

"10년 쯤 전이던가요. 용만의 바다 위에 괴이한 물체 하나가 떠다닌다는 소문이 돌았지요. 들리는 이야기에 따르면 작은 나룻배 하나가 뒤집힌 채로 떠다니는데 그 아래에 여인의 머리채가 긴 꼬리처럼 늘어져 파도에 함께 출렁인다는 것이었소. 형상이 너무나 기이해서 아무도 접근을 하지 못한다고 하였지요. 이 괴이한 귀주(鬼舟)는 얄궂게도 멀리로 떠가지 않고 해변 이곳저곳에 원기처럼 출몰한다고 했소. 호기심이 생겨 간담 좋은 사내 여럿을 동원하여 그 배를 건졌소. 한쪽이 부서진 배를 뒤집어보니 배 안쪽에 단단히 염을 한 시신 하나가 묶여 있었소. 얼굴을 싼 천이 헤져 머리카락들이 흩어져 나왔던 것이오. 단단히 싼 모시를 벗겨보니 자색이 고운 여인의 얼굴이 나왔소. 장정들은 여인의 몸을 죈 몇 겹의 끈을 풀고 천을 벗겨냈소. 그랬더니 그 안에 다시 종이로 온몸이 둘둘 말려져 있었소. 바깥 몇 겹의 종이는 백지였소. 그것을 떼어내자 그 안쪽에는 희한하게도 멀쩡한 종이가 나왔소. 거기엔 '海東朝鮮國承旨 趙瑗之副室李玉峯(해동조선국승지조원지부실이옥봉)'이라고 씌어져 있었소. 다시 그 내부에는 시편들이 적혀 있었는데 모두 365편이나 되었지요. 벗들을 불러 이 시들을 함께 읽어보았소이다. 여인의 시 같지 않은 대단한 기운이 느껴졌소. 경탄할 만한 경지라고 모두 입을 모아 칭찬하더이다. 여인을 묻어주고 장례 지낸 뒤 시들을 모아 책으로 만들었소이다. 그것이 이것입니다."

노인은 책 한 권을 내밀었다. 표지에는 『옥봉시집(玉峯詩集)』이라고 적혀 있다. 희일은 시집을 받아들고는 얼른 펴보지 못하고 표지를 만지작거렸다. 노인은 다시 말을 잇는다.

"시의 내용을 보니 사무치는 규원(閨怨)이 가득하여, 그 시의 상대를 찾아줘야겠다는 생각을 했었소. 그래야 고혼(孤魂)이 잠들 수 있겠더군요. 하지만 바다 저쪽의 일인지라 수소문하는 일이 쉽지 않았소. 그래서 세월이 이렇게 흐른 겁니다. 마침 그대가 조승지의 자제라는 얘기를 듣고 이렇게 찾아온 것이오."

희일은 시집을 펴본다.

渚白非沙欺落雁 窓明忽曉恸愁人 (저백비사기낙안 창명홀효각수인)
江南此日梅應發 傍海連天幾樹春 (강남차일매응발 방해연천기수춘)

강변이 희니 '모래밭이 아닌가' 내려앉을 기러기를 속이고
창이 환해서 '갑자기 새벽인가' 근심 많은 사람을 헷갈리게 하네.

강남엔 오늘이면 매화가 필 때 됐는데
바닷가 하늘 닿은 곳엔 몇 나무나 봄이 왔느뇨.

－詠雪(눈을 노래함)

눈보라 속에서 고독에 떨면서도 그녀는 저토록 아름다운 시를 지었구나. 눈보라를 표현하는 생생한 언어들도 빼어나지만 흰 강변과 환한 창으로 눈을 암시하고 있지만, 시 어디에도 눈[雪]자를 쓰지 않으면서 흰 강변과 환한 창으로 눈을 표현한 매끈한 솜씨를 보라. 강남 매화와 방해 연천의 스산한 풍경을 대비시켜 그리움과 고독을 피워올린 마무리 또한 아프도록 곱다. 과연 옥봉시로다.

희일은 아버지의 소실을 떠올려본다. 그가 태어난 이듬해에 옥봉은 조원의 집안에 들어왔다. 그는 어머니보다 덜 엄하면서도 활달하고 재능이 많은 이 여인을 많이 따랐다. 옥봉도 정수리 부근에 연꽃 무늬가 있는 희일을 남다르게 생각했다. 그녀는 희일에게 시를 가르쳤다. 일곱 살 때(1583년) 희일이 칠언시를 지었을 때 누구보다도 기뻐한 사람은 옥봉이었다. 그녀는 이렇게 말했다.

"이백의 시를 사흘간 읽으시더니 어느 새 이백의 경지에 도달했군요."

이 해에 옥봉은 조원을 찾아 삼척으로 떠나며 희일에게 시를 지어준다.

妙譽皆童稚 東方母子名(묘예개동치 동방모자명)
驚風君筆落 泣鬼我詩成(경품군필락 읍귀아시성)

솜씨 자랑, 둘 다 어릴 적부터였지.
동방에 우리 모자의 명성.
바람이 놀라네 그대가 붓을 휘두르면,
귀신이 흐느끼네 내가 시를 지으면.

―贈嫡子(정실의 아들에게)

옥봉은 희일을 칭찬하면서 슬쩍 두 사람을 모자(母子)로 불렀다. 천재 희일을 보면서 자신과 닮았다는 생각을 했으리라. 그의 서예는 나중에 한석봉도 울고 가는 이 나라 최고의 솜씨가 아니었던가. 청에 굴복하는 삼전도의 비문을 쓸 때에도 희일이 거명됐다. 그는 일부러 글씨를 거칠게 씀으로써 굴욕의 문자들을 쓰는 노릇을 피했다. 어쨌거나 광해군, 인조 대를 풍미하게 되는 글씨와 문장을 옥봉은 이미 알아보았다. 소실 어머니가 써준 驚風(경풍) 두 글자는 희일의 가슴 속에 깊이 남았다. 그러면서 그녀는 자신의 시를 어마어마하게 자찬한다. 귀신이 흐느끼는 시라니… 희일은 그러나 그런 옥봉이 좋았다. 자신의 재능에 대한 확고한 자부심은, 어린 소년을 사로잡는 매력이었다. 아, 어머니. 희일은 나직히 불러본다.

희일은 임진왜란 중에 어머니 전의 이씨를 잃는다. 두 형이 목숨을 바치고 두 아우가 업고 내달렸던 그 어머니는 병약한데다 자식 잃은 슬픔이 겹쳐 한스러운 눈을 감았다. 아버지를 잃은 바로 그해에 겪은 일인지라 애통이 극에 달하였다. 전쟁의 대기근 속에서도 희일은 조석으로 제사를 받들어 희대의 효자로 소문이 나기도 했던 터였다. 어머니가 돌아가신 뒤 희일은 가끔 옥봉을 떠올렸다. 임진년 그 전전해(1590년) 옥봉이 채 신발도 꿰지 못하고 비오는 마당에서 끌려 나가던 그날, 열일곱 살의 소년 희일은 뒤뜰 벽에 붙어 울고 있었다. 젖은 매화 꽃잎을 뜯어 찢으며 그는 그토록 살갑던 시우(詩友)를 보냈다. 그 이후 희일은 비참한 옥봉의 나날에 대한 소문을 들었지만 그 얼굴을 볼 수 없었다. 가슴 속에 앉은 읍귀시들만 가끔 꺼내서 읊조릴 뿐이었다.

희일은 한강 뚝섬에서 적막했을 옥봉의 최후를 생각한다. 대문 밖에서 밤낮으로 울부짖으며 아버지 조원을 부르던 그 목소리. 다시는 시를 쓰지 않겠노라고 절규하던 여인은 그해 봄부터 가을까지 북악산 아래 거리에서 살았다. 조원의 사람들이 대문을 두드리는 여인을 묶어 한강까지 쫓아낸 뒤 그녀는 경복궁 부근으로 다시는 돌아오지 않았다. 거기 움막을 짓고 폐인처럼 산다는 풍문만 들려왔다. 인근 마을 사람들이 가엾이 여겨 가끔 조석을 챙겨준다는 얘기가 들리기도 했다.

옥봉은 움막에 들어앉아 시를 쓰고 또 썼으리라. 그러다가 전란이 닥쳤고 그녀는 당연히 조원이 사는 그곳을 떠나지 않았을 것이다. 적병들이 몰려왔을 때 그녀는 어떻게 했을까. 아마도 그 이전에 옥봉은 자신의 온몸을 산 채로 시를 쓴 종이로 염을 하는 작업을 했을 것이다. 누가 도와주었을까. 이 결의에 찬 자결을 누구와 함께 감행했을까. 희일은 알 수 없었다. 다만 그 다급한 어느 날 작은 나룻배 하나가 움막 앞에 매어져 있고, 온몸이 감긴 옥봉이 다시 나룻배 안에 동여매졌을 것이다.

- 내 몸에 시를 감아 산 채로 염을 해주오

1611년 희일이 세자시강원에 있을 때 일본에서 사신 한 사람이 찾아왔다. 그는 임진왜란 때 도요토미 히데요시의 휘하에 있던 장수 고바야

카와 다카카게(小早川隆景, 1533~1597)의 집안사람이라고 자신을 밝혔다.

"저의 백부 다카카게는 무장이었지만 시와 다도(茶道)를 즐긴 풍류객이었습니다. 일찍이 그대의 서모이자 시인인 옥봉의 시를 깊이 사모하였지요. 특히 옥봉이 읊은 '將軍號令急雷風(장군호령급뢰풍) 萬馘懸街氣勢雄(만괵현가기세웅)'〈장군이 호령하니 벼락이 치고 돌풍이 이는 듯하다 / 만 개의 귀를 베어 거리에 내거니 기세가 등등하다〉 7언 두 줄에 전율하여, 히데요시 장군에게 조선을 치는 전쟁에 신중할 것을 건의하기도 했던 분입니다. 히데요시 장군은 다카카게를 매우 신임하여 '해 뜨는 나라의 서쪽을 그에게 맡기면 태평할 것'이라고까지 말을 했지요. 지난 전쟁 때 벽제전투를 치르기 전, 다카카게 장군은 국사(國使)이자 통역관인 겐소를 대동하고 당시 남한강 쪽으로 내려가 있던 옥봉을 만났습니다."

희일은 깜짝 놀랐다. 왜장이 서모를 만나 무슨 짓을 했단 말인가?

"옥봉은 다 쓰러져가는 강변의 오두막에서 살고 있었습니다. 시를 쓰는 여동생과 함께 말입니다."

"그래서 서모에게 어떤 일을 하였단 말이오?"

"도리에 어긋난 일은 하지 않았습니다. 백부님은 정실부인을 끔찍하게 아낀 분으로 주위의 권유에도 측실을 두지 않았습니다. 아내가 아이를 낳지 못하는데도 말입니다. 다만 그 분은 시로서 흠모하던 조선의 여인을 한번 보고자 했을 뿐입니다."

"그날 강둑에서는 무슨 일이 있었소?"

"돌아가시기 전 백부는 제게 당부를 하였습니다. '부디 조선에 가면 옥봉이 읍귀시에서 읊은 경풍필(驚風筆, 바람을 놀라게 하는 붓) 아들을 찾아 그녀의 마지막 말을 전해주어라' 그 당부를 들어드리려 이렇게 찾아온 것입니다."

"그날의 일을 세세히 듣고 싶소."

"그대의 서모는 찻상을 앞에 하고 차를 마시고 있었습니다. 오두막에는 그녀가 쓴 시들이 몇 겹으로 쌓여 있었지요. 장군이 다가가도 동요가 없었습니다. 다만 동생 순남이 겁에 질려 울음을 터뜨렸을 뿐입니다. 장군은 동생을 달래며, 해치러 온 사람이 아니라는 것을 밝혔습니다. 오래 전부터 옥봉의 시에 매료된 사람으로, 오직 그 시의 향기를 맡고자 하여 멀리서 달려왔을 뿐이라고 말했지요. 그 말을 듣더니 그대의 서모는 천천히 붓을 들었습니다."

終南壁面懸靑雨 紫閣霏微白閣晴(종남벽면현청우 자각비미백각청)
雲葉散邊殘照漏 漫天銀竹過江橫(운엽산변잔조루 만천은죽과강횡)

종남산(서울 남산) 깎아지른 벽에 푸른 비가 가다 걸렸네.
붉은 누각에선 비가 흩뿌리는데 흰 누각은 맑구나.
구름 잎사귀 흩어지는 끝에 남은 햇살이 새나오네.
하늘 가득 은빛 대나무 숲이 강을 가로질러 지나가네.

— 雨(비)

"마침 비가 오다 개다 하는 날이었다고 하오. 저 시를 보고 백부와 승려 겐소까지도 입을 딱 벌렸다고 합니다. 지금까지 세상에 나서 한번도 들어보지 못한 천의무봉의 경지라고 찬탄하였다 합니다. 백부는 옥봉에게 일본에 함께 갈 것을 권했다고 합니다. 그랬더니 그녀는 '내게는 단한 사람의 남자 밖에 없으니, 정녕 나의 시를 아낀다면 한 가지 소원을 들어주시오'라고 말하더랍니다. 그렇게 하겠다고 했더니 옥봉은 '방안에 놓인 저 시들로 내 몸을 산 채로 염을 해서 나룻배에 묶어 강으로 밀어주시오'라고 말했다 합니다. 백부는 '차마 그럴 수는 없노라'고 말했으나 막무가내로 청원을 하였다 합니다. 그날 저녁 장군은 사람을 시켜 그녀를 살아 있는 채로 염을 하였습니다. 옥봉이 쓴 시들을 한쪽에서는 베껴 쓰고 한쪽에서는 옥봉의 몸에 시지(詩紙)를 감아 돌리는 희한한 풍경이 벌어졌다 합니다. 그녀의 마지막 말은 '내 시를 사랑하였으나 사랑을 시보다 더 사랑하였노라'였다고 합니다. 이 말을 남편 조원에게 전해달라고 하였습니다. 그대의 부친은 전쟁 중에 돌아간 터라, 그대를 찾아온 것입니다."

일본인은 말을 잠깐 멈추더니 다시 이었다.

"이후 옥봉의 동생 순남은 일본으로 건너왔고, 백부는 나의 소실로 주었습니다. 순남은 내게 언니의 시를 늘 읊어주었습니다. 너무도 애절한 마음이 심금을 울려 나 또한 그 시 구절을 외고 있습니다."

그러더니 읊기 시작한다.

衾裏淚如氷下水 日夜長流人不知(금리루여빙하수 일야장류인부지)

이불 속에서 흘린 눈물, 얼음 아래 흐르는 물 같아서
낮이고 밤이고 내내 흘러도 남들은 모르리.

희일의 눈에서 저도 모르게 눈물이 흐른다.

어우동과 나합 -
나쁜 여자들, 성(性)과 권력의 미로를 걷다

● 악녀의 길에도 꿈과 눈물이…

어느 시대나 마찬가지지만, 조선에도 착한 여자만 살았을 리 없다. 한 남자를 사랑하여 오롯한 일편단심의 길을 걸었던 여인이 있는가 하면, 욕망을 불태우고 세상을 흔들다가 쓸쓸히 사라진 인생도 있다. 조선의 나쁜 여자로 손꼽혀온 어우동과 나합을 만나러 가는 까닭은 그녀들을 다시 한 번 손가락질하여, 반면교사(反面敎師)로 삼고자 함이 결코 아니다. 굴절의 삶을 살게 된 까닭에는 개인적인 악덕도 없을 수 없겠지만 그녀들을 옥죄고 부추긴 시대적 공기 또한 어찌 없었으랴?

조선이 유교 국가로서 틀을 잡던 성종 대의 여인 어우동은 왕실의 남자와 결혼했다가 외도를 이유로 쫓겨났다. 이후 죄인으로 죽은 듯이 살아야 하건만 그녀는 그러지 못했다. 오히려 미모를 무기로 공개적으로 남자들과 무차별적인 연애를 했다. 결국 왕실의 근친들이 뒤엉킨 성관계가 스캔들로 불거지고 그녀는 처형당했다. 이것을 어떻게 봐야할 것인가. 여성의 성적 자유를 외친 선구자였지만 지나치게 선구자였던 바람에 그 위험한 목소리를 압살하려는 남자들의 궐기로 비명에 사라진 여인이 아닌가? 나름으로 치열한 삶을 살아냈고 스스로의 행복을 개척해나갔지만, 시대와의 불화(不和)로 부적절한 행위자가 되어버린 건 아닌가.

어우동의 입을 빌려, 그녀가 거닐었던 15세기의 '가장 현실적이면서도 위험했던' 삶에 관해 들어보면 어떨까. 그녀가 그토록 꿈꾸었던 '사랑할 자유'는, 지금 우리에겐 너무나 당연한 권리의 일부가 되어 있지 않은가. 지금도 윤리와 법률은 존재하지만, 그녀를 죽였던 '나쁨'의 가혹한 잣대는 바람과 함께 사라지지 않았는가.

19세기의 여자 나합은 어떤가. 조선의 정치가 돌이킬 수 없을 만큼 부패해가던 시절, 그녀는 권력자의 마음을 사서 '안방권력'이 되었다. 나주의 시골 여자였던 그녀의 출세는, 결국 많은 이의 지탄을 받을 만큼 세상을 더 어지럽히는 결과를 낳았지만, 누가 그 개인적인 야망을 위한 분투에 함부로 침 뱉을 수 있겠는가. 돈과 권력을 손에 쥐고자 몸부림치는 인생을 욕하고 싶은가. 하지만 지금 우리라고 많이 다른가. 저물어가는 조선의 끝을 쥐고, 마음껏 권력을 구가하다 간 그녀의 마음속에 들어가 인간적인 고뇌를 살피는 건 부질없는 일일까. 나합처럼 살아가라고 권장할 수는 없지만, 그녀가 걸어간 길은 조선말 여성의 내면에 억눌린 채 숨어 있었을 정치적인 욕망을 엿볼 수 있는 뜨거운 삶의 스토리임에는 틀림없다. 무명의 착한 여자로 살기에는 너무 파워풀했던 여자의 길에, 나쁜 여자 둘이 서 있다. 함께 가보자.

15세기의 풍기문란 스캔들, 즉결 처형된 어우동의 비밀

어우동은 1480년(성종 11년) 10월 18일 처형됐다. 조선 승정원(국왕 비서실)은 그녀의 죄가 '교부대시(絞不待時)'에 해당한다고 주장했다. 당시 사형 집행은 농사철을 피해서 기다렸다가 추분(秋分, 대개 9월 말)에서 춘분(春分, 대개 2월 초)까지의 기간에 실시하는 대시(待時)제도가 있었다.

하지만 죄가 엄중할 때는 예외로 했다. 악역(惡逆)과 강상(綱常)의 죄가 해당됐다. 세상을 거스른 악질죄인 악역은 부모·친족을 죽이거나 때린 경우며, 기강을 위반한 죄인 강상죄는 노비와 부곡민이 주인을 살해하는 정도의 죄였다. 이럴 땐 형벌 집행 시기를 굳이 기다리지 않았다. 조선을 통틀어 가장 매력적인 여인이었으리라 짐작되는 어우동은 왜 즉결 처형됐을까?

그녀의 죄는 악역이나 강상의 죄로 논하기에는 애매한 구석이 많았다. 그녀의 죄는 '섹스' 뿐이었다. 그것도 서로 합의 하에 이뤄지는 간통 행위들이어서, 이 문제에서 비교적 관대하던 당시의 분위기를 감안하면 어우동의 논죄는 석연찮은 구석이 느껴진다.

승정원의 판단을 존중한다면 어우동의 처형은 왕실과 상민, 그리고 천민까지를 줄줄이 '한 우물 동서(同壻)'로 만들어버린 고약한 상황에 맞닥뜨린 당시의 충격과 당황의 표현이라고 보인다. 이른바 왕국의 골격이 되어야 할 신분제의 권위가, 한 여인의 치마 속에서 마구 허물어진 셈이다. 물론 여기에는 부부 윤리와 친족 윤리가 파탄에 이르렀다는 개탄 또한 없지 않았겠다.

하지만 그런 충격·개탄·당황만으로 형벌을 과도하게 집행했을까?

절대권력자인 왕의 행위와 행실까지도 목숨을 걸고 적어놓았던 조선의 '이성'이, 스캔들이 빚어낸 여론의 광풍 앞에서 잠깐 멎어버렸을까? 이쯤에서 '음모론' 비슷한 게 솟아나게 마련이다. 당시의 군주였던 성종이 자신과 연루된 사건인지라 서둘러 종결하려 했다는 주장도 그 하나다. 이 임금의 품행으로 보자면 그러고도 남았을 분이지만, 안타깝게도 증거는 없다. 어우동의 입장에서 볼 때 '왕과의 섬씽'이 있었다면 곤경을 해결하는 방편으로 그것을 활용하고 싶은 유혹이 있지 않았을까? 소문과 증언이 난무하는 상황에서 '군주의 간통'만 쏙 빼버릴 만큼 치밀하게 사건을 정리할 수 있었을까는 여전히 의문으로 남는다.

어우동은 승문원(외교문서 담당 관청) 지사(知事, 종3품) 박윤창의 딸이다. 어머니는 정씨라고 한다. 〈송계만록〉에는 〈부여회고(夫餘懷古)〉라는 시가 실려 있다.

白馬臺空經幾歲(백마대공경기세)
落花巖立過多時(낙화암입과다시)
靑山若不曾緘默(청산약부증함묵)
千古興亡問可知(천고흥망문가지)

백마대 빈 지 몇 해가 흘렀나.
낙화암이 들어선 지 많은 세월 지났네.
청산이 만약 입 다물고 있지 않다면
천고의 흥망을 물어 알 수 있으리.

이 시와 함께 어우동을 간단하게 소개했다. '호서(湖西)의 창(娼)으로 농부의 딸이었으나, 단정하지 않아 그 시가 뛰어나나 다들 싣지 않는다.'

〈송계만록〉은 16세기 권응인이라는 사람이 쓴 책이다. 그는 이황의 제자였지만 서얼 출신이라 벼슬에 나아가지 못한 설움을 겪었다. 그랬던지라 신분을 막론하고 '사랑'을 나눴던 어우동(그 당시로 보면 100년 전 여인이다)이 특별하게 느껴졌을 것이다. 그녀가 썼을 많은 시 중에서 저 한 편이 살아남은 까닭은 그런 감정이입의 힘이 아니었을까?

창(娼)은 몸 파는 여자를 가리키니 기생과는 다른 그녀의 신분을 묘하게 얼버무렸다. 호서는 충청도 지방을 말하는데, 저 시의 배경이 되는 부여가 의미 있게 느껴진다. 충북의 괴산에서 나는 붉은 고추에는 어우동이 먹고 땀을 흘렸다는 기묘한 이야기가 섞여 있는데 절묘한 스토리텔링이 아닌가 싶다. 역사 속의 이야기를 끌어내 와서 머리에 쏙 들어오는 야한 상징으로 살짝 전이시키는 맛이 뛰어나다.

그런데 '농부의 딸'이었다니 무슨 말일까? 승문원의 고위관리였던 박윤창을 농부로 표현하지는 않았으리라 보인다. 여기서 상상력을 발휘해 본다. 상처(喪妻)를 한 박윤창이 충청 어느 지역에 나갔다가 딱한 이야기를 듣게 된다. 미모의 한 여인이 유학자이면서 농부였던 남편을 억울한 누명으로 잃고 힘겹게 청상으로 혼자 살아가고 있었다. 박윤창은 그녀와 어린 딸을 한양으로 데리고 와 부인과 딸로 삼았다. 그때까지만 해도 재혼이 금지되지 않았기에(개가 금지법 확립은 성종 대다) 가능한 일이었다.

딸이 자라나면서 그 눈부신 아름다움이 소문나기 시작했고, 왕가의 친척인 종실의 많은 실력자 남성이 탐을 냈다. 이런 가운데 태강수(泰江守) 이동(李仝)이 이 미인을 차지한다. 그 결혼은 한 남자를 기분 좋게 했지만 장안의 많은 남자를 상심하게 했다.

● '어우동'이란 이름의 의미

이쯤에서 어우동(於于同) 혹은 어을우동(於乙于同)이란 호칭을 살펴보자. 〈용재총화〉와 〈송계만록〉, 그리고 〈대동시선〉에는 어우동이라고 나오고 실록에는 어을우동이라고 나온다. 그런데 이게 이름은 아닌 듯하다. 어조사(語助辭)를 겹쳐 넣은 이름도 어색하고 비슷한 이름의 혼재도 얄궂다. 당시 결혼한 여성의 이름을 공식적으로 부르지 않는 습속을 고려한다면, 이름이 아니라 당시에 회자됐던 별칭으로 보는 편이 더 개연성 있다.

'어우'나 '어을우'는 한자 표기나 순우리말일 가능성이 크다. 어을우동은 어우동이란 말에 'ㄹ'을 넣어서 발음했던 당시의 상황을 암시한다. 즉 '얼우동'이었다고 보이는데 '얼우'는 '얼우다'에서 나온 말이다. 그 의미는, 서로 단단히 교합하다, 혹은 남녀가 서로 결합하다, 성적인 관계를 가지다, 혼인하다 따위다. 얼음이 얼다 할 때도 물이 단단히 결합하다는 의미가 있다. 황진이의 시조에 나오는 '얼운님 오신 날 밤이어든'이란 대목에서 '얼운님' 또한 추워서 얼어붙은 님이란 의미와 사랑하는 님이란 의미를 함께 지닌다. 따라서 얼우동은 '동(同)과 얼운 사람'이라는 뜻이 된다. 동(同)은 동(소)과 같은 자이니 얼우동은 '동(소)의 마누라'라는 의미가 된다. 얼우동이라는 말 속에는 '유부녀'라는 주홍글씨가 딱 찍혀 있는 셈이다.

더구나 동(소)을 쓰지 않고 굳이 동(同)을 쓴 데는 당시 상황의 풍자가 숨어 있다. 원래는 동(소)의 마누라지만, 이제는 모두(同)의 마누라가 되어 버린 여자라는 뜻 아닌가? 아버지의 성을 따 '박씨'라고 부르지 않고, 어우동이라고 부른 건 당시 남성들의 야멸친 조크일 수 있다. 태강수 이동은 정4품이었고 어우동도 외명부의 품계인 정4품 혜인(惠人)으로 봉작되었다. 따라서 그녀를 비웃을 작정이 없었다면 '혜인 박씨'라고 불러야 옳았다.

어우동 스캔들은 조선사회 내부에서 소용돌이치며 성장하던 어떤 에너지가 외형 중시 사회의 견고한 막을 뚫고 분출한 사건이다. 남녀 상열(相悅)을 노래하는 에로티시즘이 깊이 스며들어 있던 고려사회의 분방함은 조선이 깃발을 들었던 숭유(崇儒)의 다양한 규제 탓에 여민 옷 속으로 숨어들고 안방 속으로, 이불 속으로 절제된 자리를 잡아간다. 이런 흐름은 체통과 위선을 중시하는 이중적인 의식을 강화하는 계기가 되기도 한다. 규제 강화 사회 속에서 그 규제에서 자유로울 수 있는 특권은 바로 '권력의 상징'이 된다.

왕조 초기, 아직 뿌리내리지 못한 왕권을 강화하려면 왕의 가계를 불리는 일이 매우 중요했다. 세종 이후 두드러지는 왕실의 다처(多妻) 다자녀(多子女) 집념은 왕권 강화의 실천이기도 하다. 이런 명분은 왕가의 자손들이 열심히 바람둥이 짓을 하도록 권장하는 기이한 풍경을 낳았다. 백성에게는 유가(儒家)의 윤리를 역설하면서, 왕의 종실(宗室)은 유가의 담장을 넘나들며 씨를 뿌리고 다니니 문제가 생기지 않을 수 없다. 어우동 사태는 정확히 이 '종실의 역설'이 낳은 최대 부작용이다.

어우동은 이동과 언제 결혼했을까? 물론 기록은 남아 있지 않다.

1470년쯤으로 잡는다. 이때 어우동 나이 18세. 결혼 생활은 5년 정도 했다고 보면 23세(1475년)에 그녀는 버림받는다. 5년간 화려한 싱글로 세상을 흔들다가 28세에 남자들의 손가락질을 받으며 눈을 감는다. 이렇게 그녀의 생을 구획해놓고 보면 뜻밖에 뚜렷이 드러나는 사실이 있다. 그녀의 생존 시기는 그리 길지 않았으며, 나이 또한 요즘과는 비교할 수 없을 만큼 어렸다는 점이다.

어우동이 시집간 집안은 태종임금의 둘째 아들인 효령대군 집안이었다. 효령은 일곱 아들을 두었는데 그중 다섯째가 영천군(永川君) 이정(李定)이다. 어우동의 남편이 되는 이동은 영천군의 외동아들이었다. 시아버지가 되는 영천군은 '미인별곡'에서 다룬 평양기생 자동선(紫洞仙) 이야기를 참고하면 좋겠다. 이분은 시도 잘 쓰고 그림도 뛰어났으나 평생의 주특기는 '주색(酒色)'이었다고 한다. 〈용재총화〉에서는 그 행각을 이렇게 적었다.

"시골 기생이 처음으로 뽑혀 서울에 오면 곧 집으로 데려와서 화려한 옷을 입혔다. 또 조금 있다가 다른 어린 기생이 있으면 거기에 빠져 기존에 데려온 기생이 도망가도 찾지 않았다. 평생 첩으로 삼은 여자가 수를 셀 수 없었다."

영천군이 유명해진 이유는 빼어난 미모의 기생 자동선과의 러브스토리 때문인데, 이때도 다른 여자(청교월, 혹은 청교아)를 좋아하는 상태에서 긴급하게 상대를 바꿔 연애를 진행했다. 이렇게 열심히 숫처녀만을 공격하고 살던 영천군은 32세에 세상을 뜬다. 영천군의 부인 중에는 성씨와 권씨가 있었던 듯하다. 이동은 권씨가 낳은 외동아들 유복자였다. 다행히 아버지의 품행을 보지 않고 태어났던 이동이었지만, 그 DNA는 어쩔 수 없었는지도 모른다. 당시의 왕을 포함한 종실 남자들이 부지런히 위험한 '어색(漁色, 엽색행각)'을 즐겼듯 그 또한 그를 낙으로 삼으며 무위도식하는 사람이었다.

조선왕조실록은 그녀의 간통행각과 그 상대를 낱낱이 적시하는 친절함을 보이긴 하나, 그것이 대체 어떤 과정으로 일어난 일인지 또 그때 어우동은 무슨 생각을 했는지는 도무지 알 길이 없다. 또 논죄만 있을 뿐 그녀를 옹호한 변론이나 당사자의 항변도 찾아보기 어렵다. 죽을죄를 지었을지언정 할 말이 왜 없었겠는가?

인사동에서 어우동을 인터뷰하다

고심 끝에 필자는 혜인 박씨 어우동 여사를 2013년 4월 서울 인사동에서 인터뷰하기로 했다. 조선에서 가장 남자 마음을 치명적으로 뒤흔든 팜므파탈이라는 소문을 완전히 무시하기 힘든지라 한편으론 두려운 마음으로, 다른 한편으론 기묘한 설렘으로 약속 장소에 나갔다. 뜻밖에 혜인은 키도 아담하고 약간 통통한 체형을 지녔으며 특히 눈매가 예쁜 여인이었다. 당시에 무슨 미백화장품을 썼는지 알 수 없으나 살결이 유난히 희고 깨끗했으며 풀 향기 같은 체취가 흘러왔다. 어느 주막에서 막걸리 잔을 마주하고 앉았다.

— 가채(덧머리)가 인상적입니다.

"먼 길 오는 터라, 긴히 단장을 하였소만 흡족하진 않사옵니다. 오다

보니 나와 같은 머리를 한 사람이 없어서 다소 당황하였습지요. 세상이 많이 바뀌었사옵니다."

― 말씀을 조금 낮춰주시면 어떻겠습니까. 혜인 마님.
"아니옵니다. 세상이 바뀌어도 법도의 핵심은 여전하지 않겠습니까? 내 비록 법도에 충실하지 못하여 형장의 이슬이 된 여인이긴 하나, 본분을 아주 잊지는 않았사옵니다. 하지만 분위기가 어색한 듯해 말투를 바꾸려고 노력하겠습니다(웃음)."

― 사시는 곳은 어디였나요?
"시댁인 영천군 사저가 있던 곳은 안국방(安國坊)이었습지요. 예전엔 이곳에 대군저(大君邸)와 공주들의 저택이 밀집해 있었습니다. 친정은 가회방에 있었고요. 부친은 제가 시집오던 이듬해에 돌아갔습니다."
― 부군 이동과의 결혼생활이 파경에 이르게 된 까닭은 무엇이었는지요?
"파경이라… 글쎄요. 우린 거울을 함께 지녔던 적도 없었던 듯합니다. 물론 동은 나를 사랑한다고 늘 말했고, 나 또한 그를 사랑했지요. 하지만 그는 늘 딴 잠을 잤습니다. 다른 여자를 집에 데려왔고 술자리를 벌이고 동침을 하기도 하였습니다. 처음엔 못마땅하여 불평을 넣어보기도 하였지만, 오히려 나의 투기를 원망하고 힐책하였습니다. 시할아버지 효령대군도 평생 그렇게 살았고 시아버지 영천군도 천하의 풍류남이었으며 종실의 라이프스타일이 있지 않으냐, 그걸 문제 삼으면 결혼의 기본이 안 된다, 이렇게 나오더군요. 그래도 그대를 사랑하니, 너무 심려를 하지 말라, 이렇게 말을 합니다. 저 또한 참고 살아가기로 마음먹었습니다. 그 은장(銀匠)이가 오기 전까진 말입니다."

- 은장이라니요?

"하루는 비녀와 노리개를 다듬는 은장이가 지나가기에, 집안에 있던 오래된 물건을 세공하려고 불렀습니다. 그런데 들어와서 일을 시키는 가운데 가만히 살피니 참으로 사내다운 체격과 귀티나는 용모가 마음을 움직였습니다. 흔들리는 마음을 잘 다독였는데… 그를 한 번 더 집으로 불렀지요. 그때 그만 여몄던 마음을 놓고 말았습니다."

- 으음, 그걸 남편이 알게 되셨군요?

"처음엔 물론 몰랐는데, 사랑이 깊어지니 대담해지고 잦아지더군요. 남편에게선 한 번도 느껴보지 못했던 따뜻하고 애틋한 감정이 끓어올랐습니다. 무엇보다 가슴이 몹시 아팠습니다. 내 변화를 눈치 챈 남편이 사람을 붙여 결국 들통이 났지요. 그래도 그는 눈을 감아줬습니다. 얼마 후 왕실의 행사에 참여했다가 내금위(內禁衛)의 구전(具詮)이란 사람과 눈이 맞았고, 그를 그리워하게 되었습니다. 그와 몇 번 만나자 소문이 돌았던 모양입니다. 시어머니가 저를 불러 사실인지 묻더군요. 저는 변명하지 않았습니다. 종실의 체모를 크게 깎아내린 소행이라고 꾸짖으시더니 그 날로 저를 내쳤습니다."

- 지체 낮은 남자와 가까워진 연유는 종실과의 결혼생활이 불행했기 때문입니까?

"물론 그것도 이유의 하나이긴 하겠네요. 하지만 저는 철저히 남성 중심으로 기획된 사회에서, 여성은 왜 행복할 수 없는가, 여성은 왜 사랑을 선택할 수 없는가에 불만을 가졌습니다. 철저히 자각했는지는 모르겠지만, 남자들이 여자들을 억압하고 착취하는 사회시스템을 만들어간다고 생각했습니다. 지체 낮은 남자들은 비교적 권력적 망상이 적고 덜 위선적이었지요. 오히려 신분의 차이를 의식해 사랑에서도 저들이 할 수 있는 최선과 진심을 다했지요. 제가 어떤 사회의식을 가지고 평민과 천민 상대를 택하진 않았습니다.

한 가지 더 말씀드리자면 당시는 서양으로 치면 르네상스와도 같은 자아 발견과 주체적 의식의 강화가 일어나지 않았나 싶습니다. 성적인 분방함은 그런 현상의 일부였다고 봅니다. 하지만 저와 관련한 스캔들을 봉합하면서 그런 성적 소통을 통한 평등의 기운들은 다시 기어들어가 내면화되지 않았을까요."

—르네상스까지 말씀하셨는데 그런 사례라도 있는지요?

"세종조에 있었던 소쌍 사건은 알고 계시지요? 세자빈 봉씨와 벌였던 대식(對食, 동성애) 스캔들 말입니다. 이 사건이 투기(妬忌)나 민간의 방술(方術) 따위와 뒤섞이긴 했지만 핵심은, 여자들끼리 사랑을 나누는 행위가 성행했다는 점입니다. 왕궁에서는 이런 행위를 두고 '곤장 칠십 대로 고치지 못하면 다시 일백 대를 때린다(決杖七十 猶不能禁之 加杖一百)'는 규정까지 두었지요.

1477년 6월에는 부림군 식(湜)이 안천군 권팽(權祊, 옹주의 아들)의 첩인 기생 금강아(錦江兒)를 간음하는 사건이 일어났지요. 저의 스캔들이 일어나기 3년 전의 일입니다. 금강아는 권팽의 어린 자식까지 두었답니다. 종실의 근친상간 사건은 여러 번 있었다는 얘기가 됩니다. 종친들이 보쌈과 간음을 일삼다보니, 서로 중복되는 일이 많아졌습니다. 심지어 여기엔 임금까지도 끼어 있었습니다."

- 임금이라… 성종대왕을 말씀하시나요? 그러고 보니 성종과의 밀애설도 있던데 그 부분은 어떻게 된 겁니까?

"아마도 미복(微服, 평민의 옷)을 입고 어느 날 다녀갔을지도 모르지요. 호호호… 궁궐 담을 뛰어넘어 기생 소춘풍의 집으로 쳐들어가 '나, 이서방이요. 문 좀 열어줘' 했던 왕이니 말입니다. 하지만 군왕과 '아기자기' 사랑을 나눈 기억은 없습니다. 나를 서둘러 처형한 사연에는 성종이 뭔가 찔리는 데가 있어서 그러지 않았느냐는 짐작이 있습니다만, 그 '찔리는 것'은 나와 맺은 인연 때문이 아니라 기억도 못 할 만큼 궁궐과 장안을 휘젓고 다녔던 왕인지라 혹여 나의 사건이 자신의 허물과 연결 지어져 곤란해질까 봐 저어한 까닭이 아닐까 합니다.

성종이 후궁의 방에 머물러 있을 때 질투에 가득 찬 윤비가 달려와 항의하면서 얼굴에 손톱자국을 내는 바람에, 결국 폐비로 만들고 사약을 내렸던 성종임금 아닙니까? 이 때문에 연산군 대에 가서 큰 사화(士禍)를 불렀고요. 그분은 아마 조선 최고의 바람둥이 군주였을 겁니다. 그런 분이 고려가요 〈쌍화점〉을 '남녀상열지사'로 규정하고 금지곡으로 만들었으니 좀 아이러니하더군요."

- 하하하. 그렇군요. 다른 얘기를 좀 해볼까요? 시가에서 쫓겨나기 전 겁탈을 당했거나 '보쌈'을 당한 적은 없는지요?

"음… 누가 그런 얘길 하던가요? 술 한 잔 더 주실래요? 숙정문 사건은 진실로 있었습니다. 도성의 북문인 이곳은 처음엔 활짝 열려 있었는데, 숙정문이 열려 있으면 도성 내 부녀자가 바람이 난다는 주장에 따라 폐문이 되었지요. 어느 날 저녁에 그 길을 가다 얼굴도 알 수 없는 건장한 사내의 공격을 받았고, 그곳에서 나는 찢어진 헝겊처럼 한참 누워 있었습니다. 은장이를 만나기 전이었지요. 그자는 어둠 속으로 사라져버렸고 나는 오랫동안 하늘의 별을 보았습니다. 죽을 듯이 온몸이 아파왔는데, 그때 문득 깨달았습니다. 삶이 아무 것도 아니고 몸뚱이 또한 아무 것도 아니구나 하고요. 왜 그런 생각이 들었는지 모르지만 오히려 잘 되었다는 마음이었습니다. 사랑이란 그냥 시늉만이 아니라 미친 듯 몰입해야 한다는 깨달음도 얻었습니다. 물론 나를 덮쳤던 그자를 완전히 용서하는 데는 시간이 걸렸지만 말입니다.

'보쌈'은 지어낸 얘기입니다. 당시 과부의 재혼이 금지되면서 외로운 여인들이 모여서 '보쌈계'는 했습니다. 과거를 보려고 상경하는 미소년을 보쌈해 와 하룻밤을 즐기고는 다시 원래 자리로 갖다 놓는 놀이였지요. 또 한량들이 '과부 보쌈'을 했다는 얘기도 여러 차례 들었습니다. 하지만 저야 보쌈을 당할 만큼 허술한 집에 살지 않았기에 그럴 일은 없었지요."

− 이제 스캔들의 핵심이었던 종실들의 근간(近姦) 문제를 좀 말씀해주시면 감사하겠습니다. 술 한 잔 더 하실까요?

"예, 사실 승정원에서 이 일을 들고 나온 것은, 나를 죽여 문제를 매듭지으려는 방책이었을 겁니다. 내가 종실을 모독하려고 수산수(守山守) 이기와 방산수(方山守) 이난과 사랑을 나누지는 않았습니다. 조선은 내게 외명부 혜인의 자리를 주었지만 내가 선택할 수 있는 삶을 거의 주지 않았습니다. 시댁에서 쫓겨난 뒤에도 태강수 이동은 나를 자주 찾아와 '돌아와달라'고 애걸했습니다. 가회방 근처에 집을 얻어 살았던 나는 안국방(시가) 쪽은 쳐다보지도 않았습니다.

대신 몸종 은설(銀雪)의 권유로 기방(妓房)을 냈습니다. 아무리 내쳐진 몸이라도 지체가 있었기에 '기방'이라고 이름하지 못하고 '이원(梨園)이라고 일컬었습니다. 마침 배꽃밭으로 둘러싸인 집이었기에 걸맞다고 여겼지요. 이원에 어우동이 있다는 소문이 나자 풍류객들이 모여들기 시작했습니다. 기생이 아니지만 거문고도 뛰어나고 시문도 빼어난 절색이 배꽃 속에 들어앉아 있으니 사내들에겐 우아한 유혹이었겠지요. 나는 객들에게 이렇게 말하곤 했습니다. '저의 전력(前歷)을 꺼내는 이는 받지 않겠습니다. 나는 오직 이원의 수화(羞花, 꽃들이 부끄러워할 만큼 아름다운 여인이란 뜻)로 살고 싶습니다.' 수화는 손님 중에 직제학 노공필 어른이 붙여준 이름이었지요. 세간에선 나를 여전히 어우동이라 했지만 손님들은 수화라고만 불렀습니다.

태강수 이동 또한 이원에 올 때는 손님 자격이었습니다. 그 이상은 허용하지 않았습니다. 태강수 이동의 삼종(三從)형제이자 정종 임금의 증손자인 수산수 이기와 풍류를 나누었다면 기생과 소객(騷客)의 일이나 다름없습니다. 연세가 지긋하여 대화가 향기로웠고 그런 나머지 연심이 생겼습니다. 어린 방산수도 마찬가지입니다. 세종대왕 후궁 신빈 김씨의 소생인 계양군의 막내아들인 그도 수산수와 태강수를 따라왔습니다. 종실끼리 한 여자를 두고 선객(先客)이니 후객이니 하는 말이 나왔다니 우습지만 들여다보면 기방(妓房)에선 흔한 일이 아니더이까? 굳이 쫓겨난 나를 '혜인'의 자리로 무늬만 복위시켜 종실 사람들과의 교유를 간통으로 몰아갔으니 선정적인 여론조작에 불과할 뿐입니다."

- 그러면 생도 박강창의 팔뚝에 자청(刺靑, 문신)을 한 일은 어떻게 봐야 할지요?

"호호호. 객주의 은밀한 놀이가 이렇게 수백 년을 넘어 알려지다니 소문이란 대단하네요. 박 생도는 전의감에서 일하는 의원이었습니다. 의원의 출입이 잦아지고 교분이 쌓이면서 저를 연모하는 마음이 커졌던 모양입니다.

어느 날 그는 자신의 몸에 내 이름을 새기고 싶다고 말하였습니다. 나는 웃으며 말렸습니다. 언제라도 만나는 사람을 굳이 수지부모(受之父母) 한 육신에 자청할 이유가 무어 있겠느냐고. 그래도 그 사람은 고집을 부렸습니다. 날마다 그 이름을 보면서 함께 있는 듯 살고 싶다고 말입니다. 나는 허락하고 말았지요. '수화이원(羞花梨園)' 네 글자를 써주었더니 박 생도는 바늘뭉치를 쥐고는 먹이 지나간 곳을 쉼 없이 찌르더군요. 피가 송알송알 돋으니 수건으로 꼭꼭 누르며 다시 찔렀습니다. 입묵자자(入墨刺字)를 다 끝내고 나자 그는 눈물을 흘리며 나를 껴안았습니다. 이제 나는 영원히 당신의 것이 되었노라 말하면서 말입니다."

- 정말 놀라운 장면입니다.

"예, 저도 그랬지요. 그런데 박 생원이 나와의 친밀을 과시하려고 팔뚝의 자청을 술자리에서 내놓았던가 봅니다. 일시에 소문이 나고 몇 명의 한량이 다시 달려와 자신도 그 이름을 새겨달라고 졸랐습니다. 몇은 거절했으나 도저히 뿌리치지 못한 몇은 등짝에도 새기고(서리 감의형), 엉덩이에도 그려 넣게 됐지요. 일종의 유행 같았는데 그것은 내가 그들을 소유하거나 그들이 나를 소유했다는 징표가 아니라 아픔을 감수하면서 애정을 호소하는 방편이었을 뿐입니다. 나중에 도덕군자들은 이런 사랑의 놀음을 해괴하다고 말하며 도덕파탄의 증좌로 삼더군요. 어이가 없는 일입니다."

-요즘 말로 하면 '어우동 리스트' 같은 명단이 나옵니다. 모두 어떤 관계들입니까?

"위에 거명된 분 외에도 병조판서 어유소, 학유 홍찬(과거에 합격했으나 저 때문에 인생을 망쳤다고 합니다), 생원 이승언, 서리 오종련, 양인 이근지, 사노 지거비 등등의 많은 사람이 회자되는 줄 압니다. 물론 저를 논죄할 때 거명이 되었던 분들이기도 합니다만. 물론 제가 거명한 사람은 아니며 소문으로 도는 이름의 주인을 불러 조사한 것에 불과합니다. 이분들은 대개 이원의 빈객일 뿐입니다. 물론 살을 섞고 마음을 내준 이가 없지는 않으나, 내가 색정(色情)이 유난하여 당대 사내들을 정신 못 차리게 하진 않았습니다. 굳이 비교한다면 나보다 약간 뒷세대인 송도기생 황진이나 임제의 연인이었던 한우 같은 여인이 훨씬 더 리버럴한 성생활을 즐겼다고 압니다. 다만 나는 '혜인'이라는 계급적 족쇄 때문에 본보기로 죽임을 당했을 뿐입니다. 그리고 올가미에 든 나를 세상에 우스꽝스럽게 노출시키며, 남성사회의 이데올로기를 굳혀갔던 셈입니다."

– 그렇다면 어우동의 섹슈얼 코드는 만들어졌을 뿐입니까?

"호호호. 술잔이 몇 순배 돌아 마음이 풀어지면서 취기가 도는구려. 제가 후세 사람들에게 오해를 받긴 했으나 매력이 비범하기는 했던 모양입니다. 나와 한 번 눈길을 마주치고 술잔을 부딪치고 침소에 들었던 이는 어김없이 어우동 마니아가 됐으니까요. 제 어미 정씨는 나를 치죄(治罪)하던 때에 끌려와 이렇게 말하더이다. '사람이 누군들 정욕이 없겠는가. 다만 내 딸이 남자에게 혹하는 게 심할 뿐이오.' 오늘 수백 년을 돌아, 내 얘기를 들어주는 한 사내를 만나니 마음이 향기로워지오."

– 인터뷰는 여기까지가 좋겠습니다. 몸종 은설 씨, 서울의 밤은 아직 찹니다. 이원(梨園)호텔까지 잘 모시고 가시기를….

● 홍어집 여자로만 살거라

4월 영산강변은 유채꽃 반 나비 반이다. 늘어진 버들은, 남자는 배 여자는 항구로 갈리는 서러운 이별가에 몸을 떠는 듯 하늘거린다. 호남 최대의 포구에 누렁돛배 흐를 때 나루터 주막에는 홍어를 찾는 식객이 흘러넘친다. 나주곰탕 국물에 홍어·묵은지·막걸리를 곁들인 홍탁을 펼쳐놓고 입맛을 다시거나 홍어애보릿국을 뜨는 술꾼들은, 작가 황석영이 홍어 맛을 처음 본 뒤 터뜨렸다는 그 기분에 휩싸인다.

"참으로 이것은 무어라 형용할 수 없는 혀와 입과 코와 눈과 모든 오감을 일깨워 흔들어버리는 맛의 혁명일세." 큼큼하고 노릇노릇하고 흥

흉하다는 홍어애로 끓인 보릿국은 둘이 먹다 하나가 죽으면 두 그릇 먹는다는 그 클클한 맛이다. 나주에 홍어요리가 정착하게 된 것은 고려말이었다. 정부는 흑산도 주민들이 왜구에 시달리자 아예 섬을 비워버리는 공도(空島)정책을 쓴다. 흑산도 어부들이 몰려온 이후로 나주 영산포는 홍어1번지가 되었다.

영산포 중에서도 내영산 마을 건너 삼영리 포구 부근에 양지홍(梁只洪)이라는 소녀가 살았다. 양지홍이 태어난 해는 분명하지 않으나, 그녀가 태어날 때 이서구(1754~1825)가 전라감사로 있었다는 일화를 고려하여 따져보면 1820년(순조 20년 을유년)쯤이었을 것이다. 실학자 이서구는 천문지리에도 밝았다. 어느 날 점을 쳤는데 나주 삼영리가 예사롭지 않았다. 그래서 사람을 시켜 혹시 거기 막 새로 태어난 아이가 있는지 알아보았다. 그러면서 이렇게 중얼거렸다고 한다.

"사내아이가 태어났다면 나라를 결딴낼 만하고, 계집이라면 세상을 시끄럽게 하겠구먼."

나주로 달려 알아보고 온 사람이 "홍어요리 주막을 하는 양씨 집에 여아 하나가 태어났다."고 전하니, 그는 "다행히 남자가 아니어서 아이 하나 벨 일을 면했구나."라고 말했다. 전라감사는 다시 사람을 보내 아이가 홍어집에서 벗어나지 못하도록 '오직 홍어'라는 뜻으로 '지홍(只洪)'이라는 이름을 내려주도록 하라고 했다.

불행인지 다행인지 지홍이는 무척 예뻤다. 객주집에서 요리만 내고 있기에는 살결이 너무 뽀얗고, 수줍어 살짝 흘기는 눈매는 보는 사람의 가슴이 아리도록 고왔다. 목소리는 새벽 잎사귀에서 절집 종소리에 놀라 구르는 물방울보다 더 곱게 굴렀고 오래 씹은 밥맛보다 달달했다. 이제 겨우 열두 살인데도 한 번 보면 반하지 않는 사내가 없으니, 천한 출신인 아버지 양씨는 이 보물을 누군가에게 빼앗길까 숨기기에 바빴다. 주방을 기웃거리는 남정네라도 있으면 괜히 신경이 날카로워져 "어이, 이녁, 무얼 남의 안 구석을 들여다보고 난리여?"라고 쏘아붙였다. 그러면 움찔해서 다시 막걸리잔을 들다가도 양씨가 저쪽 자리로 가버리면 다시 혹시 지홍이 치맛자락이라도 볼까 해서 고개를 쑥 뺀다.

지홍네 홍어집은 홍어 맛도 일품이었지만, 이런 객쩍은 이들 때문에 늘 북적거렸다. 그녀는 인근의 도내기샘이라는 곳에 가서 물을 긷기도 하고 채소를 씻기도 하였는데, 이때마다 사내들이 뒤를 밟아 가슴을 졸이고 있었다. 나주에는 지홍이를 그리워하는 이들이 만든 노래가 민요로 전한다.

　나주 영산 도내기샘
　상추 씻는 저 큰애기
　속잎일랑 네가 먹고
　겉잎일랑 활활 씻어
　나를 주소, 타는 속을 씻게

연꽃 못을 만들어놓고 남자를 기다리다

지홍의 어미는 불심(佛心)이 깊어 인근의 불회사(佛會寺)에 가끔 딸을 데리고 다녔다. 1,500년도 더 된 옛날 마라난타가 와서 세웠다는 이 고찰

(古刹)에서 어미는 지홍을 바라보며 걱정하였다. "이제 막 붉은 상사화처럼 피어오른 아이가, 곧 무식한 사내의 손에 꺾여 인생을 발에 치는 돌멩이처럼 살아갈 것을 생각하니 아깝고 서럽도다." 그러다가 이 절 길목에 있는 연리지(連理枝)에 두 모녀가 다다랐을 때, 지홍이 말을 꺼낸다.

"저 나무 두 그루는 얼마나 사랑하기에 저렇게 가지를 벋어 서로 붙어 버렸을까요?"

"그러게 말이다. 너도 저런 배필을 만나 다복하게 살아야 할 텐데…."

"어머니, 나는 결심한 게 있어요. 나는 중이 되거나 기생이 될 거예요."

지홍의 어미는 기가 막혔다. 곱디고운 어린 딸년이 저 또한 세상의 이치를 나름 돌아보니 제대로 살 길이 없음을 깨달았다는 뜻이 아닌가? 그래도 우선 윽박부터 질렀다.

"무슨 소리를 하는 게냐? 아비가 일궈놓은 상업이 번창하여 돈도 깨나 모였고, 요즘이야 그까짓 양반도 사는 세상인데 그런 기외(其外) 인생을 살려고 한단 말이더냐?"

"어머니, 나는 딱 결심했어요. 내 나이 열넷이 되면 출가할 거예요. 다만 중이 될지 기생이 될지는 어머니가 결정하세요."

어미는 딸을 달래보려는 심산으로 "그래, 왜 네 뜻이 그렇게 되었는지 한번 들어보자꾸나."라고 말하며 가던 걸음을 멈춰 길섶 바위에 앉았다. 지홍은 자분자분 설명했다. 절에 들려는 까닭은, 자신을 노리는 세상에서 숨어 마음이라도 편히 살고 싶은 마음 때문이고, 기생이 되려는 까닭은 차라리 이원(梨園)에 나가 권부(權富)를 지닌 사내를 꿰차 장차 부모를 귀히 모시고 더불어 호강하려고 하는 거라고….

지홍이가 열네 살 되던 해 아버지 양씨는 한양으로 올라가 나주헌(羅州軒)이라는 큰 술집을 내고 딸을 기생으로 들여앉혔다. 당시 도성 내에는 주막이 크게 번성했다. 18세기 영의정 채제공(蔡濟恭)의 말을 들어보자.

"비록 수십 년 전의 일을 말하더라도 매주가(賣酒家)의 술안주는 김치와 자반에 불과할 뿐이었습니다. 그런데 근래에 백성의 습속이 점차 교묘해지면서 신기한 술 이름을 내기에 힘써 현방(懸房)의 쇠고기나 시전(市廛)의 생선을 따질 것도 없이 태반이 술안주로 들어갑니다. 진수성찬과 맛있는 탕(妙湯)이 술 단지 사이에 어지러이 널려 있으니, 시정의 연소한 사람들이 그리 술을 좋아하지 않아도 오로지 안주를 탐하느라 삼삼오오 어울려 술을 사서 마십니다. 이 때문에 빚을 지고 신세를 망치는 사람이 부지기수입니다."

당시 서울의 쌀과 저자(시장)의 어육(魚肉)이 모두 술집으로 들어가니 금주령을 내려야 한다는 건의가 잇따랐지만 술집은 줄지 않았다. 이런 주막 붐을 타고 지홍이의 나주헌은 금방 소문이 났다. 영산강에서 올라온 일품 홍어요리에다 천하일색의 기녀가 춤과 거문고로 술맛을 드높이니, 황진이의 풍류가 되살아났다는 것이다. 그 무렵 아버지 양씨가 딸을 앞에 앉혀놓고 이렇게 말했다.

"너는 부디 몸가짐을 조신하게 하거라. 비록 술 따르는 처지일망정 품행이 반듯하면 귀하게 될 수 있다. 내 듣자 하니 상의원 첨정(僉正)에 있는 하옥(荷屋) 어른이 안동 김문의 큰 그릇이라는구나. 우연히 이곳에 한번 오게 되면 네가 그 기회를 붙잡아 보아라."

"중전(순조의 비, 순원왕후)의 오빠라는 얘기는 들었습니다. 그분은 어떤 분인가요?"

"옛날 영의정을 지낸 김창집 선생의 5대손이고, 영안부원군 김조순 어른의 셋째 자제분이다. 권세를 잡은 안동 김문이 대개 정적(政敵)에게는 가혹하다지만 지인이나 아랫사람에게는 너그러워 바닥 인심은 잃지 않았다. 특히 하옥 어른은 성정이 너그럽고 작은 것에 얽매이지 않는다 하는구나."

지홍은 뜨락의 연못에 연꽃을 가득 심어 연꽃못(荷屋)을 만들었다. 이렇게 부녀는 타깃을 정해놓고 기다리고 있었다.

나주의 세 가지 배

1838년(헌종 4) 어느 날 기회가 왔다. 김좌근이 정시 문과 병과로 급제를 한 것이다. 이때가 나이 41세 때이니 안동 김문의 핵심인 그의 과거시험 합격에 얽혔을 비화가 '안 봐도 비디오'다. 18세기 과거시험 현장을 르포로 기록한 성호 이익(1681~1763)은 협책(시험장에 책 반입) 금지령은 이미 깨졌고 시험을 보는 사람 중에서 과거시험을 치르는 이는 열에 한 명뿐이요, 나머지는 모두 접군(接軍)이었다고 폭로하고 있다.

접군은 뭘 했는가? 답안지를 작성해주는 거벽(巨擘), 글씨를 써주는 사수(寫手), 앞자리를 차지하는 줄서기꾼까지 공동작전으로 세도가를 등용시킨 것이다. 굳이 김좌근이 그렇게 합격했다고 못 박을 수는 없는 일이지만 여하튼 어렵사리 턱걸이한 것만은 어김없는 사실이다. 그렇게 시험에 붙고 나니 기분이 좋아질 수밖에 없다. 오래전부터 한번 가야겠다고 벼르던 나주헌으로 벗들을 불러 잔치를 벌이기로 한 것은 그 때문이었다.

부용당 위에 부용이 서니(芙蓉當上芙蓉立)
사람 부용(연꽃)이 꽃 부용보다 낫네(人芙蓉勝花芙蓉)

김좌근은 연꽃이 화사한 연못 위에 있는 나주헌 주련의 시를 읽고 놀랐다. 안동 김씨의 풍류객이며 봉조하(조선시대 전직 관원을 예우 차원에서, 70세로 퇴임한 종이품(從二品) 이상의 관리에게 특별히 내린 벼슬)를 지낸 김이양(1755~1845) 대감의 소실로 들인 기생 김부용의 시였기 때문이다. 김좌근은 당시 한양의 일등 미색이라고 손꼽히던 지홍이 무엇을 간절히 바라고 있는지 '필' 이 지르르 몰려왔다. 남도의 홍어요리가 푸짐한 주안상 앞에 나붓나붓 나비걸음으로 지홍이가 와서 눈을 깔고 앉는다. 18세, 터질 듯이 피어오른 절정의 아름다움이 현기증을 느끼게 할 만큼 놀라웠다.

"중국에 경국지색(傾國之色)이 있었다더니, 거기만 있었던 것이 아니로구나."

"그렇게 말씀해주시니 몸 둘 바를 모르겠사옵니다. 저는 나주에서 올라온 시골뜨기 지홍이라 하옵니다."

"지홍(只洪)이라. 어찌 사내 이름을 지었단 말인가?"

"오래전 호남에 계시던 척재(惕齋, 이서구) 어른께서 친히 지어주신 이름이옵니다."

"그게 무슨 뜻이더냐?"

"다만 홍어처럼 살라는 뜻이옵니다."

"홍어처럼 살라? 어떻게 살라는 말이더냐?"

"홍어처럼 영산강을 떠나지 말고 가만히 살다 가라는 뜻이옵니다."

"흠. 그런데 너는 어찌하여 그 강을 떠나 여기까지 헤엄쳐 왔단 말이냐?"

"척재 어른은 그렇게 지었으되 홍어회 또한 나주를 떠나 이렇듯 서울에서 뭇사람의 입맛을 사로잡고 있으니 홍어처럼 살려면 저 또한 그래야 하는 것 아니겠사옵니까?"

"하하하. 정말 그럴 듯한 변론이로다. 그러면 '지홍'이란 말도 오직 넓은 세상으로 나가라는 뜻이 되겠구나."

"다만 홍어처럼 깊이 익힌 심미(深味)를 콧속에 탁 터뜨리는 그 기운은 잊지 않으려 하옵니다."

"허허허. 그렇구나. 나주는 천하의 변방이라 인물이 없는 줄 알았더니 여기 여사(女士, 여자 선비) 하나가 있었구나."

"과분한 말씀이옵니다. 하지만 나주를 그리 낮춰 말씀하시지는 말아주십시오. 이곳은 고려 성종 때(998년)부터 12목(牧, 요즘의 광역자치단체) 중 하나였고 호남 제일의 고을입니다. 금성산을 뒤로하고 남쪽으로 영산강이 흘러 이곳 한양과 지세가 닮았습니다. 북악산이 금성산이고 한강이 영산강이 되는 것입니다. 그래서 예부터 작은 한양(小京)이라 불리던 곳이옵니다. 한글을 만든 보한재(保閑齋, 신숙주) 어른과 거북선을 만든 나대용 선생, 그리고 시인 백호(白湖, 임제) 어른이 나신 곳이지요."

"허허, 그랬더냐? 대단한 곳이구나."

"나주에는 세 가지 배가 있다 하옵니다."

"하나도 아니고 세 가지란 말이더냐?"

"나주 사람들이 우스개로 하는 말이옵니다. 하나는 다디단 나주배(梨)

고, 또 하나는 목포로 이어지는 영산강 뱃길에 떠있는 돛배입니다. 그리고 마지막 배는…."

"하하하. 떠나가는 배를 탄 사람을 못 잊는 여인의 배(腹)가 아니더냐? 간밤에 그 배는 다른 배에 닿아 있었는데…."

"어머나, 너무 야하신 말씀이옵니다."

"그게 아니란 말이더냐?"

"곰탕으로 배를 채워 떠나는 사람의 그리운 허기를 데워주는 것이라 하옵니다."

"하하하. 내가 너무 많이 나갔구나. 내가 연꽃을 좋아하여 호를 하옥(荷屋)이라 지었거늘 그대의 뜨락이 온통 하옥이니 마치 내 집에 온 것 같구나."

"연꽃의 열 가지 덕(德) 중에서 이제염오(離諸染汚)를 가장 아끼옵니다."

"진흙 속에 살아도 진흙에 물들지 않으니, 그대가 부용(芙蓉)이란 말이더냐?"

"그렇게 살려고 애쓰고 있사옵니다."

"아까 기둥에 붙은 부용 시를 보았는데, 부용의 다른 시와 더불어 현음(호音, 거문고 소리)을 들려줄 수 있겠느냐?"

"부족하지만 한번 해보겠사옵니다."

좌중의 하객들이 모두 큰소리로 환호했다.

사각사각 낙엽 밟고 가는 스님이 앞장 서고(僧歸落葉蕭蕭步)
해뜻해뜻 머리에 꽃꽂은 기생이 따라가네(妓揷秋花澹澹容)
만 겹의 계곡과 산 가는 길 어지러워라(萬疊溪山迷去路)

이 길 돌아가려면 신선과 숨바꼭질 좀 해야겠네(玆行還似訪仙蹤)

"김부용이 부른 '묘향산에 들다(入妙香山)'라는 시이옵니다."
"과연, 절색에 절창에 탈속의 풍류로다."

이날 밤 두 사람은 합환(合歡)의 꿈에 이르렀고 마침내 뗄 수 없는 사이가 된다. 사내는 홍어처럼 톡 쏘는 밤의 여인과 남도 농주(農酒)처럼 착 달라붙는 낮의 여인 사이에서 정신을 차리기 어려웠다. 그는 마침내 이렇게 말한다.

"선녀로 세상에 외출 나온 그대가 영산강물에 얼비친 물결 때문에 번지수를 잠깐 잘못 찾는 바람에, 천출로 태어나 설움을 겪었구려. 내 앞으로 무슨 수를 쓰든 큰 부귀를 누리도록 해줄 터이니 그대는 나를 믿으시오."

김좌근은 자식이 없는 것을 이유로 삼아 이 나주 여인을 소실로 들인다. 당시 출세한 기생의 대명사 김부용이 한강가에 화려한 '빌라' 녹천정에 들어와 산 지(1832년) 6년이 되던 해였다. 김부용은 가벼운 알콜릭이 되어 시를 쓰면서 한가하게 살다 갔지만 홍어의 꿈을 지닌 양지홍은 좀 달랐다.

● 조선의 5대 악녀로 손꼽히다

지금까지 이 여인은 조선의 연산군 때의 장녹수, 광해군 시절의 김개시, 숙종대의 장희빈, 그리고 명종대의 정난정과 함께 조선 5대 '나쁜 여자'로 손꼽혀왔다. 조선말의 권력부패 상징으로 자주 거론돼왔고, 또 안동 김씨 세도가문의 전횡에 역성든 '개념 없는 여성'으로 낙인이 찍혀 있다. 물론 그녀의 행적 자체를 부인할 수는 없다.

김좌근의 아버지인 김조순(金祖淳, 1765~1832)은 당대에 손꼽히던 학자이며 정치원로였다. 정조가 승하한 뒤 순조를 30년간 보필하면서 '가문 권력'을 구축하게 된다. 김조순을 결정적으로 권력화했던 계기는 딸을 왕비(순정왕후)로 앉히면서 국구(國舅, 왕의 장인)가 된 일이다. 그의 개인적인 품성은 우유부단하다 할 만큼 온건했고 사람들에게 너그러웠다고 한다. 정적에 대해서는 그럴 수 없었겠지만 한 시대를 풍미한 '스타 지식인'으로서의 인격적 면모는 지니고 있었던 셈이다.

김조순에게는 아들이 셋 있었는데 핵심으로 꼽혔던 맏이 김유근은 평안감사로 나갔다가 테러를 당해 죽을 고비를 넘기고 돌아온다. 이후 후유증인지 실어증과 반신불수 상태가 오고 비참하고 쓸쓸한 죽음을 맞이한다. 나머지 두 아들로 김원근과 김좌근이 있었는데, 둘 중에서는 김좌근이 더 뛰어났던 듯하다. 3남인 김좌근은 아버지를 닮아 경서(經書)에 밝았고 문장도 뛰어났다. 그의 글솜씨를 엿볼 수 있는 것은 그가 쓴 '순조대왕 능비'다.

"주자(朱子)가 말하기를 '일이 모두 의리에 맞으면 스스로 반성해 봐도 항상 곧다'고 했다. 주자는 '본성대로 편안히 행하는 것을 성(聖)이라 하고 그렇게 된 이유를 알 수 없는 것을 신(神)이라 한다'고 했는데, 이것이 이른바 대순(大順)이며 대화(大化)다. 만백성이 새로워져 화평한 경지에 이르게 되었다는 것도 구족(九族)을 친근하고 화목하게 한 데서 시작된 것인데야 말할 것이 무엇 있겠는가. 아, 왕은 이를 총괄하면서도 조목조목

관통했다."

아무리 권력자라지만 이토록 중요한 글을 써낼 수 있다는 것은 문재와 학식이 받쳐주었기 때문일 것이다. 김좌근을 오로지 부패하고 탐욕스러우며 어리석은 인물로만 치부하는 것은 지나치게 인물을 단순화한 느낌이 있다. 그가 순조비인 순정왕후와 함께 국사를 농단하게 되는 과정도 '권력의 집중'이라는 상황에서 가능한 일이었다. 영의정을 3번이나 지낸 그를 한명회·유자광과 더불어 조선 3대 간신으로 지목하는 것은 조선말의 혼란과 타락상에 대한 염증과 불쾌감을 오로지 그에게 얹어버리는 '여유 없는' 매도라고 할 수 있다.

김좌근은 아버지의 '관대한 처세술'을 이어받았다. 별장을 청계계곡에 지어놓고 바둑을 두는 풍류생활을 즐겼고, 안동 김씨의 입지를 결정적으로 위협하는 정치적 대립자들 외에는 너그러운 태도를 보였다. 나주의 야심녀 양지홍을 매료시킨 것은 바로 김좌근의 너그러움이었다. 아버지의 권력을 이어받은 자의 여유랄까? 가정적으로 넉넉한 교육의 기회를 가졌던 엘리트로서 그는 유연성과 부드러움을 지니고 있었다. 조선의 바둑쟁이들은 김좌근과 청계골짜기에서 바둑을 두는 것을 넌지시 바랐다. 왜 그랬을까? 바둑 한 판을 두고 나면 그는 창고에서 벼를 열 섬이나 풀어 상대자에게 주었기 때문이다.

김좌근의 면모에 관한 일화는 꽤 많다. 전라도 장성에 이춘보라는 사람이 있었는데 객주로 큰돈을 벌다 실수로 가산을 탕진하고 관아의 돈까지 날렸다. 죽을 지경이 된 이춘보는 문득 자신의 외삼촌이 김좌근과 어린 시절 친구였다는 것을 알게 된다. 그래서 외삼촌 박정삼에게 간청한다. 박정삼이 가만히 생각해본다. 김좌근이 옛 친구인 것은 맞지만 아무리 그래도 자신은 지금 천하의 가난뱅이고 그는 권력의 핵심인데 조카의 일을 하소연한다고 들어줄 리 있겠는가? 그는 고개를 흔든다. 하지만 조카가 죽기 살기로 매달리니 하는 수 없이 김좌근의 집으로 찾아간다.

김좌근은 박정삼을 보더니 반가워서 얼싸안는다. 천하를 호령하는 사람이 맞는가? 서당 시절을 이야기하며 김좌근은 소년처럼 깔깔댄다. 그때 어렵사리 박정삼이 조카의 이야기를 꺼낸다. 김좌근은 큰소리로 대답한다.

"아! 잘되었다. 그 일은 호조에서 다루는 일이 아닌가? 가만히 있어 보게. 여봐라! 호조판서를 좀 불러오너라."

호조판서는 그의 양아들이며 권력 실세인 김병기였다. 한집에 살고 있던 김병기가 달려오자 김좌근은 다짜고짜 이렇게 말한다.

"여보게, 판서. 큰절로 인사드리게. 아비의 옛 친구라네."

김병기가 당혹스러운 표정을 지으면서 절을 올린다. 그때 놀란 박정삼이 일어나 맞절을 하려 하자 김좌근이 허리춤을 잡아 주저앉히면서 "그냥 받게나."라고 속삭인다.

"자, 판서. 장성부사에게 당장 편지를 쓰시오. 이 사람의 편의를 좀 봐주도록 말이오."

그러자 김병기는 난감한 표정으로 글을 쓴다. 김좌근은 박정삼에게 서찰을 쥐어주며 "이젠 해결됐으니 걱정 말고 다리 쭉 뻗고 잠 좀 자게나."라고 말한다.

그런데 박정삼이 문밖으로 나가자 김병기의 하인들이 대기하고 있다가 편지를 빼앗고는 그를 혼쭐낸다. 이후 김좌근은 칭병(稱病)을 하면서

방문을 걸고는 자리에 드러누워버린다. 아들 김병기가 놀라서 문밖에서 석고대죄를 했다. 방 안에서 앓는 소리가 흘러나온다.

"아비의 옛 친구를 능멸한 것은 나를 능멸한 것이나 마찬가지. 내가 자식놈에게 패대기를 당했으니 드러눕지 않고 배기겠는가."

이후 김좌근은 아예 박정삼을 장성부사로 임명해 내려보낸다.

이런 장면을 보고 있노라면 착잡하고 복잡한 마음이 된다. 분명 '권력'을 사용(私用)하는 나쁜 자임이 분명하지만 어쩐지 왜곡된 세상에서 바닥에 있는 사람을 감싸는 따뜻한 면모가 짚이기도 한다. 인간은 그때그때 변하고 바뀌는 세상사에 얽매여 있고 은원(恩怨)의 관계들로 뒤엉켜 있으니, 백 년도 더 된 옛사람을 판단하는 일이 쉽지 않다.

여하튼 김좌근은 이런 사람이었다. 이 같은 성격은 안동 김씨 가문의 흥망보다 그를 더 오래 권력에 있게 하는 힘이 되기도 했다. 파락호처럼 지내던 흥선대원군 이하응을 은근히 돌봐준 것이다. 이하응은 돈이 떨어지면 그가 그린 난초그림(그의 호를 따서 '석파란'이라 부른다)을 김좌근에게 팔러왔다. 그러면 김좌근은 두말없이 비싼 값에 그림을 사준다. 그의 이런 '보험'이 대원군 집권 이후에 원로 대우를 유지하게 했다. 다른 안동 김씨들이 숙청당했을 때도 그는 〈철종실록〉 편찬을 주관하고 3군부 영사 벼슬을 받는다.

김좌근은 한때의 바람기로 양지홍을 대한 것이 아니라 그녀를 진짜 후실로 대해주었다. 후실 그 이상이었다. 양지홍을 당시 세간에서 나합(羅閤)이라고 불렀다. 합(閤)이라는 호칭이 묘하다. '합'은 대문 옆에 붙은 쪽문을 가리키기도 하고, 대궐을 가리키기도 한다. 합문(閤門)은 궁궐의 조회 의례를 맡아보는 관아인 통례원을 가리킨다. 궁궐의 일상 업무가 시작되는 편전(便殿)의 앞문을 그렇게 통칭했다. 이에 따라 정승을 합(閤)이라고 부르는 관행이 생겼다. 영의정은 '영합', 좌우의정은 '좌우합'이 된다. 정승의 성을 따서 '김합' '조합'이라고도 불렀다.

그런데 양지홍을 '나합'이라 부른 것은 김좌근의 벼슬만큼이나 높다는 것을 비꼰 의미일 것이다. 그 의미를 풀면 '나주의 정승'이란 뜻이 된다. 하지만 '합부인(閤夫人)'이란 말이 있다. 남의 부인을 높여 그렇게 부른다. 그렇다면 나합은 나합 부인의 준말로 그리 어색할 것도 없다.

그녀가 '나합'이라는 이름으로 불리는 것에 시비를 붙은 사람은 흥선대원군으로 알려져 있다. 세간에 도는 나합에 관한 소문은 심각했다. 비단을 바치는 사람에게 양주 수령 자리를 줬다는 이야기, 젊은 미남자를 보면 그냥 벼슬을 줬다는 풍문도 있었다. 지방 수령의 임면권이 모두 김좌근에게 있었기에 우선 나합에게 뇌물을 바쳐야 통과된다는 것이 당시 비공인 '정설'이었다. 흥선대원군은 경복궁을 중건할 때 청수동 김좌근 별장으로 찾아가 나합의 일을 꺼내면서 궁궐 중건비 10만 냥과 고정의 가례비 10만 냥을 받아내기도 했다. 이 무렵 나합과 대원군이 나눈 대화가 인구에 회자된다.

왜 나합이라 부르는지 아는가

"자네를 세간에서 나합이라 부르는 것을 알고 있는가? 김합이 정승이라고 그 첩이 정승이란 말인가? 어찌하여 이런 별칭이 붙었는지 설명해 보게나."

"나리는 세간의 소리만 들었지 그 한자가 무엇인지 살펴보시지 않은 듯합니다. 나합(羅閤)이 아니라 나합(羅蛤)이라고 비웃는 것입니다. 나주의 정승이 아니라 벌린(羅) 대합조개(蛤)라는 말입니다. 내 비록 첩으로 들어와 살아도 허물없이 살고자 애썼고 공정하고 어질게 사람을 대하고자 별렀습니다만, 세상은 나를 오직 더러운 계집년으로만 밀어붙이니 억울하고 분하옵니다."

대원군은 당차고 야한 대꾸에 움찔하였다.

"내 처소에 덤벼든 자객이 안동 김문이 시킨 일임을 실토하고 그대 이름을 발설한 바가 있는데?"

그러자 나합은 소리 내어 웃었다.

"나리도 참 우습습니다. 역모라는 것도 이익이나 기대하는 바가 있어야 하지 않겠습니까? 나는 고작해야 정승의 애첩으로 사랑받고 사는 것이 이미 충분한데 무엇하려고 다른 일을 생각하겠습니까? 제사에도 참여하지 못하는 천하의 천덕꾸러기 첩이 무슨 역모를 하겠습니까?"

이 말에 대원군은 실소를 터뜨리며 돈을 챙기고는 물러갔다고 한다.

경기도 광주군 정수산에 있는 수도사는 1859년 김좌근이 창건한 것으로 되어 있다. 또 서울 강북구 우이동에 있는 도선사도 1863년 김좌근의 시주로 중수했으며 이때 칠성각도 지었던 기록이 있다. 종로구 숭인동 낙산에 있는 청룡사는 1853년 그가 중창한다. 그가 이렇듯 절에 관심을 기울인 것은 나합의 힘이 컸을 것이다. 그녀는 어린 시절 중이 되고자 꿈꾸었을 만큼 불교에 심취했다. 나주의 불회사에서 보았던 연리지를 되새기며, 그녀는 김좌근을 깊이 사랑했을 것이다. 또 선택할 수 있는 카드 중 '행운'만을 집어내서 세상과는 상관없이 넉넉하게 살았던 나합은, 사후의 삶까지 욕심을 부린 셈이다.

나합은 나주에 대한 사랑이 대단했다. 전국에 흉년이 들자 김좌근을 조르고 졸라 나주에 구휼미를 풀게 하였다. 그녀는 김좌근에게 "나주를 아끼는 것은 나를 아끼는 것과 다름없으니 그 마음이 내 입에 밥을 떠넘기는 것처럼 달콤하고 기쁩니다."라고 말했다. 이런 일로 나주 관아 터에는 김좌근에 대한 불망비(不忘碑)가 서 있다. 안동 김씨의 세도정치가 끝난 뒤 그 비석은 사람들에 의해 두 동강이 났는데, 나중에 금성관 경내에 다시 바로 세웠다고 한다.

작가 김동인은 소설 〈운현궁의 봄〉에서 나합을 그리면서 아주 코믹한 풍경 하나를 만들어냈다. 이른바 시반일(施飯日) 에피소드다. 오래전 자신과 비슷한 길을 걸어간 정난정이 거액을 주고 물고기를 사서 방생하는 행사를 벌였던 것을 흉내낸 것이다. 나합은 밥 20섬을 지어서 한강에 던져 물고기들에게 은혜를 베푸는 이벤트를 벌인다.

한강에 배가 3척이 떴다. 맨 앞에는 악공(樂工)이 가득 탄 배였고, 두 번째는 밥을 실은 배, 맨 마지막 배는 하인들을 실은 배였다. 노를 저을 때 소리가 나자 나합은 검지를 입술에 대며 이렇게 말한다.

"소리 내지 마시오. 고기들이 놀라겠소. 가만가만 저어 갑시다."

그런데 이 행렬을 지켜보면서 뭔가를 노리는 사람들이 있다. 강물 속으로 뛰어들어 방금 풀어 넣은 밥을 훔쳐내려는 배고픈 백성 둘이다. 깊은 강 속에서 겨우 반 광주리의 밥을 건졌으나 더 욕심이 나서 물밑을 헤매다 하나는 죽고 하나는 겨우 살아난다. 하지만 시반선에 탄 사람들에게 붙잡혀 곤장을 맞는다. "용왕님께 벌 받을 놈들!" 이런 나합의 분노가 터진다.

이 장면을 생각하면 이 여인이 세상을 제대로 알지 못하고 환상과 어리석음 속에서 살다 갔다는 느낌이 든다. 과연 그랬을까? 나합의 죽음에 대해서는 기록이 없다. 그녀는 다만 썩은 권력을 대행한 허수아비였을 뿐 시대를 살아가며 더운 숨을 내뿜었던 인간의 마음 속에서는 지워져 있다.

나는 영산강가에서 물고기를 잡던 그녀가 한강의 물고기를 위해 방생하는 저 풍경에 삶의 어떤 희구와 갈증이 들어 있다는 생각을 한다. 많은 인간들이 마리오넷 같은 나합이 되어 왜 살고 왜 사랑하는지도 모르고 겅중거리는 것이 아니던가? 나주의 죽은 조개처럼 그 유난한 삶의 진실도 입을 꽉 다물어버린 채 '나합' 두 글자의 시니컬한 맛만 전한다.

제 3 부

젊은 조선, 고려를 거닐다

15세기 한양 지식인들은 왜 개성에 갔을까

● 채수 일행, 봄날 개성 바람이 나다

작년부터 벼르던 길이었다. 1477년 4월 26일(음력 3월 14일), 스물아홉 살의 채수(蔡壽, 1449-1515)는 개성(당시 이름 송도(松都))으로 여행을 떠난다. 아직 서른에 이르지 못한 조선의 어느 사내가 화창한 봄날을 못 이겨 멀지도 않은(서울서 개성까지 70여km) 곳으로 소풍을 나섰다는 게 무슨 뉴스란 말인가.

얼핏 보면 그렇다. 그런데 채수의 여정은 당대 지식인들의 주목을 받은 흥미로운 행보였다. 그냥 흥미의 정도가 아니라, 조선이란 왕국의 성숙을 자부하는 정신사적인 사건이었다. 개성은 475년간 지속된 전왕조(前王朝) 고려의 수도였다. 솔숲처럼 울울창창한 도시라서 송도(松都)라 불렸던 이 도시는, 후왕조(後王朝)인 조선에게는 늘 켕기는 토포스였다. 고려에서 조선으로 이어진 역사는 왕국의 분열과 통합, 침략과 정복으로 국가적 정체성이 바뀌던 이전의 역사와는 확연히 달랐다. 국가의 구성원이 바뀐 것도 아니고 국경이 달라진 것도 아니며 강력한 사회문화적 변동요인이 생긴 것도 아니었다. 그냥 쿠데타였다. 위화도 회군이란 이름의 군사쿠데타였다.

지배계급을 상당 부분 물갈이하면서 들어앉은 조선이란 왕국은 사실상 고려의 연속 선상에 있었지만, 그것과는 다른 국가철학을 내놔야 했다. 그래야 왕조를 뒤엎을 수밖에 없었던 절박한 이유가 해명이 되고, 스스로의 존립 이유가 생겨났기 때문이다. 고려 지도자의 무능과 부패를 강조하고, 새로운 사회를 건설하기 위한 비전을 내놓기 위해 부심했던 것도 그 때문이었다. 제구실을 못하는 왕은 갈아엎어도 괜찮다는 맹자의 역성(易姓)혁명에 슬쩍 기댔지만, 그 논리는 자신들 또한 언제든지 같은 방식의 쿠데타로 무너질 수 있다는 불편한 당위를 내재하고 있었다. 그들은 고려를 무너뜨렸지만, 마음속의 고려가 여전히 하나의 적(敵)처럼 무너지지 않은 채 버티고 있었고, 왕조 초기의 사회불안과 정정불안은 그 적과의 싸움이기도 했다.

채수가 떠난 1477년은 조선이 들어선 1392년에서 85년이 지난 해였다. 요즘 식으로 표현해 조선 '쿠데타둥이'가 있었다면 만85세가 되었으리라. 조선과 함께 태어난 첫 아이가 생존해 있을 확률이 상당히 적은 '시간적 길이'라고 할 수 있다. 왕국의 신민(臣民)을 당혹스럽게 했을 쿠데타의 기억도 그 시간만큼 희미해졌으리라. 왕조는 태정태세문단세를 지나 예종, 성종까지 왔다. 아홉 번째 왕인 성종은 이 왕국의 통치 기틀을 이루는 경국대전을 완성한 군주다. 불안불안하게 착근(着根)을 시도해

오던 조선은, 세종 대에 창의적인 싹을 피우기 시작한 뒤 성종 대에 와서 제대로 된 하나의 꽃송이로 벙글기 시작한다. 이쯤이면 이제 정신적으로 고려를 똑바로 바라보며 맞짱을 뜰 때도 되었다. 그런 자신감이 개성 여행을 부추긴다. 왕조 몰락 이후 85년 세월 동안 폐허로 바뀌어 있을 옛 도읍을 살피며, 패자(敗者)들의 비참과 영화의 허무를 반면교사로 삼고자 하는 기분도 있었을 것이다.

왕이 내린 재충전 휴가, 사가독서

성종은 1469년에 13세의 나이로 왕위에 올랐다. 7년이 지난 1476년, 국정을 주무르던 원로대신들의 회의제도를 없앴다. 모든 결재권을 왕에게로 되돌렸다. 이후 권신들을 축출하고 새로운 젊은 유학자 관료들을 등용한다. 이해에 그는 세종 대에 있었던 사가독서(賜暇讀書) 제도에 대해 관심을 가진다. 1424년 세종은 집현전 학사들에게 일정 기간 공무(公務)를 면해주고 집에서 쉬며 학문에 정진하도록 한다. 일종의 재충전 휴가인 셈이다. 이 제도는 1456년 세조가 집현전을 혁파하면서 사라진다. 스무 살이 된 성종은 비대한 신하 권력을 무너뜨린 뒤, 신예들을 키우기 위해 채수를 비롯해 허침, 양희지, 유호인, 조위, 권건 등 여섯 사람에게 사가독서를 명한다. 채수 28세, 양희지 38세, 허침 33세, 유호인 32세, 조위 23세, 권건 19세. 30대부터 10대까지 혈기방창한 그들의 면면이 짚인다.

휴가를 받은 이들은 합숙을 하며 함께 공부를 했다. 이런저런 얘기를 나누며 친밀해진 그들은, 문득 개성 단체소풍 제안이 나왔을 때 신명이 났다. 새 조선이 무너진 고려를 보러가는 승리감 같은 게, 젊은 그들을 매료시켰을 것이다. 우선 공부에 힘써야 하니, 이듬해 봄쯤에 가는 것에 모두들 동의했다. 그런데 약속한 때가 되니 모두 다 함께 가기에는 사정이 여의치 않았다. 사가독서파 중에는 채수와 조위, 허침만 가능했고 저마다 관청의 숙직에 얽매어 빠져야 했다. 공무가 비교적 한가했던 안침(33세)이 끼었다. 거기에 마침 파주에 성묘를 갈 일이 있던 성현(39세)이, 비슷한 길인지라 합류 의사를 밝혀왔다. 채수가 일행 중에서 나이가 비교적 젊은 축에 속하지만 송도기행문(遊松都錄)을 남긴 주인공이라, 그를 중심으로 풀어가기로 하자.

채수의 〈유송도록〉(遊松都錄은 1476년(성종 7) 사가독서(賜暇讀書)에 함께 선발된 채수(蔡壽)·허침(許琛)·권건(權健)·양희지(陽熙止)·조위(曺偉) 등이 송도를 유람한 뒤 명승지를 묘사한 기행문이다)을 읽고 당대의 원로 지식인인 서거정(1420-1488, 당시 58세)이 서문을 써준다. 그는 소동파의 아버지인 소순(1009-1066)의 말을 인용한다. "시문이란 기운이 밖으로 드러난 것이다. 맹자는 호연지기를 길렀으며, 사마천은 여행을 통해 기상을 웅장하게 하였기에, 두 분의 문장은 크고 넓으며 성기고 거친 기세가 있다." 서거정은 맹자와 사마천의 글을 키운 것이 여행의 힘이라고 말한 뒤에, 소순 또한 종남산과 화산, 황하와 장안의 궁궐을 여행하면서 얻은 깨달음으로 문장을 높였다고 지적한다. 그러면서 여행을 다녀온 5인방을 격찬한다.

"오늘날 다섯 선비들은 모두 이 시대의 큰 인물로 그 뜻을 세움이 어찌 맹자, 사마천, 소순보다 못하겠는가? 이분들은 같은 시기에 태어나지도 않았고 뜻을 펴는 일도 서로 합치하지 않았고 사제 관계도 아니었으나 1,100년의 사이에 서로를 일으킴에 부족함이 없었다. 그런데 다섯 군자들은 인문학을 좋아하는 임금을 만났고 사가독서를 허락받아 천하의 서적을 접하여 뜻이 서로 교감하고 교학상장(敎學相長)이 가능한 사이이니, 이 여행을 장엄하게 하고 기상을 빼어나게 할 수 있는 절호의 기회를 만난 게 아닌가?" 서거정은 여행이 단순한 나들이가 아니라 인간의 문(文)과 뜻을 키우는 획기적인 계기라고 설파한다. 15세기 선비의 강력한 여행예찬론이 낯설면서도 매혹적이다.

이 대학자는 이렇게 말을 맺는다. "나, 서거정도 또한 일찍이 유람을 즐겨 기상을 장엄하게 하고 문장을 기이하게 하는 데 뜻을 두었으나, 이제는 늙었도다. 책의 떨어진 낙장이나 아침저녁으로 더듬거리며 외우는 형편인데, 다시 무슨 유람을 바라겠는가? … 여러분들은 이번 여행으로 기운을 장대하게 하였으니 틀림없이 이 시대의 구양수와 한유가 될 만한 대관(大觀)을 이뤄냈으니, 더불어 문장을 논할 수 있겠다."

● 장포의 첫날밤

채수의 여행은 국가적인 관심과 배려 속에서 진행된 나들이였다. 이제 그의 여행기를 슬슬 읽어가도록 하자. 도입부에는 송도에 가는 이유에 대해 간략하게 쓰고 있다.

"송경(松京)은 전왕조인 고려가 도읍으로 삼은 곳이라 산수의 아름다움이 동방의 으뜸이다(山水奇麗 甲于東方). 지금은 5백 년의 변화한 자취가 비록 사라졌지만, 그 풍속(遺風餘俗)이 아직도 남아 있는 것이 있으므로, 진작부터 한번 가서 찾아보고자 하였으나 기회를 잡지 못했다."

채수가 밝힌 동기는 선배들의 장황한 해석에 비해 아주 간명하다. 자연풍경이 조선 땅에서 최고이니 당연히 구미가 당기는 관광코스이고 고려의 남은 풍속을 살피는 길이니 인문학적 답사가 될 수 있을 것이다. 한양에 둥지를 튼 그들에게는 개성나들이가 늘 관심사였던 모양이다. 모이기만 하면 "언제 한번 거기 가봐야 할 텐데…."라는 말들을 하곤 했으리라. 그다음 대목에서 채수는 사가독서의 휴가를 받은 젊은 학자들이 드디어 뭉쳐 개성행을 위한 작당(作黨)을 하는 과정을 설명하고 있다. 채수, 허침, 조위는 그 구성원이었고, 안침은 업무가 마침 한가한 상황이라 끼어들었으며 성현은 파주 성묘를 기회 삼아 합류한다.

"3월 14일 신사일, 성현과 안침이 나와 함께 먼저 떠났다. 장포(長浦)의 물가에 당도하자 찰방(察訪) 송위가 천막을 쳐놓고 기다리고 있었다. 우리 일행을 맞이하여 천막 안으로 들어가 차려놓은 음식을 먹고 술 두어 순배를 마시고 파했다. 저녁나절에 유수(留守)의 별장에서 잤다. 3월 15일 임오일, 나와 안침이 새벽에 먼저 출발했다. 적전(籍田)에 당도하니, 조상의 묘소에 가서 전제(奠祭)를 올린 성현이 오후에 이곳으로 따라왔다. 판관(判官) 정희인이 술자리를 마련하였는데, 자라를 삶고 잉어를 회친 술안주를 내어 술상이 매우 훌륭하였다. 정희인과 달밤을 거닐며 말 위에서 시(詩)를 읊다가 보정문(保定門)에 들어오니, 새벽 종소리가 들렸다."

여행 첫 이틀의 기록이다. 3월 14일은 양력으로 4월 26일이다. 매화, 산수유, 개나리, 목련, 진달래, 벚꽃, 철쭉, 라일락 꽃이 흐드러지게 피는 봄날, 세 사람이 먼저 장포로 간다. 장포는 임진8경(臨津八景, 숙종 때의 문인 남용익이 꼽은 임진강 여덟 절경. '내소정이(來蘇亭於)'라는 시로 읊었기에 내소8경이라고도 한다.) 중의 하나인 '장포세우(長浦細雨)'의 명소이다. 요즘 전진교가 놓여진 임진강 하구의 파주시 두포리 장개 일대이다. 강 건너편에 장단땅 하포리가 있고 수직으로 죽죽 뻗은 현무암 석벽이 그림 같은 곳이다. 백로가 날고 실비가 흩뿌렸어도 좋으련만 채수가 떠난 그날은 맑았다. 그 지역에 근무하는 찰방이 물가에 텐트를 쳐놓고 기다리고 있었다. 찰방은 각 도(道)의 역참을 관장하던 종6품의 외관직(外官職)으로 말을 대주는 역할과 우편집배원(택배원을 겸해서)의 일을 한다고 해서 마관(馬官)·우관(郵官)이라고도 불렀다. 조선 초기엔 23명의 찰방이 있었다. 회사의 상사원이나 신문사의 특파원처럼 VIP를 접객하는 일까지 맡았던 모양이다. 채수 일행이 얼마나 대단했기에 종6품 찰방이 천막 서비스까지 제공했을까. 이럴 땐 요즘 식으로 명함을 교환해보는 게 쉽다.

연장자(39세)인 성현은 우리에게 '용재총화(慵齋叢話)'라는 책으로 알려진 분이다. 조선 초기의 민속이나 문학에 관한 논의들을 다룬 설화(說話) 수필의 백미로 꼽힌다. 여행을 떠날 무렵 그는 정3품 당상관(堂上官)인 부제학과 대사간을 지낼 때였다. 당시의 권신 한명회를 따라 중국을 드나들면서 명성과 실력을 키우고 있었다. 안침(33세)은 사헌부 장령(掌令)을 맡고 있었는데 정4품으로 감찰업무를 담당하고 있었다. 또 채수(29세)도 정4품인 홍문관 응교(應敎)로 공방(工房)을 관장했다. 홍문관의 부제학 이하 모든 관원들은 옥당(玉堂)이라 불리었는데, 이는 세종 대 집현전의 역할을 맡고 있었다. 옥당의 어른들과 사헌부 감찰이 떴으니 찰방이 긴장할 만도 하다. 그러나 여행 첫날인지라 긴장한 그들은 차려진 술을 두어 차례 돌렸을 뿐 많이 마시지는 않았다. 등 뒤 한양에서 많은 사람들이 주목하고 있다는 것을 의식했을까. 물 좋은 나루에서 가기(歌妓)들을 불러놓고 한가한 봄날을 즐겼을 법도 하건만 그런 기색이 보이지 않는다. 임진강이란 곳이 지금이야 남북의 피얼룩이 가시지 않은 삼엄하고 음산한 곳이 되어 있지만, 그때는 그런 기억조차 입혀지지 않은 고즈넉한 풍광이었을 것이다. 이들은 100여 년 뒤 왜인(倭人)들에게 쫓겨 조선의 임금이 이곳에서 피눈물을 뿌리는 참상도 짐작하지 못한 채 설레는 밤을 보냈을 것이다.

파주는 조선의 아홉 큰길 중에서 제1대로인 의주대로(1,080리)의 관문이다. 한양 돈의문에서 출발해 압록강 가의 의주까지 내닫는 이 길은, 조선과 중국을 잇는 외교의 대로였다. 후대의 연암 박지원도, 초정 박제가도, 추사 김정희도 이 길을 통해 연행(燕行)을 떠났다. 서구 문물이 전파되는 동아시아 문명 길은 의주대로까지 이어져 있었다(그러나 현재 의주대로는 서울-고양-파주의 160리 길에서 끊겨 통제되고 있다). 그런 큰길의 길목에서 채수 일행은 조선의 정체성을 되묻는 '시간여행'을 시작하고 있는 셈이다. 잠을 잔 곳은 개성유수의 별장이었다. 유수(留守)는 정2품의 고관으로 주요 지역마다 2명씩 있었는데, 그중 한 자리는 경기감사(監司)가 겸임하는 지방 고위직이다. 도지사급이 잠자리까지 내주는 특별대우를 받은 것이다.

요즘의 우리는 대개 임진강 어귀에서 되돌아오지만, 그들은 그곳을 지나 개성으로 나아간다. 적전(籍田)은 임금에게 직속된 농민이 농사를 짓는 논밭을 말하는데, 왕실에서 지내는 묘사와 제사에 쓸 곡식을 재배하는 곳이다. 개성에는 서(西)적전이 있었다. 채수와 안침이 새벽 일찍 출발해 오후 나절에 이곳에 도착하자, 성현은 다른 길로 가서 부랴부랴 조상묘를 찾아뵙고 개성으로 뒤따라왔다. 경기도 수운(水運)판관(종5품)이었던 정희인은 이들을 더욱 칙사대접한다. 자라탕과 잉어회로 술상을 보아왔다. 공무원들이 이래도 되는가. 물론 지금의 관점으로만 보는 건 적절하지 못하다. 당시는 바야흐로 조선이 초기의 불안감을 씻고 치세(治世)에 접어들던 시절이었다. 당대 젊은 정치가들에게 베풀어진 저 음식들은, 시대에 대한 기대감과 중앙의 은택(恩澤)에 대한 칭송의 의미도 있지 않았을까. 정찰방은 이들을 모시고 달밤에 멋진 에스코트를 한다. 말을 탄 채 연구(聯句)를 번갈아 읊으며 개성 보정문까지 이른 것이다. 마침 보름밤인지라 달이 휘영청 밝았고 송도의 흐드러진 봄밤은 취기 어린 그들을 빨아들이고 있었다.

● 적전(籍田)을 지나며 말 위에서 시를 읊다

서적전에서 보정문까지는 20리(8km)길이다. 채수 일행이 너무 취해서였을까. 아니면 의도적으로 언급을 피한 것일까. 그들이 고려여행을 나온 것이라면 적전에 대해선 한마디 했어야 했다. 그것은 고려왕들의 통치 면모를 웅변하는 뜻깊은 장소이기 때문이다. 고려는 천지신과 조상신에게 지내는 길례(吉禮) 제사의 하나로 '선농적전(先農籍田)'이란 국가적인 리추얼을 치렀다(본래는 적전(籍田)이 아닌 자전(藉田)이었는데 고려 이후 적전(籍田)으로 기록하고 있다). 이 행사는 고려 성종 2년(983) 무렵에 도입된다. 왕이 손수 농사를 지음으로써 백성들의 고단한 삶을 체험하고자 하였다. 백성들에게 임금이 농사일을 하는 모습을 보여줌으로써 농업의 중요성을 강조하고 왕의 애민(愛民)이 지극함을 느끼게 하는 의도였을 것이다. 70년대 박정희 대통령이 농민들과 함께 벼를 베고 막걸리를 마시던 풍경과 오버랩된다.

이 행사에는 많은 신하 관료들도 참가했고 농민들도 함께하였다. 의식이 끝난 뒤 술과 상을 내려 군신(君臣)과 백성의 일체감을 돋웠다. 또 적전에서 난 햇곡식은 종묘와 제향의 제물(祭物)로 썼다. 개경의 동교에 있는 적전리에는 넓게 펼쳐진 논밭 한가운데에 농사 및 곡식의 신인 신농(神農)과 후직(后稷)을 제향하는 선농단이 있었다. 선농단과 적전이 동교에 있는 까닭은 동쪽이 농사가 시작되는 봄을 가리키는 방위이기 때문이다.

1144년 정월 을해일의 이곳 풍경 하나를 떠올려보자. 고려 인종이 탄 난가(鑾駕) 행렬이 대관전을 내서 적전리의 얕은 구릉 쪽으로 오고 있었다. 왕은 사흘간 목욕재계를 하고 이틀은 정전과 행궁에서 재계를 하여 심신을 정갈히 했다. 제물로 소와 양, 돼지 한 마리씩을 준비하고 봄을 상징하는 청색 비단을 폐백으로 갖췄다. 선농단에서 제사를 지낸 인종은 적전으로 내려왔다. 너른 밭 옆에는 솥뚜껑을 뒤집어놓은 듯한 형상의 연못인 증지(甑池)의 물빛이 하늘에 비쳐 푸르렀다. 태자와 신하들 및 송도 일대의 지방관, 푸른 옷을 입은 농부와 밭갈이 소들이 차례로 정렬하여 기다리고 있다. 왕은 좌우 시종의 도움을 받으며 두 마리의 소가 끄는 쟁기를 잡고 다섯 차례를 밀어 밭을 간다. 친경(親耕)이 끝나자 태자가 7차례를 갈았고 삼공의 재상은 9차례 쟁기를 밀었다. 이후 푸른 보자기에 싸인 상자가 들려져 나왔다. 여기에는 아홉 종류의 곡식(九穀)의 씨가 담겨 있었는데 왕비가 궁궐에서 꼼꼼히 가려 준비한 것이다. 갈아놓은 밭에 한 움큼씩 뿌리고 양쪽의 흙으로 덮는다. 임금과 신료의 밭 갈기와 파종 의식이 끝난 뒤 대기하고 있던 농부들이 일제히 땅을 갈아엎고 나머지 씨를 뿌린다. 인종은 이날 행사에 참여한 사람들의 공로를 치하한 뒤 수감된 죄수들의 사면령을 내린다. 이 같은 고려의 친경 행사는 성종, 헌종, 인종 대에 이뤄졌다.

고려의 왕들이 이 같은 리더십을 보였다는 점은, 조선 또한 깊이 새겨야 할 대목이 아니었을까. 몰락한 왕도를 돌아보며 혀를 차기 위해서만 간 것이 아니었다면 바쁜 일정이었다 하더라도, 채수 일행은 말에서 내려 적전을 둘러보며, 국가의 지도자가 어떠해야 하는지에 대한 겸허하고 진지한 성찰을 했어야 하지 않을까. 그게 자라탕과 잉어회보다 더 맛있는 여행이다.

안침과 채수가 적전에 당도해서 쉬고 있을 때, "내 얼른 가서 조상 묘사(墓祀)부터 지내고 오겠소."라며 옆길로 갔던 성현이 달려온다. 저 장면을 가만히 보고 있노라면 기분이 묘하다. 뒷세상 사람인 우리는 저렇게 여행이 좋아서 뛰어오는, 살아 있는 이 사람과 파주시 문산읍 내포리에 백골로 묻혀 있는 이 사람을 동시에 볼 수 있다. 현재의 시점에서 보면 파주의 그 언저리에는 그의 조상과 함께 성현 자신도 깊이 잠들어 있기 때문이다. 그러니까 그는 자신의 묘역이 될 그곳의 문중 선산으로 가서 제사를 지내고 온 것이다. 성현은 이곳에서 시를 한 수 썼다.

말에서 내려 장포로 가네.
봄바람 부는 이월 하늘에
황금빛 물결이 사람을 취하게 하고,

옥색 버들이 임진강을 곱게 가르네.
시골 저녁 밥 짓는 연기 피어오르고
높은 산에 떨어지는 해가 걸렸다.
노을이 옛집에 드리우는데
어린 녀석이 문 앞에서 기다리고 섰다.

下馬臨長浦 東風二月天(하마임장포 동풍이월천)

金波醺客而 玉縷割溪鮮(금파훈객이 옥루할계선)

村晩炊烟起 山高落日懸(촌만취연기 산고낙일현)

黃昏投古舍 稚子候門前(황혼투고사 치자후문전)

    채수의 〈유송도록〉에 실려 있는 이 시('파주도중(坡州途中)')는 성현이 시인으로서도 보통내기가 아니었음을 보여준다. 하지만 채수와의 여행에서 썼던 것은 아닌 것 같다. 두 번째 행에 있는 이월천(二月天)이 그런 의심을 돋게 한다. 3월 14일의 장포였다면 성현이 이렇게 쓰진 않았을 것이다. 그가 일행에서 이탈한 것은 3월 15일 아침나절이었을 것이다. 壬午耆之子珍凌晨先發(임오기지자진능신선발)이 정황을 말해준다. "15일 기지(채수)와 자진(안침)이 새벽을 타고 먼저 출발했다." 먼저 출발했다는 것은 아직 출발하지 않은 누군가가 남았다는 말이고, 그 사람은 제사를 지내러 갈 성현일 가능성이 크다. 제사를 새벽에 지낼 순 없으니 시간 여유가 있었을 것이다. 그런데 성현은 오후에 적전의 일행에게 따라붙었으니, 제사는 낮에 지낸 셈이 된다. 그런데 저 시를 보면 성현이 파주에서 당도할 무렵 저녁 밥 짓는 연기가 나오고 황혼이 내려앉은 시골집과 그를 기다리는 어린 자식이 등장한다. 시의 배경과 그의 동선(動線)이 시간적으로도 맞지 않다.

어쨌거나 이 시의 金波醺客而 玉縷割溪鮮(금파훈객이 옥루할계선) 행과 黃昏投古舍 稚子候門前(황혼투고사 치자후문전) 행은 절창이라 할 만하다. 풍경을 사로잡는 솜씨와 이미지를 이끌어가는 내공이 후세의 둔한 가슴까지 절절하게 울린다. 저 시 속에는 또 다른 정보가 숨어 있다. 봄경치를 살피는 느리고 유장한 시인의 호흡이다. 정밀하고 고요한 눈이 없으면 보이지 않는 세밀한 모습들이 붙들려 있다. 노을빛을 받아 하얗게 변한 실버들이 하늘거리며 강을 고이 잘라내고 있는 모습을 발견하는 일은 성급한 시선으로는 불가능한 일이다. 3월에 묘소에 들를 무렵에는 얼른 일을 마치고 일행을 따라잡아야 한다는 바쁜 마음이 반드시 있었을 것이다. 그러니 저렇게 느린 눈을 지니기 어렵다고 봐야 한다. 급히 지나가는 중이라 한 수 읊었다고 해도 시의 호흡이 빠르고 경쾌하지 않았을까. 살아 있는 사람에게는 눈앞에 닥친 일들이 늘 다급하고 중요하게 여겨지는 법이다. 저 시처럼 느긋할 수가 없다.

하여간, 지금 후세의 위치에서 내가 보기에 파주는 성현에게 참 각별한 곳이다. 자신이 몇십 년 뒤 그 자리에 잠들 운명이 아닌가. 성현의 눈에 그런 일이 실감 나게 보일 리 없다. 그의 눈앞엔 송도의 풍경만이 어른거리고 있을 것이다. 지금 나인들 내 살이에만 골몰했지 어찌 종생(終生)과 그 이후를 구체적으로 짐작할 수 있겠는가. 더구나 성현은 점필재 김종직이 그랬던 것처럼 그 무덤에서 부관참시의 참변을 당한다. 파주에 장사지낸 뒤 몇 개월 만에 파헤쳐져 시신이 다시 잘린 것이다. 무슨 곡절이었을까. 시절이 문제였다.

● 성현, 연산군을 만난 언론인의 고뇌

성종은 1484년 폐비가 된 윤씨에게 사약을 내린다. 윤씨는 1473년(성종4년) 후궁으로 간택되어 숙의(淑儀)에 봉해지고, 1476년 왕비로 책봉된 여인이었다. 그리고 세자까지 낳았다. 이름이 이융이었던 그가 연산군이다. 왕국의 국모가 사형을 당한 까닭은 그녀의 질투심 때문이라고 나와 있다. 실록은 폐비 윤씨의 죄를 자세하게 나열하고 있다. "인형을 만들어 저주(詛呪)했다. 왕비로서 내조는커녕 투기(妬忌)만 일삼았다. 몰래 독약을 써서 궁녀를 죽이려 하거나 자식 낳는 일을 방해하고 반신불수가 되도록 꾸몄다. 사람을 해(害)하는 비방을 작은 책에 써서 상자 속에 감추어 두었다가 발각됐다. 엄소용, 정소용이 서로 짜고 자신(윤씨)을 해치려고 모의한 내용의 글을 거짓으로 만들어서 고의로 권씨(權氏)의 집에 던져 넣었다. 왕을 바라볼 때 낯빛이 부드럽지 않았다. 왕비가 돌아다닌 발자취를 조사하여 왕이 자신을 버리고자 한다고 말했다. 상참(常參)으로 조회를 받는 날에는 왕비가 왕보다 먼저 일어나야 하는데, 왕이 조회를 받고 돌아온 뒤에야 자리에서 일어났다."

이 중에 숨겨둔 비상(砒霜)을 찾아낸 것은 1477년이었다. 이때 빈으로 강등될 뻔했으나 간신히 넘어갔다. 1479년에는 오랜 만에 왕비의 침소를 찾은 왕에게 불평을 터뜨리는 가운데 용안을 할퀴어 상처가 나는 일이 터졌다. 어머니 인수대비(仁粹大妃) 한 씨가 진노했고 그 여름(음력 6월 2일) 폐비되었다. 이후 해가 지나면서 폐서인이 된 이후 뉘우치고 있는 점, 세자의 생모라는 점 때문에 동정론이 일어난다. 그러나 폐비에 가담했던 정치세력과 인수대비는 바로 자라나고 있는 세자 때문에 불안했을 것이다. 화근을 없애기 위해 '폐비가 전혀 뉘우치는 기색이 없다'는 증거들을 찾아내고 성종에게 집중적으로 보고함으로써 1484년 음력 8월 16일 결국 사약이 내려진다. 폐비 때 네 살이던 세자는 벌써 아홉 살로 자라 있었다. 1494년 19세로 왕위에 오른 연산은 두 차례 사화를 일으킨다.

무오사화는 앞에서 거론한 김종직의 '조의제문' 파동으로 시작된다. 세조의 쿠데타를 비판했다는 혐의를 받은 이 글 때문에, 성종 이후 탄탄하게 성장해온 사림세력들이 피바람 속에 무너진다. 무오사화의 성격을 다르게 해석하는 눈도 있다. 단순한 정파싸움이 아니라 성종 대에 이뤄진 경국대전의 '치국(治國)시스템'이 짜놓은, 국왕에 대한 신하들의 견제권을 무력화하기 위한 연산의 권력 쟁탈전에 가깝다는 것이다.

조선은 원래 이성계와 정도전이 군신(君臣) 양립의 국가체제로 나아가자는 공감 아래 건국을 했으나, 이후 이방원(太宗)에 의해 정도전이 제거됨으로써 왕권이 상대적으로 신권(臣權) 위에 군림하는 양상을 띠게 된다. 성종 대에 이르러 왕국이 안정됨에 따라 법치(法治)를 강화하는 차원에서 경국대전이 완성, 공표되면서 신하들의 국가 의사결정권과 비판권이 상당한 수준으로 강화되었다. 왕과 대신(大臣, 의정부와 육조)을 간쟁하고 탄핵하는 삼사(三司, 사헌부·사간원·홍문관)의 위상을 높였다. 성종이 완성한 유교정치의 구도는 대신과 삼사가 서로 견제와 균형을 유지하면서 왕이 결정권과 조정력을 행사하는 것이다. 그것이 제대로 작동하기 위해서는 국왕이 삼사의 탄핵과 언로(言路)를 보장해주어야 했다. 아들인 연산은 전대(前代)에 이뤄진 언간(言諫)세력(지금으로 치면 국회와 언론기관)을 일단 내침으로써 줄어든 왕권을 되찾고자 했다. 그것이 무오사화의 또 다른 의미이다.

이후 어머니의 억울한 죽음에 대한 분노에 기인한 폭정의 절정으로 꼽히는 갑자사화는 권신(權臣) 전체를 겨냥한 왕의 칼이기도 했다. 왕권의 부활과 어머니 명예의 부활이 같은 코드로 흘렀다. 어머니를 죽인 아버지를 다시 죽이고 싶은, 조선판 오이디푸스는 할머니를 이마로 헤딩하여 죽음에 이르게 했고(이 이야기는 극적으로 가공된 내용일 가능성이 높다), 아버지의 두 후궁을 궁궐 뜰에서 쳐죽였으며 의붓형제들도 주살했다. 그리고 오래전 살모(殺母)에 가담한 이들을 줄줄이 사형시켰다. 또 이미 죽은 이들은 무덤을 파헤쳐 다시 참시했다. 아버지가 만들어놓은 조선 '경국대전 체제'를 괴멸시키려는 왕의 반란이기도 했다.

당시 성현은 무엇을 하고 있었을까. 1479년 4월 사간원의 수장인 대사간이 된다. 임금에게 간언하고 다른 이의 상소도 올려주는 핵심 언론관이다. 이해 6월에 폐비 사건이 일어났으니 무사할 수가 없었을 것이다. 9월에 성균관 대사성이 되고, 이듬해엔 승정원 우승지를 역임한다. 이후 운명의 1484년에는 강원도 관찰사(그 전해 11월 발령)로 있다가 10월에 동지중추부사로 중국에 간다. 폐비가 사사되던 음력 8월 16일 언저리에는 '알리바이'가 성립되는 듯이 보이지만, 그간의 언론 행적들이 문제가 될 수밖에 없었다. 하지만 연산군이 즉위한 뒤에도 그는 한성부판윤과 공조판서를 거쳐 대제학에 올라 한동안 당대의 문풍(文風)을 이끌었다. 그러다가 갑자사화가 다가오던 1504년 1월 9일 66세로 눈을 감는다. 그가 늘그막에 틈틈이 파적(破寂) 삼아 기록하던 '용재총화'가 그때 발견되었을 것이다. 3월에 파주에 묻혔고 8월 사화의 번득이는 칼은 이 대언론인의 목을 베고자 하였으나, 이미 산 사람이 아니었다. 두 아들 세형, 세창을 잡아 장배(杖配)했다.

빈방과 게으름뱅이의 비밀

이쯤에서 고백하는 말이지만, 나는 성현을 사모한다. 언론인, 시인, 비평가를 겸한 당대의 정치가 겸 외교가이기도 했지만, 그의 책 〈용재총화〉를 들여다보면 이분이 멋진 스토리텔러였다는 걸 실감하게 된다. 말년으로 들수록 난세를 맞았던 언론인 성현이었지만 그에겐 세상의 시름을 더는 해학이 있었다.

성현은 용재(慵齋), 허백당(虛白堂), 부휴자(浮休子), 국오(菊塢)라는 호를 썼다. 자신의 심경이나 각오를 피력하는 상징장치였을 '아이디'는 성현을 이해하는 뜻밖의 단서가 될 수도 있다. 가장 목가적인 호는 '국오'다. '국화밭(언덕)' 쯤으로 번역될 수 있는 이 호칭은, 採菊東籬下(채국동리하, 동쪽 울타리 아래서 국화꽃을 따네)를 읊었던 도연명이 떠오르게 한다. 세속을 버리지 않고 살면서 은거를 꾀했던 그를 그리워한 흔적일까. 혹은 시불(詩佛)로 불렸던 당나라 왕유(王維)의 시에서 뜻을 빌려 왔는지도 모르겠다. 왕유는 말년에 망천이라는 곳에 집을 짓고 숨어 산다. 그곳에서 친구인 배적(裵迪)과 함께 노닐며 20경(景)을 읊는데 그 오언절구 중의 하나가 '신이오(辛夷塢, 목련밭)'다.

나무 끝에 부용화 같은 목련
산속에서 붉은 꽃잎 돋우네.
물가의 집은 고요하여 인기척 없고
흐드러지게 피었다 또 지네.

木末芙蓉花 山中發紅萼(목말부용화 산중발홍악)

澗戶寂無人 紛紛開且落(간호적무인 분분개차락)

　시끄러운 세상에서 왕유처럼 적무인(寂無人)의 경지를 누리고 싶었을까. 이후 시대인 청나라의 옹조(翁照)라는 시인은 '매화오(梅花塢)의 달빛 속에 앉다(坐月)'라는 시를 쓴다. 隔溪老鶴來 踏碎梅花影(격계노학래 답쇄매화영)이라는 구절이 숨을 멎게 한다. 개울 너머 늙은 학이 다가와 / 걸음마다 매화 물그림자를 깨네. 절대정적이 감도는 아름다운 이미지다. 뜬 채로 쉬는 사람이라는 부휴자(浮休子)에서도 그런 기분이 감돈다. 뜬세상이니 욕심 많이 부리지 말고 그냥 쉬었다 가자는 기분이었을까. 성현에게 이런 기분이 진하게 감돌았던 때는 연산군 즉위 이후 사화가 몰아닥치는 시절이었을 것이다. 선배였던 김종직의 필화(筆禍)가 남의 일이 아니질 않은가.

　'허백당집'은 그의 시문집이다(사후에 아들 성세창이 편집했다). 그의 핵심적인 문학 성과들이 담긴 이 책으로 보자면, 허백당(虛白堂)은 그의 대표적인 호라고 봐도 될 것이다. 그런데 흥미로운 것은 당시 허백당이란 호를 쓰는 사람이 여럿 있었다는 사실이다. 성현보다 한 살 많았던 홍귀달과 여섯 살 많았던 정난종(두 사람은 모두 춘추관에 있었으며 세조실록 편찬에 참여했다. 또 모두 이시애의 난을 평정한 공로가 있다)은 각각 허백당이란 호를 쓰고 있다. 성현보다 28년 뒤에 태어난 김양진(공조참판, 전라관찰사를 지냈고 안동 물계(勿溪)서원에 배향)도 같은 호를 쓰고 있다. 이후 17세기 정묘호란 때 사명당의 제자로 승군 4천 명을 지휘했던 의병장 명조스님도 호가 허백당이다. 하나의 호가 이렇게 인기가 있었던 것은 무엇 때문일까. 아마도 허백(虛白)의 의미가 심오하고 아름답기 때문일 것이다. 허백은 허실생백(虛室生白)을 줄인 표현으로, 장자 내편(內篇)의 제4편인 인간세(人間世)에 나온다. 장자는 공자와 그의 제자 안회의 대화를 통해 오묘한 진리를 펼쳐 보인다.

顔回曰, 回之未始得使, 實有回也. 得使之也, 未始有回也. 可謂虛乎?
(안회왈, 회지미시득사, 실유회야. 득사지야, 미시유회야. 가위허호?)

안회가 말하기를, "안회는 처음부터 얻으려하지 않았으니 실체가 안회입니다. 그것을 얻으려 했다면 처음부터 안회는 있지 않았을 것입니다. 이것을 텅 비었다고 할 수 있을지요?"

夫子曰, 盡矣. 吾語若! 若能入遊其樊而无感其名, 入則鳴, 不入則止. 无門无毒, 一宅而寓於不得已, 則幾矣.
(부자왈, 진의. 오어약! 약능입유기번이무감기명, 입즉명, 불입즉지. 무문무독, 일택이우어부득이, 즉기의.)

부자가 말하기를, "옳다. 내 말이 그 말이다! 네가 그 나라로 들어가도 그 이름에 감정이 바뀌지 않으면 말이다. 들으면 말해주고 듣지 않으면 그만둬라. 문(門)도 없고 독(毒)도 없이, 하나의 집처럼 저절로 될 때까지 있는다면 되지 않겠느냐."

絶迹易, 无行地難. 爲人使易以僞, 爲天使難以僞. 聞以有翼飛者矣. 未聞以无翼飛者也. 聞以有知知者矣, 未聞以无知知者也. 瞻彼闋者, 虛室生白, 吉祥止止. 夫且不止, 是之謂坐馳. 夫徇耳目內通而外於心知, 鬼神將來舍, 而況人乎! 是萬物之化也, 禹舜之所紐也, 伏羲几蘧之所行終, 而況散焉者乎!

(절역이, 무행지난. 위인사이이위, 위천사난이위. 문이유익비자야. 미문이무익비자야. 문이유지지자의, 미문이무지지자야. 첨피결자, 허실생백, 길상지지. 부차부지, 시지위좌치. 부순이목내통이외어심지, 귀신장래사, 이황인호! 시만물지화야, 우순지소뉴야, 복희궤거지소행종, 이황산언자호!)

발자취를 끊기는 쉽지만 간 길을 숨기기는 어렵다. 사람이 하라는 일은 꾸미기 쉽지만 하늘이 하라는 것은 꾸미기 어렵다. 날개가 있어 날아오른 사람의 얘기는 들었지만, 날개 없이 날아오른 사람에 대해선 듣지 못했다. 아는 것이 있어 아는 사람은 들어봤지만 아는 것 없이도 아는 사람은 듣지 못했다. 저 닫힌 것을 보라. 방을 비우면 여백이 생겨나지 않는가. 길하고 상서로운 것은 그침을 그침이다. 그치지 못하는 일을 좌치(坐馳, 앉아서 내달림)라고 부른다. 귀신도 올 텐데 하물며 사람이야! 이것이 만물의 변화다. 우임금과 순임금도 법도로 삼았던 것이고 복희와 궤거도 끝까지 행했던 바다. 하물며 세상 사람들이야!

유학자들이 장자의 사유에 깊이 매료되었다는 것은 무엇을 의미하는 것일까? 장자가 비록 공자와 안회를 모델로 출연시켜 대화를 시키고 있지만, 실제 그런 대화를 하였다기보다는 자기 생각을 펴기 위해 만들어낸 가상현실일 뿐이다. 그런데도 노장(老莊)의 사유를 배척하고 공맹의 유가를 체제의 기틀로 삼았던 조선의 지식인들이 앞다퉈 허실생백을 자신의 아이덴티티로 삼은 까닭은 무엇일까? 방을 비우면(虛室) 여백의 자리가 생겨난다(生白)는 원리는 욕망으로 치달리는 사회가 느끼는 피로감을 반영하고 있는 건 아닐까. 세상을 건설해 나가려던 의욕과 씩씩한 기상이 좌절과 무력감에 부딪히면서, 이제 그 분주하고 북적이던 마음을 좀 거두어들여 어두운 방에 고요히 앉고 싶은 마음의 표현이 아닐까. 성현이 살던 시대는 세조 쿠데타의 상처가 아물어가던 시대이면서 연산의 사나운 숙청이 닥쳐오던 시대였다. 욕망과 욕심으로 꽉 찬 세상아. 제발 좀 마음 좀 비워. 큰 방을 가지면 사는 자리가 넓어질 것 같니? 그게 아니라 이미 가진 것을 줄이고 없애면 그만큼 여백이 생겨나는 법이야. 제발 방 넓히려 하지 말고 비워라 비워! 이런 외침을 허백당이란 세 글자에 슬그머니 숨겨둔 것일지 모른다.

이제 마지막 호인 용재(慵齋)를 보자. 그는 죽기 직전까지 용재총화를 쓰고 있었다. 마지막 산문의 제목에 썼던 호인만큼 각별한 의미가 있었을 것이다. 〈유송도록〉의 발문을 함께 써준 서거정의 시에 용(慵)자 이야기가 나온다. 자신이 게으름이 심하여 다락의 액자를 용(慵)이라는 글자로 짓겠다면서 이렇게 읊는다.

얼굴은 누렇게 야위고 수염은 허옇고
천지 사이에 썩은 선비 하나
고금의 영웅은 몇 명이나 될까
어설프고 게으른 나 같은 이는 정녕 없으리.

容顏黃瘦白髭鬚 天地中間一腐儒 (용안황수백자수 천지중간일부유)

今古英雄知幾箇 疎慵如我定應無(금고영웅지기개 소용여아정응무)

– 서거정의 '사가(四佳)시집' 중에서

겸손을 넘어 처절한 자학의 시다. 앞서서 잘 나가던 서거정이 이런 기분을 먼저 느꼈고, 성현은 선배의 천하에 게으른 놈이란 자책에 깊이 공명했을까. 추운 겨울 이불을 뒤집어쓴 채 옛이야기들을 골라 적으면서, 용(慵)이라는 한 글자를 뼈저리게 마음에 새겼을까. 못난이가 사는 집으로 자신을 비유하면서, 연산군의 광포함과 그에 맞물려 돌아가는 미친 정치가들을 슬픈 눈으로 바라보고 있었을까.

● 보정문과 만부교

다시 〈유송도록〉으로 돌아가자. "정희인과 달밤을 거닐며 말 위에서 시를 읊다가 보정문에 들어오니, 새벽 종소리가 들렸다." 새벽에야 보정문에 들었다. 이제 제대로 개성 시내로 들어온 셈이다. 그러나 이들 일행은 갈 길이 바쁜 탓인지 보정문을 그냥 지나갔다. 보정문은 고려로 들어가는 문이며, 고려의 자부심과 수난이 뒤엉킨 성문이다.

942년(고려 태조 25년) 10월 보정문으로 한 무리의 기이한 행렬이 들어왔다. 거란에서 고려와 친선을 다지기 위해 낙타 50필을 이끌고 사신 30명이 찾아온 것이다. 왕건은 큰 소리로 외쳤다. "내 말을 잘 들어라. 거란은 16년 전 우리의 겨레인 발해를 멸한 무도한 족속이다. 저들을 모두 붙잡아 귀양을 보내도록 하라." 왕의 명령은 단호했다. 일거에 체포된

거란 사신들은 묶인 채 섬으로 떠났다. 고려왕의 선심을 사기 위해 들어왔던 낙타는, 성문 안에 있는 만부교(萬夫橋) 다리 아래에 매어놓고 굶겨 죽인다. 이 사건을 만부교사건이라 부른다. 낙타들이 죽어간 그 다리를 탁탁교(橐橐橋) 혹은 낙타교라고 불렀다. 죽어가는 거대한 낙타 50마리가 저벅거리는 소리를 표현한 것이 '탁탁'이었다.

　발해가 우리 동족임을 천명한 왕건의 발언은 깊은 울림을 남긴다. 그는 왕의 후예들에게 남긴 훈요10조의 제4조에 '거란은 금수의 나라이니 그 언어와 풍속을 본받지 말라.'고 못 박고 있다. 고려가 이 땅의 왕국들 중에서 '주체성' 하나만은 제대로 가지고 시작했다는 느낌을 준다. 하지만 고려-거란의 외교가 단절된 뒤 몰아친 후폭풍은 오랫동안 이 나라를 고통스럽게 했다. 993년(6대 성종) 10월에 대장군 소손녕의 군대가 침입한 것을 시작으로 1010년(8대 현종) 11월 거란 성종의 40만 대군이 서북부를 뚫고 들어왔고 1018년(현종9년) 소배압(소손녕의 형)을 지휘관으로 10만 대군이 다시 달려들었다. 이때는 강감찬이 귀주대첩으로 거란군을 몰살시켰다. 이 같은 치열한 전쟁 끝에 거란의 요나라는 고려와 평화관계를 갖게 된다. 보정문과 낙타교는 '옳지 않은 일'에 무릎 꿇지 않았던 고려인의 기개를 보여주는 힘 있는 상징이다.

　조선 또한 여진과의 관계가 중기 이후 굴욕으로 치닫는 만큼, 채수 일행은 당연히 왕건의 결단에 대한 감회나 후인으로서의 냉철한 역사적 평가 같은 것들을 내놔야 하지 않았을까? 그들이 단순한 명승을 찾아 나선 것이 아니라 과거라는 시간을 살피는 답사였다면 더욱 그렇다. 보정문에 감도는 고려의 피비린내는 아직 끝나지 않았다. 1231년 8월 몽골군이 압록강을 넘었다. 의주와 철주를 순식간에 함락시키고 개경을 포

위해 들어왔다. 당시 최씨 군부가 통치하던 고려정권은 왕(고종)과 함께 강화도로 옮겨가 필사의 결전을 벌이는 중이었다. 이 무렵 9월에 64세의 노시인(老詩人) 이규보는 무장도 하지 않은 채 보정문에서 몽골군을 맞서 싸우겠다고 기다리고 있었다. 그는 1230년에 국가의장을 담당하는 판위위시사(判衛尉寺事)를 지냈는데 팔관회 연회를 규례에 맞지 않게 열었다는 탄핵을 받고 전라도 위도에 유배됐다. 이듬해 정월 보름날 감형되어 고향인 황려로 유배지를 옮겼다가 국가 비상사태를 맞아 싸우러온 것이었다. 그런 가운데 시를 읊었다.

평복 입고 와서 성문 수문장이 되어
긴 성곽을 겁 없이 밤낮으로 순찰하네.
더운 지방 습한 병 끓는 곳보다 낫다
바다 촌사람들 향해 허리 꺾으며 사느니.

白衣來作守門人 不憚長城晝夜巡 (백의래작수문인 불탄장성주야순)
猶勝炎州嵐瘴地 折腰甘向海村民 (유승염주남장지 절요감향해촌민)

듣는 바다 촌사람들 기분이 서운할 수도 있겠으나, 유배지의 지긋지긋한 기분을 말하고 싶은 것일 터이다. 눈치를 보며 굽실거리며 지내야 하는 삶보다는 죽음이 출몰하는 이 전장(戰場)이 차라리 낫다는, 시인의 기개 같은 것이리라. 몽골군과 한판 붙어 죽어도 여한 없다는 당당한 태도이다. 그는 자신의 호인 '백운거사(白雲居士)'를 이렇게 설명한다. "흰 구름은 내가 사모하는 바이다. 사모하여 그 뜻을 배우려 한다. 그러다가 실상을 얻지 못한다 하더라도 거기에 가깝게는 될 것이다. 또 거사는 산에 거하거나 집에 거하거나 능히 도를 즐기는 자라야 그렇게 부를 수 있다. 나는 집에 있으면서도 도를 즐기려는 사람이다." 그는 두 편의 '시벽(詩癖, 시 버릇)'이란 시를 쓴다.

自知漸作痼疾, 猶不能自止, 故作詩傷之
(점점 고질이 되어 스스로 멈출 수 없음을 알기에 시를 지으며 끙끙 앓는다)

年已涉縱心(연이섭종심)	나이 이미 칠십을 건넜고
位亦登台司(위역등태사)	벼슬 또한 정승(태사)에 올랐네.
始可放雕篆(시가방조전)	이제는 시 짓는 일 놓을 만도 하건만,
胡爲不能辭(호위불능사)	어찌하여 그만두지 못하는가.
朝吟類蜻蟀(조음류청솔)	아침엔 귀뚜라미처럼 읊조려대고
暮嘯如鳶鴟(모소여연치)	저녁엔 올빼미같이 노래 부르네.
無奈有魔者(무나유마자)	못 말릴 마귀가 있어
夙夜潛相隨(숙야잠상수)	아침저녁 몰래 따라와서는
一着不暫捨(일착불잠사)	한 번 붙으면 잠시도 놔주지 않아,
使我至於斯(사아지어사)	나를 여기에 이르게 했네.
日日剝心肝(일일박심간)	날마다 심장과 간을 도려내
汁出幾篇詩(즙출기편시)	몇 편의 시를 짜내니,
滋膏與脂液(자고여지액)	내 몸의 기름기와 진액
不復留膚肌(불복류부기)	살에서 다 빠져나가고 남은 게 없네.
骨立苦吟哦(골립고음아)	뼈만 남아 괴롭게 읊조리니

此狀良可噱(차상량가치)	이 꼴이 가히 우습다.
亦無驚人語(역무경인어)	그렇다고 사람들이 놀랄 시를 지어
足爲千載貽(족위천재이)	천 년 뒤에 남길 것도 없다네.
撫掌自大笑(무당자대소)	손바닥을 비비며 홀로 크게 웃다가
笑罷復吟之(소파부음지)	웃음을 그치고는 다시 읊조려 본다.
生死必由是(생사필유시)	생사가 반드시 시로 말미암을 것이니
此病醫難醫(차병의난의)	이 병은 의사도 고치기 어렵도다.

詩癖 2

臥病數四月(와병수사월)	병으로 누운 지 몇 달
作詩幾許篇(작시기허편)	지은 시가 몇 편이던가.
呻吟與謳吟(신음여구음)	병 앓는 소리와 시 읊는 소리
相雜仍相連(상잡잉상련)	한데 뒤섞여 이어진다네.
此癖亦一病(비벽역일병)	이 버릇도 일종의 병일지니
難以藥石痊(난이약석전)	약과 침으로 다스릴 수 없어라.
自召非自召(자소비자소)	스스로 불렀나 스스로 부른 게 아닌가.
偶然非偶然(우연비우연)	우연인가 우연이 아닌가.
掩被欲默己(엄피욕묵기)	이불 쓰고 입 다물자 해도
嘯忽來吻邊(소홀래문변)	나도 몰래 가만히 입가에 맴도네.
天耶必鬼耶(천야필귀야)	하늘이 이러는가 필시 귀신이 이러는가.
似有崇所牽(사유숭소견)	마치 덜미 잡혀 끌리는 듯
或欲移他事(혹욕이타사)	딴 일에 마음을 옮기고자 하여도
驅之心不前(구지심불전)	몰아내려 해도 마음이 듣지 않고

嗟嗟竟莫理(차차경막리)　　끝내 다스릴 수 없으니
終以此死焉(종이차사언)　　결국은 이 때문에 죽겠구나.

고려 버전의 헤르만 헤세인듯 구름을 좋아한다는 이 시인의 신랄하고 통렬한 고백을 듣노라면 가슴이 후련하다. 시에 대한 혹애(惑愛)가 이 정도라면, 왕국을 달리한다 하더라도 후배들이 존경할 만하지 않은가. 비록 그가 최충헌 무신정권에 지조와 이성을 팔았다는 일부의 혐의를 받고 있다 하더라도, 시를 향한 저 치열함은 매력적이지 않은가. 시, 술, 거문고를 좋아한다 해서 3혹호(三酷好)라 자처했으며 장자를 읽고 매료됐던 사람이다. 이규보는 '시에서 마땅하지 않은 아홉 가지'라는 글을 쓰는데 그중에 '재귀영거체(載鬼盈車體)'는 귀신을 가득 싣고 다니는 시(죽은 사람을 잔뜩 나열하는 시를 조롱함)이며 '졸도이금체(拙盜易擒體)'는 옛날 것은 무조건 좋다 여기고, 표현을 어설프게 훔치는 시이다. 개성을 이토록 강조하는 것 또한 고려정신 같은 것이 아니겠는가. 보정문을 지나가며 왕건이 죽인 낙타의 발걸음 소리와 이규보의 질병 같은 시 읊는 소리를 듣지 못한다면, 그 또한 죽은 귀가 아닌가.

제4부

'고려 콤플렉스' 탈출 여행

개성을 걸을수록,
前왕조가 다시 살아나는 역설

● 목청전과 태조 이성계

목청전(穆淸殿)에 이르러 태조의 진영(眞影)을 뵈었는데, 목청전은 곧 태조의 옛날집이다. 성균관에 이르러 공자님을 배알했다. 다섯 성인과 열 분의 철인(哲人)을 모두 소상(塑像)으로 빚었는데 원나라 사람이 만든 것이다. 자하동을 드나드니 시냇물이 졸졸 흐르고 기이한 꽃들이 골짜기에 가득하며, 옛터에는 섬돌이 너무 많아 중화당(中和堂)이 어디쯤에 있었는지 알 수가 없었다.

왕륜사(王輪寺)에 이르니 옛날에는 큰 절이었는데 지금은 오직 전(殿) 하나만 남았다. 수락석(水落石)은 안화동 입구에 있었다. 맑은 샘물 한 줄기가 절벽구멍에서 쏟아져 나와서 아래에 작은 못을 이뤄 작은 물고기 수백 마리가 그 밑바닥에서 노닐고 있었다. 우리 일행은 모두 함께 발을 씻고 거기에 낚싯대를 드리웠다.

–〈유송도록〉 3월 16일 오전 여행의 기록

태조가 살던 옛집 목청전(개성시 운학동에 있다)에 태조의 어진을 모신 것은 1418년 태종 때다. 조선의 임금들은 개성으로 거둥하여 목청전에 다례(茶禮)를 올리고 그 기념으로 그곳에서 과거시험을 보기도 했다. 임진왜란 때 목청전은 불탔고 태조의 어진도 소진되었다. 이후 이곳은 폐허로 버려졌는데 숙종 때 각(閣)을 만들고 비를 세웠다. 그 뒤 해마다 제사를 지냈으나 정조 때 폐지된다. 채수의 시대만 해도, 목청전은 위엄을 갖추고 있던 성지였다. 그들은 이곳에서 태조의 어진을 보았다. 어찌 감회가 없을 수 있으랴? 4명이 시를 읊었고, 시정(詩情)이 풍부한 성현은 연작으로 두 편을 남겼다.

삼가며 삼가며 깊은 어전(御殿)을 열었네.
전해오는 초상화가 아직도 이렇게 남아 있구나.
겹눈동자는 순임금의 눈을 보는 듯하고
여덟 빛깔 눈썹은 요임금의 눈썹을 보는 듯
피어오른 덕은 하늘같이 크고
솟아오른 공은 해가 바로 내려앉은 듯
무엇인가 얻은 것처럼 가슴이 꽉 차서
머리를 조아리며 떠날 줄 모르네.

穆穆開深殿 傳眞尙此遺 重瞳瞻舜目 八彩見堯眉
(목목개심전 전진상차유 중동첨순목 팔채견요미)

盛德天同大 隆功日正垂 充然如有得 稽首不知渡

(성덕천동대 융공일정수 충연여유득 계수부지도)

-穆淸殿, 안침

아마도 이들에게는 여기서 시를 쓰는 일이 가장 부담스러웠을 것이다. 왕국을 개창한 태조의 어진을 보고 감히 뭐라고 말하겠는가. 그런데 역시 기자 감각을 지닌 안침이 앞장섰다. 이 시가 맨 앞에 나온 것은 좌중을 압도할 만한 '빼어난 찬사'가 공명을 불러일으켰기 때문이리라. 특히 요순의 눈동자와 눈썹과 닮았다는 대목이 태조의 왕업을 200퍼센트 지원해주는 멘트가 아니었을까.

순임금이 눈동자가 두 개였다는 것, 요임금이 여덟 색깔 눈썹을 지녔다는 것, 이것은 옛 리더를 신성화하는 과장법이 개입되어 있지만, 이성계의 얼굴을 그렇게 그린 것은 사실을 반영한 것일까. 이 또한 그의 행위를 정당화하고 요순의 정치적 명성에 편승하기 위한 이미지 장치였을 가능성이 크다.

중동(重瞳)과 팔채(八彩)는 시인의 과장법이었을 수도 있다. 하지만 무엇인가 들어온 듯 가슴 속이 꽉 차서 고개를 조아리며 떠날 줄 모른다는 저 말은 일행이 모두 느꼈던 진심일 것이다. 왕국 안정기의 바탕을 만들어준 '거인'을 우러르는 감정은 자연스럽다고 할 수 있다. 그분의 얼굴 그림이 진짜 남아 있었군, 하는 경탄 속에는 꾸밈없는 천진성까지도 느껴진다. 성현은 목청전에서 두 편을 읊는다.

1.

왕의 고향엔 상서로운 구름이 하늘과 땅을 씻고
위대한 가문에서 나라를 위해 큰 기틀을 세웠다.
소나무 그늘과 우거진 풀은 맑은 사당을 둘러쌌는데
햇살 한 줄기가 똑바로 내려와 팔채 눈썹을 비춘다.
시간이 흘러 큰 잎사귀 본체와 지엽은 나뉘고
봄은 깊어 이슬비는 슬픔을 두 배로 늘리는구나.
하찮은 선비 붉은 섬돌 아래 고개 숙여
주공의 과질시를 거듭 읊조린다.

豊沛祥雲盪兩儀 化家爲國建丕基 (풍패상운탕양의 화가위국건비기)
松陰掩苒環淸廟 日角昭垂映彩眉 (송음엄염환청묘 일각소수영채미)
世遠本支紛奕葉 春深雨露倍增悲 (세원본지분혁엽 춘심우로배증비)
小儒稽首丹墀下 續賦周公瓜瓞詩 (소유계수단지하 속부주공과질시)

2.

옛집의 용이 날아간 지 이미 백 년
소나무 그늘이 깔린 땅엔 푸른 연기가 꿈틀거린다.
아름다운 기둥 안에 있는 왕의 겹눈동자는 엄숙하고 평화롭고
우뚝 솟은 코는 수놓은 도끼 앞에 있는 듯하네.
세상을 덮을 공로는 하늘에 넘치고
태평성대의 기틀을 닦은 업적은 날마다 이어진다.
어느 선비가 수염을 꼬면서 생각해보고는

다시 옥으로 된 섬돌에 절하여 눈물을 흘리네.

故宅龍飛已百年 松陰鋪地動蒼烟(고택용비이백년 송음포지동창연)
重瞳肅穆華楹內 隆準依俙綉斧前(중동숙목화영내 융준의희수부전)
蓋世功勞天蕩蕩 大平基業日綿綿(개세공로천탕탕 대평기업일면면)
書生耿有攀髥想 再拜瑤墀淚泫然(서생취유반염상 재배요지누현연)

－穆淸殿, 성현

성현은 이 일행 중에서 고참이니 만큼, 문학적인 리더이기도 했던 모양이다. 목청전 앞에서 시상(詩想)의 각(角)을 잡아주었다고 할 만큼 웅장하고 폼나는 시를 읊었다. 근엄한 자리에서 읊는 시들은 대개 낯선 한자가 많이 등장한다. 공들여 뽑아낸 시라는 것을 함의하는 방법이기도 하리라. 또 고사(故事)를 담아 의미의 외연을 넓히는 것에도 신경을 쓴다. 성현이 태조를 알현하는 장면을 한번 들여다보자.

첫 구절에 풍패라는 말을 썼다. 풍패는 중국의 패군(沛郡) 풍현(豊縣)을 줄인 말인데, 이곳은 한나라를 건국한 유방(劉邦)의 고향이다. 풍패는 건국의 시조가 태어난 곳을 가리키는 관용어이다. 양의(兩儀)는 양과 음, 혹은 하늘과 땅을 가리키는 말이다. 태극에서 서로 맞물려 돌아가는 양쪽의 움직임을 가리키는 말로, 태극에서 양의가 생겨나고 양의에서 사상팔괘(四象八卦)가 생겨난다고 본다. 성현이 목청전에 온 날 구름이 끼었던 모양이다. 그것을 저렇게 거창하게 표현했다. 풍패의 땅에 상서로운 구름이 하늘에도 닿고 땅에도 닿아 있으니 태극의 음양(천지)을 씻는 것이 아닌가. 이런 우람한 시상으로 좌중을 압도했을 것이다. 이 시의 백미는 3, 4행인 듯하다. 소나무 그늘과 우거진 풀이 맑은 사당을 빽빽이 둘러쌌는데 햇살 한 줄기가 태조의 무지개 눈썹으로 바로 내려와 앉았다는 묘사는, 더 말할 것도 없이 신성한 느낌을 감동적으로 돋운다. 안침이 요임금의 여덟 색깔 눈썹이라고 말한 것도, 저 빛줄기의 마법이었을 수 있다. 그런데 일각(日角)과 우로(雨露)가 동시에 쓰인 건 어떻게 읽어야 할까. 구름 낀 날 햇살 한 줄기가 비친 그 시각에 다시 이슬비가 뿌리는 건, 변덕스러운 기상을 말하는 것일까. 우로(雨露)는 전통적인 상징대로 임금의 은혜만을 가리키는 말일까. 이 봄날 태조의 은혜가 더욱 깊어지니 그를 잃은 슬픔이 더 커진다는 의미 정도로 읽으면 되는 것일까. 단지(丹墀)는 참으로 고색창연한 말이다. 고대의 대궐은 붉은 칠을 했기에 붉은 섬돌은 궁궐을 가리키는 말이다. 이런 상징을 빌리는 까닭은 태조의 권위에 역사적인 후광을 입히려는 노력일 것이다. 주공의 과질시는 시경(詩經)의 '대아(大雅)' 편에 나오는 것이다. 緜緜瓜瓞 民之初生(면면과질 민지초생). 뻗고 뻗은 오이넝쿨, 백성이 처음 생겨났네. 즉 왕국을 개창한 뒤 서로 이어져 끊이지 않는 바람을 성현은 과질시를 빌어 말했다. 다분히 의전적인 멘트들로 가득 찬 시를 써놓고 난 뒤에도, 이 시인은 흥분이 가라앉지 않았던 모양이다. 두 번째 시를 쓴다. 여기서도 볼 만한 대목은 3, 4행이다. 重瞳肅穆華楹內 隆準依俙綉斧前(중동숙목화영내 융준의희수부전). 중동은 아까 안침이 읊었던 순임금의 눈인 겹눈동자를 말한다. 숙목하다는 말은 정숙하고 겸손한 태도를 말함인데, 이 궁전이 목청전임을 염두에 둔 말일 것이다. 목청(穆淸)이라는 말은 '하늘'이라는 의미로 임금의 통치가 제대로 되어 세상이 화평한 것을 가리킨다. 이성계의 초상은 꽃

무늬 기둥으로 짠 사각 안에 모셔져 있었을 것이다. 왕의 눈동자가 화려한 기둥 안에서 숙목하구나. 융준이란 융준용안(隆準龍眼)에서 나온 말이다. 사기(史記)의 '고조본기'에 나오는 한나라 유방의 얼굴 특징을 가리킨다. 풍패와 세트를 이루는 인용이라 할 수 있다. 융준용안은 솟아오른 콧날과 용처럼 부리부리한 눈을 말한다. 성현은 한술 더 떠서 얼굴 전면에 도끼날을 수놓은 것 같다고 말한다. 이렇게 초상화를 묘사하고 난 뒤 하늘에 넘치는 공로와 지금까지 이어져 온 업적에 생각하며 이 시인은 눈물까지 흘린다.

성현이 이렇게 시를 읊고 나니 다른 사람들이 뭔가 첨언(添言)하는 일이 한없이 부담스러웠을 것이다. 하지만 허침과 채수가 나서 다시 읊는다.

용이 날고 봉황이 춤추며 궁궐 담을 지켰지만
오백 년의 역사가 다른 성의 왕이 되었다.
듣고 부른 노래는 다 순임금 우임금인데
도끼부대 지휘하여 창을 든 부대 쓸어내었다.
마침내 이룬 대업 천하여 오래 가라.
겹눈동자가 아직도 기억하는 듯 해와 달처럼 빛나네.
이제 가겠습니다. 머뭇거리며 부지런히 고개 조아리는데,
여장(旅裝)엔 아직 절하고 남은 향기가 묻어 있네.

龍飛鳳舞護宮墻 五百眞生異姓王 (용비봉무호궁장 오백진생이성왕)
任聽謳歌歸舜禹 指揮旄鉞掃欃槍 (임청구가귀순우 지휘모월소참창)
終垂大業乾坤久 尙記重瞳日月光 (종수대업건곤구 상기중동일월광)

欲去徘徊勤稽首 征衣猶得挹餘香(욕거배회근계수 정의유득읍여향)

- 穆淸殿, 허침

　　허침은 이 무겁고 심각한 기분을 좀 바꾸고 싶어 하는 분위기 메이커이다. 여보게들, 여행 와서 눈물 흘리며 그렇게 진지 모드로 궁상이나 떨 건가. 좀 편하게 '감상'하면 안 되나. 그런 호쾌한 기질이 엿보인다. 고려가 그토록 폼나게 500년을 지켜왔지만 어느 날 왕씨가 이씨로 바뀌어 있다. 어느 쪽이나 요순임금을 노래하지 않은 쪽이 없지만, 승자와 패자는 있는 것이다. 도끼부대는 이성계 진영이고 창을 든 부대는 최영 부대일 것이다. 조선의 도끼가 고려의 창을 몰아냈다. 이렇게 차지한 천하가 좀 오래 유지되어야 한다는 바람을 이성계의 눈동자에서 읽을 수가 있다. 이런 얘기다. 이전의 시에 비해선 솔직하고 담백하다. 너무 오래 있으려니 기운이 축 처져서 굿바이 하려고 하는데 다들 여러 번씩 절을 한다. 하도 절을 많이 했는지라 돌아서 나와도 향내가 묻어 있다. 일행 중엔 이렇게 스냅풍으로 리얼하게 읽어내는 사람도 있는 법이다. 하지만 아직도 진지 모드의 한 남자가 남아 있다. 바로 채수다.

　진인은 운을 타고 이렇게 왕국을 일으켰네.
　아름다운 기운은 돋아 올라 한 나라를 평정했네.
　지극한 덕은 임금과 신하를 하나로 만들고
　신성한 공력은 역사상 멀리까지 비길 데가 없도다.
　요임금 눈썹의 상서로운 빛이 금벽에 빛나고
　순임금 궁전의 상서로운 구름이 비단창을 휘감네.

세상에 그림 그리기가 어렵다는 것을 아는데
소신이 어찌 깃대 같은 붓을 얻을 수 있으리.

眞人乘運此興王 佳氣蔥蔥鎭一邦(진인승운차흥왕 가기총총진일방)
至德君臣咸有一 神功今古夐無雙(지덕군신함유일 신공금고형무쌍)
堯眉瑞彩輝金碧 舜殿祥雲繞綺窓(요미서채휘금벽 순전상운요기창)
天地固知難繪畵 小臣那得筆如杠(천지고지난회화 소신나득필여강)

― 穆淸殿, 채수

안침에게 '중동첨순목 팔채견요미'의 절묘한 구절을 빼앗긴 좌중의 시인들은 몇 배 더 고민해야 할 판이다. 그게 초상화의 백미(白眉)이기 때문이다. 채수는 안침의 시와 성현의 시를 살짝 종합해 요순과 같은 이성계를 그려냈다. 즉 팔채눈썹으로 요임금을 만들고 상서로운 구름으로 순임금을 만들었다. 그렇게 해놓고도 뭔가 아쉬움이 남았는지, 나와 같은 무딘 붓으로 어찌 천하의 저 위인을 그려낼 수 있을까 하고 엄살을 떤다. 이 시회는 안침의 승리였고 성현은 물량공세와 지적인 과시로 그 게임에 올라탔다. 그래도 내가 보기엔 허침의 시가 인간적인 여운을 남긴다. 판이 이런 상황이니 다른 시인들은 운(韻)을 떼지도 않았다.

● 송도 성계탕과 이성계론(論)

고려의 왕도인 송도에서는 돼지고기를 성계라 부른다. 고려가 멸망한 뒤 송도에 있던 왕족과 귀족들은 줄줄이 의문사를 당했다. 개성과 강화 앞바다에는 이들의 주검이 둥둥 떠다녔다고 한다. 조선 개국 후 송도에서는 이성계에 대한 반감이 상당했던 것으로 알려져 있다. 송도 백성들을 중심으로 평안도 일대에서는 위화도 회군으로 죽임을 당한 최영 장군을 기리기 위해 제사를 지냈다.

최영이 무속의 신이 되는 건 이때부터였다. 최영 장군 제사를 지낼 때 일부에서는 집돼지 혹은 멧돼지를 통으로 삶아서 제물로 바쳤다. 제물로 바쳐진 통돼지를 '성계육'이라 했는데 제사가 끝나고 음복을 할 때는 통돼지를 칼로 도려냈다. 또 이 지역에서는 돼지고기를 썰어 국을 끓여 먹었는데 이것을 '성계탕'이라 불렀다.

이성계는 을해년생(乙亥年生) 돼지띠였다. 무속행사에 쓰이는 돼지머리와 송도 성계탕은, 최영의 분노를 달래는 음식이라고 할 수 있다. 그 분노는 송도 일대의 고려 귀족들을 중심으로 한 민심의 표현이기도 했다. 송도 일대의 사람들이 조선 창업자에 대해 가졌던 그 같은 여론을 이성계는 의식하지 않을 수 없었을 것이다. 송도를 방문한 조선 지식인들은 명분이 부족한 쿠데타에 대한 반론들이 어느 정도 진정된 다음에 그곳을 찾았던 지라 저 같은 찬미 일색의 분위기를 만들 수 있었으리라. 하지만 고려와 조선의 양대 왕국에서 객관적인 관점을 유지하며 볼 수 있는 우리로서는 이성계를 좀 더 냉철하게 바라보며 음미할 필요가 있지 않을까.

태조 이성계는 1335년 음력 10월 11일 원나라 쌍성총관부에 속해 있던 함경도 영흥 흑석리에서 이자춘과 최씨의 아들로 태어났다. 우뚝한 콧마루가 돋보이는 얼굴이었다고 한다. 성현이 말한 도끼콧날은 단순한 미사여구가 아니었던 셈이다. 그의 가문은 고조부 이안사가 함경도로 이주하면서 원나라의 벼슬을 받는다. 1356년 공민왕이 반원 개혁정치를 실시할 때 아버지 이자춘이 고려에 귀화하면서 고려 관직을 받게 된다. 이런 집안 배경 때문에 이성계는 송도에 기반이 없었다. 그는 활을 잘 쏘아서 신궁(神弓)으로 불렸다. 전장에서 30여 년을 활약하면서 한 번도 패배하지 않았다는 전설적인 기록도 갖고 있다.

그가 고려 최고의 장수로 떠오르게 된 것은 1361년 음력 10월 홍건적의 10만 대군이 얼어붙은 압록강을 넘어 송도를 함락시켰을 때였다. 이성계는 2천 명의 군사를 거느리고 수도 탈환 작전에 참가한다. 그는 선봉에 서서 말을 탄 채 적장(敵將)을 활로 쏴서 죽이는 신공을 펼쳤다. 홍건적의 우두머리였던 사유(沙劉)와 관선생(關先生)은 그의 화살에 맞아 죽었다.

이성계는 가장 먼저 송도에 입성했다. 홍건적을 물리친 뒤 숨을 고르기도 전에 1362년 원나라의 나하추(納哈出)가 수만의 군사를 이끌고 함경도 홍원으로 쳐들어왔다. 이성계는 동북면병마사로 임명되어 달려가 함흥평야에서 원나라 군사를 몰아낸다. 1364년 원나라에 있던 최유(崔濡)가 공민왕을 몰아내고 덕흥군(德興君)을 세우려고 압록강을 넘어 침입하자 이를 막아낸 것도 이성계였다.

1380년 이키 섬 출신 아키바츠(阿只拔都)라는 소년장수가 왜구를 이끌고 고려를 침공했다. 지리산 일대를 약탈하며 북진을 하자 이성계는 삼도도원수로 임명되어 출전하였다. 전라도 운봉에 도착한 이성계는 고개를 넘다가 길 오른쪽의 험한 길을 보고 "적이 반드시 이 길로 습격하러 올 것이니, 우리도 이곳으로 들어가자."라고 말했다.

과연 왜구가 그 길로 습격해 왔다. 이에 이성계는 화살 70여 발을 쏘아 모두 얼굴에 맞히니, 왜구들이 활시위 소리를 따라 줄줄이 쓰러졌다. 마침내 고려군은 황산에 진을 치고 왜구와 대치한다. 황산에서 이성계는 적장 아키바츠를 화살로 맞혀 죽인다. 화살 한 대를 쏘아 아키바츠의 투구가 벗긴 뒤 다시 한 대를 쏘아 이마를 맞혔다는 전설적인 활솜씨를 보인 것이 이때의 일이다. 왜군은 크게 놀라 물러난다. 이 전투를 '황산대첩(荒山大捷)'이라고 한다. 이색, 김구용, 권근이 시를 지어 이 승리를 축하한다.

이 같은 승승장구는 이성계를 변방의 무명 장수에서 일약 고려 최고의 영웅으로 만든다. 백성들의 신망을 받게 되었고, 신진사대부들도 그 주위에 몰려든다. 여기까지의 이성계가 고려를 지킨 신궁명장(神弓名將)의 면모다.

1388년 위화도 회군으로 그는 권력의 중심으로 이동한다. 이때부터 1392년까지 4년간 쿠데타의 중심이 되어 새로운 왕조 건설을 향한 피비린내 나는 내부 투쟁을 펼친다. 그가 정도전을 비롯한 역성혁명파를 이끌고 신왕조를 세울 계획을 세우자 한때 그를 지지했던 온건개혁파 이색, 정몽주는 등을 돌린다. 즉 이성계의 혁신을 지지했던 유학파 진영이 분열한 것이다. 정도전을 통해 이색과 정몽주를 탄핵하여 조정에서 축출하고, 라이벌이자 우왕의 장인인 최영 장군을 반역죄로 몰아 처형한다. 이 무렵 정몽주 일파는 이성계를 제거할 계획을 세운다. 1392년 이성계가 병을 이유로 숨어 있자 정몽주는 그의 동향을 파악하기 위해 직접 말을 타고 집으로 찾아왔다. 이때 다섯째 아들 이방원이 정몽주를 추격하여 선죽교에서 살해한다.

정몽주가 숨을 거둔 지 넉 달 뒤 이성계는 1392년 음력 7월 17일 개성의 수창궁(壽昌宮)에서 공양왕에게서 왕위를 이양받는 형식으로 왕위에 오른다. 즉위한 다음날 개경에 오랜 가뭄 끝의 단비가 내렸다. 왕이 된 이성계는 민심의 동요를 염려하여 국호는 그대로 두었으나 1393년 음력 2월 15일 조선(朝鮮)이라 고친다. 그는 지역 기반과 사상적 기반을 바꿀 필요가 있다는 정도전의 건의를 받아들여 도읍지 천도와 국교(國敎)를 불교에서 유교로 개정한다.

위화도 회군 이전의 이성계는 백성의 추앙을 받는 구국적인 인물로 보는데 이견이 거의 없다. 그러나 회군 이후의 이성계는 멀쩡한 왕조를 무너뜨리고 탈취한 욕망의 화신이라는 평가에서 고려가 지닌 스스로의 한계를 극복하고 역사의 새로운 장을 만들어낸 창조적 리더라는 입장까지 다양한 스펙트럼을 지닌 인물로 읽혀져 왔다. 중요한 것은 조선시대의 건국 논리를 위해 만들어진 일방적인 면모로는 이성계를 제대로 담기 어렵다는 점이다.

고려 내부의 사회 피로도(疲勞度)와 바뀐 대외관계에 부응해야 하는 시대적 요구가 역성혁명을 낳았다는 관점에는 일리가 있지만, 과연 그것이 그런 방식뿐이었는가에 대한 비판 또한 여전히 열어두어야 할 영역이다.

채수 일행에게 그런 것을 주문하기에는 너무 벅찬 일이지만, 그들의 여행을 따라가며 역사의 오솔길을 함께 거니는 우리로서는, 당연히 그들보다 더 많이 음미해야 할 팩트와 해석의 영역이 있지 않을까. 이성계의 집인 목청전 옆에는 정몽주가 최후를 맞았던 선죽교가 있었고 한양의 지식인들은 이곳을 당연히 지나갔지만 누구도 그것에 대해 언급하지 않는다. 왜 감흥이 없었겠는가. 다만 내면의 금기가 혀를 누르고 있었을 뿐. 이 또한 슬픈 일이다.

● 안화동 수락석, 채홍철과 이제현의 추억

"수락석(水落石)은 안화동(安和洞) 입구에 있었다. 맑은 샘물 한 줄기가 절벽 구멍에서 쏟아져 나와서 아래에 작은 못을 이루어 작은 고기 수백 마리가 그 밑바닥에서 헤엄치고 있었는데, 우리 일행이 모두 함께 발을 씻고 낚싯대를 드리웠다."

— 채수의 〈유송도록〉 중에서

수락(水落)이란 지명이 고려 수도인 개경에도 있고, 조선 수도인 한양 부근에도 있다는 점은 우연일까. 이 수락석에 대한 추억이 지식인의 내면에 들어앉았다가 새로운 도읍의 어느 절경 앞에 슬그머니 흘러나온 것은 아닐까. 채수가 말한 이 수락석은 흔히 수락암(水落巖)으로 불린다. 수락암동에서는 중요한 고려고분이 발견되었는데, 고려인의 복장과 용모를 보여주는 초상화와 여인처럼 곱고 아름다운 관음도(觀音圖)가 거기서 나왔다.

수락암을 수락석이라고 표현한 것은 아마도 소동파(蘇東坡)의 '적벽부(赤壁賦)'를 의식했기 때문이 아닐까. 북송(北宋)의 신종(神宗)황제는 왕안석(王安石)을 등용해 개혁정책을 펴는데 시인 소동파는 이에 반기를 든다. 결국 이 시인은 호북성 황주(湖北省 黃州)의 동파(東坡)라는 곳으로 좌천된다. 이곳에서 그는 적벽을 유람하고 적벽부를 읊었다. 그가 찾은 곳이 삼국지에 나오는 손권-유비가 조조 100만 대군을 격파한 그곳(가어현(嘉魚縣)에 있는 적벽)은 아니지만, 소동파는 자신의 풍자와 상징을 담기 위해 짐짓 그 적벽인 것처럼 시를 토했다. 그중 후적벽부(後赤壁賦)에 山高月小 水落石出(산고월소 수락석출, 산은 높으니 달은 작고 물이 빠지니 돌이 드러나는구나)라고 노래했다. 후세에선 이 시를 빌어 흑막에 가려진 진상이 드러나는 것을 수락석출이라고 했다. 왕안석의 비정(秕政)이 한때 득세를 할지언정 곧 사필귀정으로 모든 것이 밝혀질 것이라는 신념을 담은 말이리라. 조선의 유학자들은 수락석 앞에서 고려가 망하고 새 왕조가 들어선 것이 수락석출과도 같다고 믿었을까. 바위에서 샘물이 나와 떨어지는 곳에서 발을 씻고 나서 보니 물고기들이 제법 바글거린다. 모처럼 한가한 소풍 기분을 느낀 그들은 아예 낚싯대를 드리우며 여유를 즐겼다. 오늘 저녁 매운탕은 굳었지 않은가.

    비 온 뒤 송악산은 면면이 다 기이하다.
    푸른 봉우리 정자 아래 길도 구불구불
    채홍철 시 읊는 것을 지금은 볼 수 없으니,
    (자하동신곡은 못듣고) 자하동의 노을만 다만 주울 뿐이네.
    숲가의 흰 돌은 옥자리를 편 듯하고
    얼굴에 튀는 맑은 샘은 은실처럼 퍼지네.
    혹여 예쁘고 예쁜 손가락을 부를 수 있다면
    중화곡(중화당에서 채홍철이 부른 '자하동신곡')의 한 구절을 거문고로 타라 하리라.

雨後松山面面奇 碧岺亭下路迤迤(우후송산면면기 벽잠정하노위이)
蔡公風韻今無見 紫洞烟霞只可拾(채공풍운금무견 자동연하지가습)
白石傍林鋪玉簞 清泉洒面鴻銀絲(백석방림포옥단 청천쇄면홍은사)
若爲喚得纖纖指 彈徹中和曲裏詞(약위환득섬섬지 탄철중화곡리사)

– 안화동 수락석, 성현

이 시는 중화당에서 국가원로들을 불러 '자하동신곡'을 바쳤던 고려 권력형 부자인 채홍철의 스토리를 읊은 것이다. '조선의 젊은 선비 개성을 가다'(보고사)에서 이동재 교수는 '채공'을 개경 유람 일행인 채수로 해석하는 바람에 뒷 구절들이 오역(誤譯) 속을 헤매고 있다. 채수의 시 짓는 재주를 지금 볼 수 없다니, 바로 옆에 있었는데? 갑자기 볼 일 보러간 틈을 타서 시 대결을 펼쳤던 말인가? (얄궂은 것은 그 뒤에 버젓이 채수의 시가 따라나온다는 것이다.) 여하튼 그 뒤 번역을 옮겨보면 이렇다. "숲가의 흰 조약돌 옥구슬 자리를 깔아놓고 맑은 샘물이 얼굴에 튀며 하얀 실처럼 졸졸 흐른다. 마치 섬섬옥수를 불러들인 듯 퉁기는 소리가 중화곡사를 훤히 아는 듯." 처음부터 잘못 짚었기에 갈수록 뜻이 오리무중이 된다. 이 대목은 큰돈을 벌어 영화를 누리고 살았던 채홍철의 생활방식을 염두에 두면서 불렀다고 봐야 한다.

성현이 함께한 일행들은 비록 흰 바위 위에 앉아 있지만, 왕년의 채홍철처럼 옥자리에 앉은 기분을 느껴보자는 얘기다. 또 맑은 샘물이 하얀 사(絲)처럼 나부끼는 것은 춤추는 무희의 옷자락을 생각한 것이 아닐까. 그렇게 분위기를 잡아놓고 제법 놀 줄 아는 풍류객인 성현은 이렇게 말한다. "채씨가 놀던 기생을 불러와 중화당에서 뜯던 '자하동신곡'을 거문고로 연주하게 하면서 놀고 싶다." 낚싯대를 드리운 사내의 실없지만 달콤한 판타지가 아닌가. 이런 솔직함이 성현에게는 늘 엿보인다. 망한 전왕조의 부패한 시인이었을망정, 그 유흥(遊興)만은 부러운 것이 인지상정 아니겠는가.

물과 산을 좋아하는 병 오래도록 못 고쳐
또 술통 들고 문득 시를 읊고 있네.
품격 높은 이야기와 수다는 하느님 입을 닫게 하고
호기심과 의심은 땅님의 껍데기도 말아버릴 판이네.
나막신 끌고 깎아지른 봉우리 어찌 오르겠는가.
낚싯대 하나로 스스로 맑은 물속을 희롱하는데
짚신에 대지팡이 그리고 안화동 길.
이곳에 오니 사람들은 중사를 떠올리네.

泉石膏肓久未醫 又携罇酒輒吟詩 (천석고황구미의 우휴준주첩음시)
高談共駭窮天口 好事兼疑捲地皮 (고담공해궁천구 호사겸의권지피)
雙屐不堪登絶巘 一竿還自弄淸漪 (쌍극불감등절헌 일간환자농청의)
芒鞋竹杖安和路 到此令人憶仲思 (망혜죽장안화로 도차영인억중사)

— 안화동 수락석, 허침

조선적인 자존심이 강한 허침은 성현과는 전혀 다른 사람을 떠올린다. 우선 '조선의 젊은 선비들…'에서 이동재 교수의 번역은 엇길로 갔다. 자연을 좋아하는 병을 오래도록 치료하지 못하여 오늘 또 통술 들고

248

번번이 시를 읊조린다. 큰 소리로 떠들던 고상한 이야기, 달변도 바닥이 나고, 열심히 남을 부추기는 일도 회의가 들어 흙장난을 친다. 두 짝 나막신으로는 깎아지른 절벽을 오를 순 없지만 한 개 낚싯대로 맑은 물결을 제 마음대로 되돌린다. 짚새기에 죽장 짚고 들어선 이곳에 이르면 사람들로 하여금 신선인 중사를 기억하게 한다.

중사(仲思)를 중국 북제(北齊) 시대의 선인(仙人)으로 읽는 바람에 이 시가 무슨 뜻인지 전혀 감을 잡지 못했다. 이 시는 고려의 시인 익재 이제현을 그리고 있는 시다. 중사는 그의 자(字)다. 허침은 이제현을 멋지게만 말한 것은 아니다. 고담공해(高談共駭)와 호사겸의(好事兼疑)라는 말 속에 뼈가 있다. 훌륭한 말씀이었지만 동시에 시끄러운 소리이기도 하다는 꼬리를 달고, 옳은 일이었지만 동시에 의혹도 남겼다는 얘기다. 나막신을 신고 벼랑산을 오르는 것은 필자 자신이 '익재'라는 큰 산에 오르는 일이 버겁다는 뜻일 수도 있고, 익재의 삶 자체가 진정한 큰 도(道)에 이르기에는 형편이나 채비가 되어 있지 않았다는 비판일 수도 있다. 그게 어떤 의미였든지 간에 조선 선비의 입에서 정식으로 고려의 한 인물을 품평한 시가 이 '모범생 답사' 속에서 나왔다는 것이 기특하고 신통하다. 허침은 왜 이곳에서 익재를 떠올렸을까. 그의 시 '송도팔영(松都八詠, 송도팔경을 읊은 노래)'이 생각났기 때문일 것이다. 그중에서도 '자하동에서 중을 만나다(紫洞尋僧)'의 구절에 수락석 이야기가 나온다. 맑은 샘물 한 줄기가 절벽 구멍에서 쏟아져 나와 개울 못으로 떨어지는 풍경 말이다.

돌샘에서 벌컥벌컥, 바람이 물을 뿌리네.

솔 안개 눈처럼 펄펄, 수건에 푸른 물방울
스님 열심히 소매 당길 필요 없어요.
들꽃과 새 울음이 나그네에게 머물라고 말하잖소.

石泉激激風生液 松霧霏霏翠滴巾(석천격격풍생액 송무비비취적건)
未用山僧勤挽袖 野花啼鳥解留人(미용산승권만수 야화제조해유인)

정말 멋진 시다. 생생하고 재미있고 감동이 있다. 이 시의 맨 앞 구절인 石泉激激風生液(석천격격풍생액)이 떠올랐을 것이다. 그래서 허침은 중사를 꺼낸 것이다. 고려를 얘기하면서 그를 빠뜨리고 지나가는 건 염치도 상식도 없는 일이라고 나는 생각한다.

조선말의 빼어난 학자 김택영(1850-1927)은 이제현을 가리키면서 '조선 3천 년 역사에서 시의 종주(宗主)이며 제1인자' 라고 말했다. 선조대의 유성룡(1542-1607)은 "고려 5백 년을 통하여 본말을 겸비하고 시종이 일치하여 우뚝 높이 솟아 의론을 제기할 수 없는 사람은 오직 이제현 뿐"이라고 말하고 영원히 사라지지 않을 3가지인 삼불후(三不朽, 춘추좌씨전에 나오는 말이다)를 갖췄다고 평가한다. 삼불후는 입덕(立德), 입공(立功), 입언(立言)을 말한다. 덕을 세웠고 공을 세웠으며 또한 그 표현의 도를 세웠다는 것이다. 그의 제자였던 목은 이색은 "중국의 한유와 주돈이에 비교할 만하다."고 말했다.

채수나 허침과 같은 시대 사람이었던 서거정은 "이규보, 이색보다도 이제현이 더 뛰어나다."면서 "오직 그만이 모든 체를 다 갖췄고 그 법도는 삼엄하다."고 예찬했다. 당시의 사람들은 그가 젊었을 때에도 나이가 같은 동료들이 감히 그의 이름을 부르지 못하고 반드시 익재라는 호로 불렀으며, 재상이 된 뒤에는 사람들이 귀천을 막론하고 모두 그를 익재라고 불렀다. 22세 때 춘추 예문관에 들어갔는데 그곳에 있던 선배들이 모두 일어나 그에게 자리를 양보하고는 감히 글에 관해서 논의하지도 못했다고 한다.

이제현은 검교정승에 올라 문정공(文定公) 시호를 받은 이진(李瑱)의 아들로 1287년(충렬왕 13년) 개성에서 태어났다. 15세 때 성균시에서 장원급제하고 이어 문과에도 합격했다. 이때 시험 출제를 한 권부(權溥)가 그의 글을 보고 탄복한 뒤 익재를 사위로 삼는다. 28세 때 백이정(白頤正)이 원나라에서 정주(程朱)성리학을 배워오자 그것을 가장 먼저 배웠다.

충선왕은 왕위에서 물러난 뒤 원나라 수도로 가서 만권당(萬卷堂)을 짓고, 책 읽기를 낙으로 삼았는데 "이곳 학자들은 모두 세상에 손꼽히는 이들인데 내 주위엔 그런 사람이 없으니 부끄럽다."면서 고려에 있던 이제현을 불렀다.

하루는 충선왕이 학사들과 함께 시를 읊는 자리에서 계성흡사문전류(鷄聲恰似門前柳, 닭 울음이 마치 문 앞의 버들 같구나)라고 하자 원나라 시인들이 출처를 물었다. 갑작스러운 질문에 왕이 당황하자 이제현이 선뜻 말하기를 "우리 고려인의 시에 옥두초일금계창 흡사수양효효장(屋頭初日金鷄唱 恰似垂楊梟梟長, 해뜰 때 지붕 위의 닭 우는 소리, 마치 수양버들이 간들거리며 늘어지는 것처럼 길구나)이란 구절이 있는데, 닭 울음이 가늘고 길게 뻗어나가는 것을 버들에 비유한 것이니 전하께서 이를 취한 것입니다. 또 한퇴지(韓退之, 한유)의 시구에도 '부운유서무근체(浮雲柳絮無根蔕)'라는 말이 있으니 뜬구름이 버들처럼 뿌리도 머리도 없다 하였으니 버들의 비유가 낯설지 않습니다."라고 했다.

주위에 앉았던 중국의 학인들이 젊은 이제현을 다시 볼 수밖에 없었다. 그는 6년 동안 이곳에 머물다 고려로 돌아왔다. 그런데 충선왕은 환관의 모함으로 원 조정의 미움을 사게 되고 토번으로 귀양을 간다. 이때 왕은 "아름다운 경치가 있는데 익재가 없으니 쓸쓸하다."며 그를 불렀다. 충선왕은 늘 그를 볼 수 있게 초상을 그리게 했다. 익재는 왕이 환관의 참소에 제대로 대응하지 못해 곤경에 처했다는 말을 듣고 분노에 찬 시를 짓기도 했다. 37세 때 원나라가 고려에 정동행성(征東行省)을 지으려 했다. 고려 왕조를 아예 없애고 원의 한 행정구역으로 만들려는 조치였다. 이제현은 원으로 달려가 '중용'의 구경장(九經章)에 있는 '국기국 인기인(國其國 人其人, 그 나라는 그 나라에 맡기고 그 백성은 그곳 백성끼리 살게 하라)' 는 구절을 들면서 먼 데에 있는 사람을 편안하게 하는 것이 국정의 요체라고 강조하여 그 의논을 중지케 하였다.

익재의 손자 하나가 기황후의 집안과 결혼함으로써 그 집안과 사돈이 됐지만, 그는 권세를 부리는 기철 일파와 거의 상대하지 않았다. 공민왕이 나서서 기철의 벼슬을 예찬하는 글을 올리게 했으나 그는 끝내 사양했다. 한편 성현의 '용재총화'에는 이런 이야기가 실려 있다.

충선왕이 원나라에 머물러 있는 동안, 사랑했던 여자가 있었다. 고려로 돌아올 때 그 여인이 뒤를 따랐다. 왕은 연못가에 이르러 연꽃 한 송이를 꺾어 그녀에게 건네주고 달랜 뒤 헤어졌다. 왕이 밤낮으로 그리워 견딜 수 없어서 익재에게 그녀가 어떤지 보고 오라고 했다. 그가 가서 보니 그녀가 누각 안에 있었는데 이미 음식을 먹지 않은지 여러 날이 되어 말도 잘하지 못했다. 익재를 보고는 겨우 붓을 들어 절구 한 수를 써 주었다.

증송연화편(贈送蓮花片) 초래적적홍(初來的的紅) 사지금기일(辭枝今幾日) 초췌여인동(憔悴如人同). 보내주신 연꽃잎, 처음엔 똑똑히 붉더니, 가지 떠난 지 지금 며칠째인가, 시든 것이 나와 같구나.

익재가 돌아오자 왕이 다급하게 물었다. "그래, 그 여인은 잘 있던가." "글쎄요. 여자가 술집에 들어가 젊은 사내들과 어울려 술을 마시고 있다는 얘기를 들었는데 찾을 수가 없었습니다." 왕은 그 말을 듣고는 뉘우치며 "그러면 그렇지." 하고 땅에 침을 뱉었다.

그 이듬해에 익재는 왕에게 술잔을 올리고 뜰아래에 엎드려 죽을죄를 지었다고 고백했다. 왕이 이유를 물으니 익재는 그 시를 올렸다. 왕은 눈물을 흘리며 말하기를 "그때 이 시를 보았으면 죽을힘을 다하여 도로 달려갔을 것이다. 경이 나를 사랑하여 그것을 막아주었으니 참으로 충성이 갸륵하지 않은가."라고 말했다.

고려에 홍건적이 침입했을 때 공민왕은 남쪽으로 파천하고 있었다. 임금의 수레가 상주에 이르렀을 때 백발에 흰 수염을 휘날리며 노인 하나가 달려왔다. 벼슬을 떠나 은퇴해 있던 76세의 이제현이었다. 그는 눈물을 흘리면서 말했다. "오늘의 이 파천이 안록산의 난 때의 그것과 무엇이 다르랴." 익재는 왕을 호종하며 청주까지 나아갔다. 그는 17세에 벼슬을 시작하여 71세에 치사(致仕)하기까지 50여 년간 충렬, 충선, 충숙, 충목, 공민왕을 모셨고 네 번 수상직을 맡았으며 중국의 대유(大儒)들을 만나 교유함으로써 고려 성리학의 성장에도 큰 영향을 미쳤다.

이색은 그의 묘지명에 이렇게 썼다. "평생 조급하게 말하거나 갑자기 당황한 얼굴빛을 짓거나 저속한 말을 한 적이 없었다."

비온 뒤 산 빛이 갠 하늘에 기대고 있으니
범 웅크리고 용이 엎드린 황제 사는 곳 같구나.
끊어진 돌벽과 솟은 바위는 늘어선 창 같고
찬물은 맑고 푸르러 물고기가 보인다.
이 같은 맑은 흥이 온통 나를 잊게 하고
가득 앉은 훌륭한 벗이 모두 나를 일으킨다.
몇 년을 풍진 속에서 서울을 뛰어다녔나.
지금부터 다만 광속의 집에 깃들기를 바라노니….

雨餘山色倚晴虛 虎踞龍蟠壯帝居(우여산색의청허 호거용반장제거)
絶壁巉岩如列戟 寒流澄碧可觀魚(절벽참암여열극 한류징벽가관어)
一般淸興渾忘我 滿坐高朋摠起予(일반청흥혼망아 만좌고붕총기여)
幾歲風塵走京洛 從今端欲寄匡廬(기세풍진주경락 종금단욕기광려)

– 안화동 수락석, 채수

채수는 수락석의 풍광에 흠뻑 빠졌다. 산색과 하늘색이 같은 잿빛이 되어 뭉게뭉게 피어오르는 모습을 호거용반(虎踞龍蟠)이란 멋진 표현으로 묘사했다. 산과 바위를 보면서도 제거(帝居, 황제의 거처)와 열극(列戟, 늘어선 창)이 은유로 나오는 것은, 채수의 뼛속 깊은 곳에 들어 있는 유신(儒臣)의 DNA가 아닐까 한다. 그래도 한류징벽가관어(寒流澄碧可觀魚)은 수락석의 아름다움을 드러내는 절창임에 분명하다. 살랑대며 헤엄치는 물고기가 보일 만큼 맑은 물 위에서 속진(俗塵)이 한꺼번에 씻겨나가는 듯한 후련함을 느꼈을 것이다. 그러면서 서울을 돌아보며 환각에서 깨어난 듯 각성의 멘트를 날린다. 이제부턴 은나라 말기의 광속(匡俗)처럼 여산(廬山)에 숨어 도나 닦으며 살겠다는 다짐을 한다. 하지만 그것은 아름다운 자연을 만난 지식인이 내뱉는 감탄사의 객기일 뿐 진짜 그럴 의사가 있는 것은 아니렷다.

한 줄기 바위샘 돌 속 깊이 흐르고
휑하니 뚫린 동굴엔 푸른 연기 지나간다.
해마다 허물어진 옛터엔 천 개의 문이 닫혔고
봄날 지나 흰 꽃 몇 그루 피었다.
이미 빼앗겨 재가 되어 조정은 바뀌었는데
사람들 옛터 찾아와 웃으며 청담하네.
해 기울어 머물며 나무꾼과 얘기하니
아직도 이야기 중에 중암거사 이름이 나온다.

一道巖泉瀉石泓 谽谺洞口碧煙橫 (일도암천사석홍 함아동구벽연횡)
年荒古礎千門廢 春去幽花幾樹明 (연황고초천문폐 춘거유화기수명)
劫已成灰朝市改 人來訪古笑談淸 (겁이성회조시개 인래방고소담청)
日斜留與樵蘇話 猶說中菴居士名 (일사유여초소화 유설중암거사명)

- 안화동 수락석, 조위

중암거사는 '자하동신곡'을 쓴 채홍철을 가리킨다. (이 시를 번역한 이동재는 중암거사를 이곡(1298-1351)으로 잘못 짚고 있다.) 나무꾼이 고려 시대의 권신인 채홍철을 이야기할 만큼 옛 왕조의 추억은 남아 있었다. 채수의 시에는 일체 이런 허튼 얘기가 들어가 있지 않으나, 상대적으로 유연한 조위는 여행 중 만났던 '팩트'를 의도적으로 빼먹진 않았다. 채홍철은 고려의 남녀상열지사 중의 하나로 일컬어져 온 '이상곡(履霜曲, 서리 밟는 노래)'의 작가로 지목을 받기도 한다. 여기선 그것을 좀 음미하고 지나가자.

비 오다가 개어 눈 많이 내린 날에
서린 석석사리(나무숲) 좁게 굽어도신 길에
(다롱디우셔 마득사리 마두너즈세 너우지)
잠 뺏어간 내 님을 생각해.
깃든 여명 길에 자러 오리이까.
종종 벼락 맞아 무간지옥 떨어질(霹靂生陷墮無間)
곳에서 쓰러질 내 몸이
벼락에 무간지옥 떨어질
곳에서 쓰러질 내 몸이
내 님 두옵고 딴 뫼를 걸으리.
이러쳐 뎌러쳐
이러쳐 뎌러쳐 기약(期約)이이까
아소 님하 한 곳에 가자는 기약(期約)이이다.

이 노래를 채홍철의 노래라고 단정 짓긴 어렵지만 그가 불렀던 노래들의 분위기를 짐작할 수 있다. 그 또한 조선의 정철처럼 임금에 대한 충성이나 애국을 강조하는 주제로 노래했지만 그 분위기는 고려 내부에 흐르던 질탕하고 대담한 사랑의 기운을 빌렸을 것이다. 이상곡은 '내 님을 두고 어찌 딴 사람을 섬기겠느냐'는 맹렬한 설득을 담고 있다. 비가 왔다가 개고 다시 눈이 왔으니 땅이 녹았다 얼어 그 밟는 소리가 서걱거렸을 것이다. 추운 새벽 님이 오실까 귀를 기울이며 기다리는 여인. 잠은 달아나고 오직 서리 밟는 발걸음 소리에 온 신경이 가 있다. 님이 혹시 나를 믿지 못하는 것은 아닐까. 내가 다른 남자와도 그렇게 잘 어울리며 노는 사람으로 생각하고 있는 것은 아닌가. 여인은 고개를 흔든다. 아닙니다. 아닙니다. 벼락 맞아 무간지옥에 떨어질 일입니다. 딴 마음을 먹는 것은 말입니다.

불교에서 배운 무시무시한 응징을 굳이 앞세워, 두 사람이 한 곳에 가는 일심(一心)의 한몸임을 되새긴다. 분방하고 자극적인 표현들이 '이상곡'을 상열(相悅)의 대표 주자로 떠오르게 했을 것이다. 채홍철은 방탕한 관료로 볼 수도 있겠지만, 한편으로는 시대정신을 꿰뚫은 분방한 낭만주의 시인이었을 수도 있다. 나무꾼이 조선의 식자들을 만나, 부지불식간에 채홍철 이야기를 할 만큼 그의 노래와 삶은 깊이 대중 속으로 스며들어 있었다는 얘기가 아니겠는가.

오래됐구나, 송도가 왕 기운을 거둬들였더니
다시 관 쓰고 일산(日傘) 쓴 벼슬아치들이 여기 와 노는 일이 없었던지라.
나 오늘 바위 앞 물에 낚싯줄 던지니
바글바글 헤엄치는 작은 물고기가 낚시를 피하지 않고 무는구나.

안화동을 물안개가 다시 깊이 자물쇠 채우니

고개 돌려봐도 지난 일 이미 찾아보기 어렵다.

중화당 위의 그 사람은 어디 있나.

옛날처럼 봄바람은 꽃 가득한 숲에 부는데

久矣松都王氣收 更無冠盖此來遊(구의송도왕기수 갱무개관차래유)
我今投釣巖前水 潑潑纖鱗不避釣(아금투조암전수 발발섬린불피조)
一洞烟霞鎖更沈 回頭往事已難尋(일동연하쇄경심 회두왕사이난심)
中和堂上人何在 依舊春風花滿林(중화당상인하재 의구춘풍화만림)

─ 안화동 수락석, 안침

　안침은 낚시 이야기와 중화당 이야기를 엮어 시를 읊었다. 그는 시가 허황되지 않도록 팩트를 물 줄 안다. 팩트1은 물고기다. 일행은 개울에 물고기가 바글거리는 것을 보고 모두 낚싯대를 드리우며 놀았다. 안침은 물고기들이 달아나지 않고 낚시 고리를 덥석 무는 것을 보고, 고려 왕조가 멀리 가버린 역사적 사실을 낚아챈다. 예전에는 벼슬아치들이 이곳에 소풍 와서 자주 낚시를 했기에 고기들이 드물었고, 또 있었다 해도 물고기에게도 경험칙이 있는지라 낚싯줄을 피하여 바위틈으로 숨어버리기 일쑤였을 것이다. 그런데 이젠 워낙 사람이 올 일 없으니 물고기도 마음을 놔버렸다. 낚시마다 고기들이 잘 올라오는 것이 그 때문이다. 물고기들의 습관까지도 바꿔놓는 한 왕조의 쓸쓸한 퇴장. 안침은 조어(釣魚) 바구니에 가득 담긴 피라미 떼를 살피며 고려를 바라본다.

　팩트2는 봄바람이다. 채홍철의 뜨락에 있던 중화당은 사라졌지만 그

날에 불었을 봄바람이 오늘 다시 꽃숲에 부니, 나라의 미래를 예찬하고 기원하며 여덟 국가원로에게 노래를 바치던 얼굴이 문득 떠오르는 것이다. 그 잘난 홍철아. 어디 갔어. 그런 조롱 섞인 개탄으로 그를 불러보는 것이다. 안개가 가득 끼어 그 언저리가 보이지 않는 마을처럼, 역사 또한 그렇게 주변이 희미해져 버렸다.

눈에 가득 물안개, 경계가 깊어지니
산구름 계곡물, 발이 그윽하게 헤맨다.
그때 아름다운 것들, 봄은 자취를 안 남기니
새벽달이 아쉬워하며 숲 반쯤을 비추네.

滿目烟霞境轉深 山雲溪水足幽尋 (만목연하경전심 산운계수족유심)
當時勝事春無迹 殘月依依映半林 (당시승사춘무적 잔월의의영반림)

— 안화동 수락석, 성세명

성현의 조카 성세명이 수락석 시회에 끼어들었다. 일행에 섞여 낚시도 하고 농담도 나눴지만 정작 시는 내놓지 않은 편인데 안화동에 와서는 운을 뗐다. 아마도 누군가 이렇게 말하지 않았을까. "자네는 어탕(魚湯)은 양보 없이 즐기면서 어찌 시는 내놓지 않는가. 눈으로 본 것에 눈 값을 해야 하고, 마음으로 즐긴 것에 마음 값을 해야 하고, 배불리 먹은 것에 밥술 값은 해야 하지 않겠는가." 그러자, 세명은 당혹스러운 표정을 짓다가 파할 무렵인 새벽이 되어서야 시 한 수를 읊었을 것이다. 짧지만 얕잡을 시는 아니다. 옛날 아름다운 것들에 대해 봄이 자취를 남겨

주지 않으니 새벽달이 안타까운 마음으로 숲을 어른어른 비춰준다는 저 활물적 상상력이 좌중의 시흥을 은은하게 마무리했음 직하다. 그들에게 고려란, 그림자 속으로 들어간 숲의 절반을 바라보는 느낌 아니겠는가. 상상하지 않는 자는 만날 수 없는, 시간의 저편 왕국.

● 고려 500년은 무엇이었는가

"오후에 소격전(昭格殿)에 도착했는데 입구에 놓인 돌들이 기이하였다. 본궐(本闕)의 옛터에 이르니 송악산 남쪽 비탈을 끼고 있는지라 지세가 아주 높았다. "처음에 도시를 만들 때 지맥을 끊지 않으려고 돌을 쌓아올려 계단식으로 축조했다."는 게 그곳 사람들의 설명이었다. 높이가 수십 척씩 되고 주춧돌이 가로 세로로 두어 마장을 이었다. 맨 위 언덕에 자리 잡은 것은 건덕전(乾德殿)인데, 전문(殿門)에 폐급(陛級, 궁궐계단)이 엄연히 있고, 그 아래에 위봉루(威鳳樓)가 있었다. 그 동쪽에 돌로 제방을 쌓아 만든 동지(同池)는 지금은 논이 되었다. 그 남쪽으로 너른 땅은 구정(毬庭)인데, 푸른 소나무 1만여 그루가 울울창창하게 하늘을 가리고 섰다. 산호(山呼)·상춘(賞春)·옥촉(玉燭)이란 이름의 유명한 정자는 찾을 수 없었다. 일행이 모두 옛일을 돌아보며 멀리 생각하고 감회를 토로하기를 주저하지 않았다. 경력(經歷) 임수경(林秀卿)이 술을 들고 찾아왔기에 건덕전 옛터에 올라가 솔숲 속에서 마셨다. 사람들은 이곳을 만월대(滿月臺)라 부른다. 풍덕훈도(豊德訓導) 구계중(具繼重)이 거문고를 안고 와서 함께 어울렸다. 해가 저물어 흩어지려 하는데 조태허(曺太虛)·허헌지(許獻之)가 서울에서 와서 눌러앉아 두어 순배를 더 마시고 파하였다."

– 채수의 〈유송도록〉 중에서

　채수는 비교적 자세히 고려 왕궁에 관해 묘사를 하고 있다. 지난 왕조의 핵심을 이루던 건물을 보면서 감회가 작지 않았을 것이다. 우선 소격전에 관한 이야기를 하고 가자. 이곳은 고려 왕실이 도교 제례의식을 행하기 위해 만든 공공건물이다. 도교 의식을 재초(齋醮)라고 하는데 재를 치르는 도사(道士)들이 수많은 신(神)과 귀(鬼)를 모시며 재앙을 떨치고 복을 기원하는 행사다.

　당나라에서 도교 행사를 도입한 것은 고구려였다. 보장왕 때 들여와 명산을 찾아 재초를 행했다. 신라는 이를 받아들이지 않았다. 고려에 넘어오면서 도교행사는 자주 행해졌다. 특히 예종은 마니아여서 27번이나 재초를 한 왕이다. 조선으로 넘어와서도 도교는 존중받았다. 태조 때 고려 소격전을 한양으로 옮기는 공사를 벌인다. 이를 주관한 사람은 이방원이었다. 그는 도교 재초에 조예가 있었다고 한다. 지금의 서울 삼청동 자리에 소격전을 짓고 행사를 관리하는 서원(署員)을 두었다. 서원 아래 도학생도(道學生徒)가 열 명 정도 있었다. 그들은 금단(禁壇)을 낭송하고 영보경(靈寶經)을 읽었으며 연생경(延生經), 태일경(太一經), 옥추경(玉樞經), 진무경(眞武經), 용왕경(龍王經) 따위의 경전으로 의식을 치렀다. 지금 '삼청동'이란 이름이 남아 있는 것도 이런 도교 행사의 흔적이다. 소격서에는 삼청전이 있었는데 이곳에서는 도교의 이상향인 삼청(도교의 최고 이상향. 옥청(玉淸)·상청(上淸)·태청(太淸))의 별자리를 모시는 전각이었다.

　중종 때 조광조를 중심으로 한 신진사류들은 집요하게 소격서를 없앨

것을 요구했다. 도교가 이단이라고 주장한 것은 일견 고개가 끄덕여지나 하늘에 대한 제사는 중국의 천자만이 할 수 있는데 제후국인 조선이 이것을 행하는 것은 예에 어긋난다는 그들의 신념은, 사대주의에 갇혀 있던 선비들의 한계였다. 여하튼 왕은 사림의 압박에 굴복하여 소격서를 폐지한다. 채수가 들렀을 당시에는 삼청동 소격서가 이미 지어져 있었으니 그 원조라 할 만한 고려 소격전에 대해 뭐라 언급할 만도 한데, 그냥 간결하게 지나쳤다. 건물 입구의 수석(水石)이 기이하다는 말로 도교적인 기분을 살짝 표현했다. 아마도 이런 건물이 유학자들에겐 그리 마뜩하지 않았을지도 모른다.

그다음 그들은 궁궐터를 둘러본다. 건덕전, 위봉루, 연못 동지, 정원 구정 주위를 거닐며 만감이 교차했을 것이다. 당시 지식인들이 자주 입에 올렸을 고려 왕실의 정자들도 일일이 호명하고 있는데, 이것들은 그 무렵에도 이미 사라지고 없었던 모양이다. 논으로 변한 궁궐 연못, 무심한 소나무만 가득 늘어서 있는 정원을 돌아보며 시 한 수가 왜 떠오르지 않았으랴? 조위는 한양에 갔다가 늦게 돌아와 합류했는데, 이곳에서 느낌이 컸던지 7언 32행의 긴 시를 읊었다. 고려의 시작과 끝을 돌아보는 유장한 비가(悲歌)이지만, 여기서는 끝자락만 맛보기로 한다.

이로부터 번화는 갑자기 흩어지고
이제 무너진 섬돌이 높고 우람하고 험상궂구나.
내가 여기 와 헤매면서 두 줄기 눈물 흘리며
푸른 수염, 노을에 싸늘히 날리나니.
오직 한스러운 건, 그때 날뛰던 역적

아직 그 머리를 한 치의 칼로 완전히 베지 못하였으니

흥망이 백번 변하여 하늘도 늙고

만고의 부소산은 푸르름이 끝나지 않았네.

從此繁華忽蕭散 至今廢砌高崔嵬(종차번화홀소산 지금폐체고최외)

我來彷徨雙悌流 蒼髥落日寒颼颼(아래방황쌍제류 창염낙일한수수)

猶恨當時縱逆虜 尙忍寸刃完其頭(유한당시종역노 상인촌인완기두)

興亡百變天亦老 萬古扶蘇靑未了(흥망백변천역로 만고부소청미료)

- 왕성옛터(本厥古基), 조위

  조위가 푸른 수염이 젖도록 눈물 흘리며, 다시 죽이고 싶도록 미웠던 고려 역적은 누구였을까. 고최외(高崔嵬)라는 말에서 슬쩍 비친 것처럼 무신정권을 이끈 고려의 최씨(高崔), 최충헌을 말하는 것일까. 조선이 요승(妖僧)으로 지목했던 공민왕 때의 개혁가 신돈을 가리킨 것일까. 아니면 이성계에게 저항한 최영을 염두에 둔 것일까. 최영이 비록 시대 흐름을 읽는 눈은 어두웠다고 욕했을지 모르지만 충신이란 고결한 이름에 대해서는 이의를 달지 않았던 당대 분위기를 볼 때, 조위는 최영을 손가락질한 것은 아닐 것이다. 그의 분노는 그래서 타깃이 좀 애매하다. 옛 왕궁에 서서 젊은 혈기를 돋우며 감회를 키우다 보니 좀 격한 표현을 쓴 게 아닌가 싶다. 조선이란 나라를 결국 이렇게 만들어놓을 역적이라면, 칼을 들어 그 목을 자르겠다는 결연한 심경을 표현한 것으로 읽으면 될까. 이제 허침이 부르는 '왕성옛터(本闕古基)'를 듣자.

닭을 잡고 오리를 쥐던 그들도 이미 날아가 버렸네.
횃불 하나에 진나라 궁궐이 타고 옛 왕업이 희미해지듯.

操鷄搏鴨已推飛 一炬秦宮舊業微(조계박압이추비 일거진궁구업미)

고려를 조계박압(操鷄搏鴨)이라 표현한 부분이 인상적이다. 닭은 계림인 신라를 말하는 것이고 오리는 압록 부근의 북방 민족을 뜻한다. 닭과 오리를 내세운 뒤 '날아갈 비(飛)'로 은유의 흐름을 이어갔다. 신라와 북방을 꽉 잡았던 고려? 물론 그 번성의 허망함을 강조하려고 하는 말이지만, 한반도의 통일을 일궈낸 고려의 강성을 돋을새긴 이 표현은 뒷맛을 남긴다. 일거진궁(一炬秦宮)은 아방궁으로 유명한 진시황의 궁궐이 결국 항우의 횃불 한 오라기에 잿더미가 된 옛이야기를 빌린 것이다.

천하의 동공은 원래 스스로 건재했는데
계소 앞의 가마는 마침내 어디로 돌아갔나.

天下董公元自健 輦前稽紹竟何歸(천하동공원자건 연전계소경하귀)

동공(董公)은 누굴 가리키는 것일까. 삼국지에 나오는 그 동탁(董卓)일까. 동한(東漢) 말기에 권력을 찬탈하고 폭정을 행사했던 그 악당 말이다. 190년 그는 낙양을 불지르며 장안에 입성하여 헌제를 옹립하고 정권을 잡는다. 이후 잔혹한 살육과 백성을 압살하는 정치를 일삼다가 부장인 여포에게 죽임을 당한다. 동탁이 죽고 난 뒤 헌제는 장안을 탈출하여 조조에게 의탁을 하고, 이후 조조는 천하를 제패할 기회를 잡는다. 허침이 과연 이 인물을 떠올렸을까. 그보다는 진(晉)나라의 사관인 동호(董狐)를 가리켰을 가능성이 있다.

동호는 고관의 위세를 두려워하지 않고 사실을 기록했다는 전설적인 인물로 동호직필(董狐直筆)이란 말을 낳은 사람이다. 동호는 바로 조조시대의 사람이다. 동호직필의 고사는 '춘추좌씨전'에 나온다. 진나라의 영공은 일곱 살에 왕이 되었다. 이후 조돈이 섭정을 했다. 영공이 방탕한 생활을 했고 사람 죽이기를 일삼았기에 조돈은 여러 차례 간언을 올렸다. 이것이 귀찮아진 왕은 그를 암살하려 했다. 죽음의 위기를 느낀 조돈은 급히 진나라를 떠난다. 국경을 넘기 직전에 조돈의 종제인 장수 조천이 왕을 죽인 뒤 조돈을 불렀다. 이때 동호가 등장한다. 마침 '고려사'에도 동호에 관한 언급이 있다.

춘추시대 진나라의 조천이 임금을 죽이니 직사인 동호가 쓰기를, "조돈이 임금을 죽였다." 하니, 조돈이 말하기를, "임금을 죽인 자는 내가 아니다." 하니, 사관이 말하기를, "그대가 정경이 되어 도망하여 아직 국경을 넘어서지 않았는데 곧 돌아와서 적을 치지 않았으니 임금 죽인 자는 그대가 아니고 누구인가." 하니, 공자가 말하기를, "동호는 훌륭한 사관이다." 하였다. 조돈은 훌륭한 대부였으나 법을 위하여 나쁜 이름을 받은 것이다. ; …春秋之時 晉趙穿弑君 直史董狐書曰 趙盾弑其君 盾曰 弑君者非我也 史曰 子爲正卿 亡不越境 返不討賊 弑君者 非子而何 孔子曰 董狐良史也 趙盾良大夫也 爲法受惡 [고려사 권제119 17장, 18장]

천하의 사관이라고 추켜세우는 동호의 저 기록은 옳을까. 공자가 칭찬했으니 이의를 달기는 어려웠을 것이다. 언론의 펜 끝이 옳고 그름을 서슬 퍼렇게 찍어내는 그 점으로 보면 통렬한 맛이 있는 대목이다. 그렇다 하더라도 사실 관계와 심증적 공감은 분리되어야 하지 않을까. 동호의 저 발언이 지닌 가상한 용기를 칭찬해줄 순 있지만, 왕국의 법질서 속에서 왕을 위해 목숨 걸고 간언했던 조돈의 충의가 그런 은유적 진실 표현에 묻혀선 안 된다는 게 내 생각이다. 동공이 가장 건재했다는 표현은 나라의 이성과 분별이 살아 있는 카랑카랑한 기강을 의미하는 것일까. 그런데 고려는 어떠했는가. 그보다 더 훌륭한 사람이 많지 않았던가.

계소(嵇紹)는 바로 '군계일학(群鷄一鶴)'이란 말을 낳은 사람이다. 진서(晉書)의 '계소전'에 나온다. 계소(?-304년)는 죽림칠현의 한 사람으로 열 살 때 아버지가 억울하게 사형을 당했다. 선친의 친구였던 산도(山濤, 칠현 중의 한 사람)가 무제에게 계소를 천거하면서 말했다. "서경(書經)에 이르기를 부자간에는 죄를 나누지 않는다고 했습니다. 계소는 계강(嵇康)의 자식이오나 슬기롭기가 춘추 진나라의 대부 극결보다 나을망정 못하지 않습니다. 비서랑으로 기용해도 좋을 것입니다." 무제는 이 말을 듣고 "경이 그토록 천거한다면 굳이 낭(郞)으로 쓸 것이 아니라 승(丞)을 삼아도 좋겠구려." 했다. 계소는 비서승으로 등용된다. 그가 처음에 낙양에 왔을 때 한 사람이 왕융(王戎, 칠현 중의 한 사람)에게 말했다. "어제 사람들 가운데서 계소를 처음 봤는데 닭 무리 중에서 학 한 마리가 있는 듯하였습니다." 그러자 왕융은 "자네가 그 사람의 선친을 보지 못해서 그래. 그분이야말로 군계일학이었지."라고 말했다. 허침의 시로 돌아가자. 계소 같은 군계일학의 재사(才士)들이 모시는 가마를 탄 사람(輦前稽紹)은 바로 고려의 왕들을 가리킨다. 그렇게 뛰어난 사람들이 모셨는데도 고려왕들은 지금 어떻게 되었는가. 위의 2행을 다시, 고사를 풀어 시를 읽으면 이렇다.

천하의 직필인 동호처럼 소신 있는 사람이 예부터 스스로 굳건했던 그 나라 고려.
계소처럼 뛰어난 인재들이 모셨던 왕좌는 지금 어떻게 되었는가.

毁威不恤竅神器 蹈尾方知觸駭機(훼위불휼규신기 도미방지촉해기)

위엄이 깎이는 것을 돌보지 않고 신의 그릇(왕권)을 엿보더니
호랑이 꼬리를 밟아 위험에 처하고 말을 놀라게 때려놓는 격.

신기(神器)는 제사 때 쓰는 그릇을 가리킨다. 도덕경(제29장)에는 천하가 신의 그릇이란 말이 나온다. 여기서는 천하를 가리키며 나라와 왕권(王權)을 상징한다. 역신(逆臣)이 준동하여 고려를 뒤흔들고 위기에 처하게 만들었다는 진단이다. 도미방지(蹈尾方知)는 4자성어로 쓰이는 말이다.

未待百年悲麥秀 君王當日亦露衣(미대백년비맥수 군왕당일역점의)

백 년도 되지 않아 맥수(망국)를 슬퍼하고
왕은 오늘도 옷을 적시리.

맥수는 기자(箕子)가 멸망한 은나라 도읍지를 지나면서 읊은 노래에서 나온 말로, 조국의 멸망을 한탄하는 의미로 쓰는 관용어다. 잃어버린 나라에 보리만 쑥쑥 자라는 것을 슬퍼하는 내용의 시다. 허침의 시 전체를 들여다보면, 처음에 기세 좋게 시작한 고려가 뛰어난 신하를 많이 가지긴 했으나, 역심을 품은 무리가 한 치 앞을 보지 못하고 날뛰는 바람에 지금 요 모양 요 꼴이 되어 비명에 간 왕국의 넋이 지금도 울고 있는 듯하다는 비감을 담고 있다. 시는 비분강개에 차 있으나 여행을 가서 쓴 시가 지녀야 할 현실적인 생생함이 별로 없다. 역사적 사변(思辨)을 잔뜩 늘어놓고 제풀에 우는 시다. 이때 채수가 나서서 리얼리티를 회복해준다.

한가로이 장송에 기대어 옛 도시를 본다.
인간의 흥망이 몇 번 피고 시들었나.
누대와 전각이 이렇게 모두 전란에 불타 재가 되니
계곡과 산에 그림같이 펼쳐진 경치를 도로 보내주었네.
봄이 빈 뜨락에 드니 덩굴풀이 솟아나고
해가 기울어 버드나무에 남은 빛 아른거리니 새가 배고프다 운다.
나무꾼은 옛 왕조의 슬픔을 알 리 없으니
길가는 서생에게 청하여 술잔이나 화끈하게 기울이자 하네.

閑依長松覽古都 人間興廢幾榮枯(한의장송람고도 인간흥폐기영고)
盡將臺殿灰兵火 遣却溪山展畵圖(진장대전회병화 견각계산전화도)
春入空庭生蔓草 日斜殘柳噪飢鳥(춘입공정생만초 일사잔류조기조)

樵夫不識前朝恨 爲道書生浪倒壺(초부불식전조한 위도서생낭도호)

- 왕성옛터, 채수

정말 같은 자리에 있었나 싶을 정도로 다른 분위기의 시다. 채수는 500년 고려를 견적내고 이렇게 멸망에 이른 원인을 분석하는 일행들 사이에서 "다들 뭘 그렇게 심각하나."라고 너털웃음을 웃으며 시를 지은 것 같다. 그러나 가지런한 호흡으로 실경(實景)을 제시함으로써 담백한 비감을 보여준다. 웅장하게 치솟은 소나무는 옛 왕국의 영화를 상징하는 또 다른 자취다. 채수는 거기에 한가로운 나그네 마음으로 몸을 기댔다. 그러니 고려 속으로 스스로를 감정이입하지 않고 담담하게 바라만 본다. 인간이 차지하고 있었던 공간이었는데, 정자와 궁궐이 쓰러지고 나니 다시 자연이 들어와 앉아 아름다운 경치를 이루고 있다. 인간과 자연의 순환을 바라보는 개관(槪觀)은 뜨거운 가슴이 아니라 차가운 머리로 바라보는 시선이라야 가능하다. 평온한 나그네 마음이 되니 덩굴풀도 눈에 들어오고 버드나무에 남은 노을빛도 붙잡아내고 배고프다 우는 새소리도 귀에 집어넣을 수 있는 것이다. 그런데, 그런 채수의 마음을 딱 붙잡는 센스쟁이가 있다. "뭘, 흘러간 노래를 해쌓고 그러쇼? 술이나 한잔 쫙 지릅시다." 고려의 슬픔 따윈 안주로나 바꿔먹자고. 그래, 이것도 한 편의 도도한 시의 흥취가 아니던가.

오백 년 전 자취 이미 먼지이고,
솔산의 푸른 빛 몇 번 되돌았나.
이끼 낀 수레길 나무꾼이 샛길 내고,

비 오는 날 술잔 들고 공놀이하던 뜨락엔 풀들이 절로 봄맞아 돋았네.
궁전 뒤뜰 생황 불던 가락 지금은 적막하고,
동쪽 연못 뱃놀이하던 노는 가라앉은 지 오래.
아득한 옛일 누구에게 물어보리,
누대에 오직 남은 것은 달의 바퀴 하나뿐.

五百年前迹已塵 松山蒼翠幾回新(오백년전적이진 송산창취기회신)
苔封輦路樵成逕 雨洒毬庭草自春(태봉연로초성경 우주구정초자춘)
後殿笙歌今寂寞 東池舟楫久沈淪(후전생가금적막 동지주즙구침륜)
悠悠往事憑誰問 臺上唯餘月一輪(유유왕사빙수문 대상유여월일륜)

-왕성옛터, 안침

복잡한 전거(典據)도 없고 어려운 한자도 쓰지 않았지만, 이토록 생생하고 적실하게 왕성의 정취를 묘파할 수 있는 안침은 대단한 시인이다. 수레길은 나무꾼이 샛길을 낸 풍경을 집어낸 것이나 누대에 남은 것은 달의 바퀴 한 짝뿐이라는 일갈에서 도도한 풍자가 아름답다.

송악산은 허공을 뛰어올라 붉고 푸른빛이 떠 있고
용은 도사리고 호랑이는 웅크려 신성한 땅을 품었다.
강안전은 허물어져 소나무가 천 길이요,
위봉루는 사라져 흙더미가 한 언덕이로다.
비단에 나던 향기 꺼지고 봄이 홀로 남았는데
생황가락 끊겼는데 물은 실없이 흐르고

옛 왕조의 일을 굳이 묻지 말게
노을이 처량하여 눈 가득 수심이니.

鵠嶺凌空紫翠浮 龍蟠虎踞擁神州(곡령능공자취부 용번호거옹신주)
康安殿廢松千丈 威鳳樓空土一丘(강안전폐송천장 위봉루공토일구)
羅綺香消春獨在 笙歌聲盡水空流(나기향소춘독재 생가성진수공류)
不須問訊前朝事 落日淒凉滿目愁(불수문신전조사 낙일처량만목수)

－왕성옛터, 성현

좌중 고참인 성현에 이르러 드디어 시가 절품(絶品)되었다. 앞섰던 안침의 시와 비슷한 호흡으로 전개된 이 시는, 고려 왕도를 읊은 어떤 시보다도 빼어나다 할 만하다. 특히 도입부는 문전부터 숨이 막히게 한다. 곡령은 송악산을 가리키는 말로, '계림황엽 곡령청송(雞林黃葉 鵠嶺靑松, 계림, 즉 신라는 지금 떨어지는 낙엽이요. 곡령, 즉 고려는 지금 푸르러지는 소나무다)'이란 최치원의 참언(讖言)으로 유명한 말이다. 신라 지식인이었던 최치원이 왕건에게 이 같은 말을 했다고 삼국사기에 전하는 바, 이것을 그의 혜안이라고 봐야 할지 조국에 대한 역심(逆心)이라고 봐야 할지 아리송한 대목이 되었다.

여하튼 한때는 이렇게 떠오르던 곡령이었다는 것을 성현은 넌지시 상기시킨다. 그 곡령의 풍광은 어떠한가. 산안개가 허리를 둘러 가리니, 붉은 꽃 푸른 잎으로 휘황한 산이 마치 하늘로 뛰어올라 허공에 뜬 것 같다. 곡령능공자취부(鵠嶺凌空紫翠浮). 이 일곱 자만 얻었어도 그들의 송도 여행은 헛되지 않은 것이었으리라. 그 힘 있는 과장법이 고려의 화양연화(花樣年華)를 잊지 못하게 웅변한다. 용번호거(龍蹯虎踞)는 중국 무협지에 단골로 나오는 표현으로, 용이 도사리고 앉은 모습, 호랑이가 웅크리고 있는 모습이다. 아직 위대한 존재가 행동을 개시하기 전에 숨을 고르는 그 형국이 바로 용번호거다. 그런 상서로운 호신(護神)이 신령한 땅을 감싸고 있다. 이 또한 왕궁터의 지세에 대한 예찬이다.

산과 지세를 붓끝으로 풀어헤친 뒤에 성현은 궁궐을 들여다본다. 강안전(康安殿)은 고려시대 정궁(正宮)인 연경궁(延慶宮) 안에 있던 전각이다. 원래는 중광전(重光殿)이라 불렸는데 인종 때에 강안전으로 바꿨다. 중희문(重禧門)이라는 출입문이 있었고 국왕의 즉위식이 주로 거행되던 곳이며 궐내 연등회도 이곳에서 열렸다. 왕과 신하들의 시회(詩會)나 파티가 열리기도 하고 격구(擊毬)나 활쏘기와 같은 무술 경연, 그리고 전쟁에 나가는 병사들의 사열도 이 궁전 앞에서 진행되었다. 이 고려 권력의 상징건물은 지금 어떻게 되었는가. 건물은 폐허가 되고 소나무가 천 길이나 뻗었다. 천 길은 물론 시인이 느낀 심정적인 길이다.

위봉루는 궁궐의 대표 누각이다. 태조 왕건은 이곳에서 열린 팔관회(八關會)에 참석해 마음이 몹시 즐거웠다. 이 행사는 부처를 공양하고 귀신을 즐겁게 하는 모임이니 앞으로 더욱 힘써서 행하라고 분부를 내린다. 이후 고려 왕실은 경사스러운 일이 있을 때 임금이 친히 문무백관(文武百官)과 백성들의 조하(朝賀)를 여기서 받았다. 또 인재를 뽑는 과거(科擧)의 방(榜)을 내걸고, 전시(殿試)를 보기도 했으며, 또 합격자의 방을 이곳에다 붙였다. 위엄 있는 봉황의 누각인 이곳은 그러나 어떻게 되었는가. 성현은 리포트 한다. 건물은 쓰러지고 흙더미가 언덕 하나만큼 쌓였다고. 이 또한 과장법이겠으나 기분으로 보자면 어찌 과장이겠는가. 비단의 향기와 생활의 노랫가락은 안침과 비슷하나 춘독재 수공류(春獨在 水空流, 봄은 저 홀로 남았고 물은 헛되이 흐른다)의 대구는 처연함을 깊이 물고 흔든다.

그러나 성현은 마지막 대목에 그리 힘을 주지 않았다. 피를 토하는 듯 하던 일행들의 분위기까지도 가지 않았다. 그저 담담히 노을만 불러왔다. 너무 옛이야기를 시시콜콜 묻지 말아라. 저 핏빛 노을만 봐도 눈에 가득 슬픔이 들어차 있으니. 세상의 큰 원리가 다 그런 것 아닌가. 노인의 대긍정(大肯定)이 슬픔을 밀어붙이지 않고 그쯤에 머물게 하는 것일까. 어느 날에는 계림황엽 곡령청송이었으나, 어느덧 곡령황혼 한수신류(漢水新流, 한강이 새롭게 흐름)로 나아가 있지 않은가.

이 대목에서 만월대 얘기를 놓칠 수 없다. 채수는 건덕전 옛터를 만월대라고 부른다고 전하면서 술을 들고 온 경력 임수경, 거문고를 들고온 풍덕 훈도 구계중, 그리고 허침과 조위가 한성에서 이곳으로 와 합류하여 놀았다고 적고 있다. 고려 말과 조선 초의 은사였던 운곡(耘谷 원천석, 1330(충숙왕 17년)~?)의 시조로 후세에 깊이 각인된 만월대는 그들에게도 감회가 작지 않았을 것이다.

흥망이 유수(有數)하니 만월대도 추초(秋草)로다.
오백 년 왕업이 목적(牧笛)에 부쳤으니
석양에 지나는 객이 눈물겨워 하노라.

개성의 건축물 중에서 가장 빼어나다고 일컬어지는 만월대는 125만 제곱미터에 이르는 거대한 왕궁 자리다. 궁성(宮城)과 황성(皇城)으로 나뉘는데 궁성만 39만 제곱미터다. 만월대의 바깥 성벽은 후삼국 태봉국이 쌓은 보리참성(밀떡성)의 성벽을 그대로 활용했고 북쪽만 언덕을 따라 새로 쌓았다. 황성의 정문은 동쪽에 있었고 광화문이라 불렀다. 북쪽엔 태화문과 장추문, 서쪽엔 영추문, 남쪽엔 주작문이 있었다. 궁성의 정문은 남쪽의 승편문이고 서쪽 서화문, 동쪽 동화문, 북쪽 현무문이 있었는데, 동화문에는 왕태자(東宮)가 살았다. 승편문 북쪽에는 구정(毬庭)이라는 넓은 마당이 있었고 여기선 격구 경기가 벌어졌다. 왕은 신봉문 2층 문루에서 격구를 지켜보았다. 구정은 채수가 소나무 1만여 그루를 보았다는 바로 그곳이다. 신봉문 북쪽에는 4개의 웅장한 돌계단을 갖춘 높은 축대가 있다. 회경전(會敬殿)을 비롯해 장화전, 원덕전, 장령전 등 만월대의 중심이 그 위에 늘어서 있다. 돌계단은 33단이다. 이 궁전들은 1361년 홍건적이 침입했을 때 불타고 터만 남았다. 궁궐터에선 청자기와와 꽃벽돌이 발견되어 건물의 화려함을 짐작케 했다. 시간이 만월대를 가을 풀꽃(秋草)으로 만들었다 해도 500년 문화의 찬연한 빛은 여전히 역사 속에 아로새겨져 있기에, 그들의 술맛을 돋우지 않았겠는가. 고려는 아름다웠다.

● 박연폭포 앞에서 인간은 초파리임을 깨닫다

"박연은 천마와 성거 두 산 사이에 있다. 두 산은 높게 서서 서로 싸움이라도 벌이는 듯 칼과 창을 꽂는 형상이라 그림과 같았다. 산의 형세가 깎아지른 벼랑에 천길 높이로 솟았다. 그 위에 있는 석담(石潭)은 넓이가 수십 자에 이르고 모양은 괭이 날처럼 생겼다. 물빛은 맑고 파래서 바닥이 훤히 보였지만 깊이를 헤아릴 수는 없었다. 물 한복판에 우뚝 솟은 돌이 있는데 수십 명이 앉을 만큼 널찍했다. 연못에 고인 물이 넘쳐서 폭포가 되어 절벽으로 떨어지는 모양이 은하수가 거꾸로 걸린 것 같다. 구슬을 뿜어내고 눈이 흩날리는 것처럼 절벽 계곡이 들썩거린다. 소리는 성난 벼락과도 같이 기이하고 놀라워서 이루 말로 다 표현하기 어렵다. 채수가 탄복하여 말하기를 "조물주의 솜씨가 이런 경지까지 이른 줄은 몰랐다. 여기 와보지 않았다면 단지 속의 초파리 신세를 면하지 못했으리라."고 했다. 절벽에 붙어 휘어진 나무가 거꾸로 드리워져 있다. 시중드는 이가 원숭이처럼 붙어서 내려다보는데 그 머리털이 뻣뻣하게 솟았고 혼이 경련하여 감히 더 가까이 가지 못한다. 이런 옛이야기가 전한다. "박씨 성을 가진 선비가 연못가에서 피리를 불다가 여인의 모습을 한 용의 유혹에 넘어가 연못으로 들어간 뒤 돌아오지 않았다. 박씨의 아내가 남편을 부르며 울다가 절벽에 몸을 던져 죽었다. 이로 해서 위의 연못은 박연(朴淵)이라 부르고 아래 연못은 고모담(姑母潭)이라 했다." 고려 문종이 일찍이 바위 위에 올랐는데, 용이 아래서 바위를 흔들었다. 이영간(李靈幹, 참지정사 벼슬을 지냈다)이 주문을 외운 뒤 용을 채찍으로 내리쳤는데 이때 연못물이 붉어졌다. 왕이 머물던 바위가 연못 한가운데 있는 것이다. 수십 걸음을 올라가니 돌부처 두 위가 암벽구멍 안에 모셔져 있다. 동쪽에 있는 부처는 '달달박박'이고 서쪽에 있는 것은 '노힐부득'이라고 한다."

— 채수의 〈유송도록〉 중에서

채수는 비교적 자세히 박연폭포에 대해 설명하고 있다. "조물주의 솜씨가 이런 경지까지 이른 줄은 몰랐다."고 탄복할 정도이니, 그가 이곳에서 느낀 감회의 크기가 느껴진다. 채수는 박연폭포를 읊으면서 "나그네는 스스로 자꾸만 시흥(詩興)이 일어 / 하루 내내 빈 징검다리를 왔다갔다 한다."라고 말했다. 주저앉힐 수 없는 감동에, 몸이 저절로 움직이며 그 풍경 앞을 계속 서성거리는 모습이 눈에 선하다. 연못을 고모담이라 한 것은 박씨의 어머니도 며느리가 죽었다는 소식을 듣고 달려와 물속에 뛰어들었기 때문이라고 한다. 시어머니(姑母)의 연못이라는 의미다.

 용바위에는 강감찬(姜邯贊, 948-1031)의 전설도 숨어 있다. 이 용맹한 장군은 일흔이 넘은 나이로, 거란의 3차 침략을 귀주에서 막아내고 당당히 개선하였다. 고려 현종은 장군의 공을 높이 치하하고 박연폭포 앞에서 잔치를 베푼다. 폭포 앞에 펼쳐진 널찍한 모래밭에 돗자리를 깔고 음식상을 차린 자리에서 왕은 강감찬에게 술잔을 내렸다. 무희들의 춤이 이어지고 파티 분위기가 무르익어갈 때 갑자기 폭포 아래 고모담 속에서 둥둥둥 북소리가 들렸다. 갑자기 연못의 물이 분수처럼 솟더니 잔칫상을 덮쳤다. 좌중의 비명소리가 터져 나왔을 때, 연못을 향해 큰 소리로 고함을 지르는 이가 있었다. 강감찬 장군이었다. 그는 이렇게 말했다. "네 이놈, 너를 이대로 둬선 안 되겠구나." 장군은 급히 붓을 들어 종이 위에 부적을 그려서는 고모담에 던져 넣었다. 그러자 연못의 물이 부글거리더니 물속에서 괴로워하는 소리가 들렸다. 물길이 한바탕 솟구치더니 이윽고 잠잠해졌다. 물안개가 걷힌 뒤 사람들이 가만히 보니, 고모담 중간에 없던 바위 하나가 생겨나 있었다. 강감찬은 왕에게 설명했다. "못된 용인지라 주문으로 바위가 되도록 하였습니다." 이것이 용바위다. 바위의 의미를 극적으로 돋을새기기 위해 짜맞춘 스토리텔링으로 여겨

지지만, 강감찬의 담력과 지혜에 대한 대중의 믿음을 엿볼 수 있는 대목이다. 다시 박연폭포 앞으로 가자. 일행 중에서 내 눈에는 가장 인상적인, 허침의 시를 감상하며 그 기분을 느껴보기로 하자.

하늘에 가로로 늘어선 겹겹 청산 천만 봉우리
송이송이 황금 연꽃을 깎아 낸 듯
쇳독에 수정의 푸른 액체를 가득 담아두고
푸른 골짜기에 은하수를 기울여 쏟은 듯
튀는 구슬, 뿜는 옥, 어지러운 포말이 따르고
햇빛과 자줏빛 전광이 아른아른 서로 당기네.
거문고의 달인 금고와 함께 어룡을 타고 싶네.
한바탕 웃고 거꾸로 걸린 뜬 물줄기 치며
알다시피 조물주가 진짜 기이함을 누설하여
견문 좁은 아이를 놀라게 하려고 함이니,
이제까지 우물 안 개구리 허튼 자랑 말아라.
술단지 속의 초파리에게 뚜껑 열어젖힌 셈
평생토록 내 눈만 믿고 남의 말 안 믿었는데
여산이 이보다 더할까 글쎄
그 옛날 왕의 가마 지난 자리
고목과 푸른 등나무 어지러이 얽혔네.
날던 새 눈에서 사라진 뒤 멍하니 바라보다가
고개 돌려 옛일 생각하니 구름이 멀다.
가슴 속에 시가 있으나 다 못 내놓으니

어쩌면 이태백을 불러와 함께 따르며 노닐까.

橫空積翠千萬峯 一一削出金芙蓉(횡공적취천만봉 일일삭출금부용)
鐵甕深貯玻瓈淸 玉峽倒注銀河傾(철옹심저파려청 옥협도주은하경)
跳珠噴玉隨亂沫 日光紫電紛相摰(도주분옥수란말 일광자전분상체)
欲與琴高騎魚龍 一笑拍浮懸流中(욕여금고기어룡 일소박부현류중)
周知眞宰洩精怪 驚倒群兒心目隘(주지진재설정괴 경도군아소목애)
從前坎蛙莫謾誇 發覆醢鷄欣一快(종전감와막만과 발복초계흔일쾌)
平生信目不信語 未必廬山遽如許(평생신목불신어 미필여산거여허)
當時玉輦經行地 古木蒼藤迷處所(당시옥련경행지 고목창등미처소)
眼窮飛鳥寄冥搜 回頭往事雲悠悠(안궁비조기명수 회두왕사운유유)
胷中有詩道不盡 安得喚取謫仙相追遊(흉중유시도부진 안득환취적선상추유)

채수가 말했던 술단지 속의 초파리가 이 시에 등장한다. 아마도 좌중의 시들을 함께 즐기다가 워낙 인상 깊었던 대목인지라 여행기 속에 옮겨 적었으리라. 성현은 "조물주가 누구에겐가 단단히 화가 나서 하늘 대장장이에게 귀신의 도끼를 빌려달라고 해서 이 절벽을 찍어 내리고 있다."고 묘사한다. 표현의 교묘함이 박연폭포의 교묘함에 못지않다. 조위는 이 풍경은 이 세상 것이 아니라고 말한다. 신의 나라인 구천(九天)에서 홀연히 그 경계가 터져, 박연폭포가 내려왔는데 바가지 하나가 하늘 한복판에 매달린 것과 같다고 말한다. 서투르게 시를 짓는 것은 동방의 삼신산을 찾아 떠난 뒤 돌아오지 않은 진시황 때의 서불을 욕되게 하는 것이라고 말한다. 서불이 영주산(한라산), 방장산, 봉래산(금강산)을 찾다가 여기에 머물렀을 거라는 상상의 날개다. 또 미사여구를 함부로 들이대다 가는 이곳으로 귀양 오신 이태백의 웃음을 살 수 있다고 경고를 하는 판이다. 이태벽은 귀양 온 신선(謫仙)이라 불린 분이니 이쯤에 사는 것이 당연하지 않느냐는 얘기다. 이들의 과장법들을 즐기다 보면, 박연폭포는 반드시 세계 10대 경관쯤에 포함되어, 초파리 같은 인류에게 툭 터지는 경험을 선사해야 할 것 같다는 생각이 절로 든다.

조선 초 사람들의 박연폭포 관광을 따라다니다 보니, 조금 뒷세대인 황진이가 슬며시 떠오른다. 이들이 지나가고 난 다음, 백 년쯤 뒤에 이 절세미인이 이곳에 와서 시를 짓지 않던가. 그 풍류를 여기서 빠뜨리고 갈 순 없다. 읊고 가자.

一派長天噴壑聾(일파장천분학롱)
龍湫百仞水瀧瀧(용추백인수총총)

하늘의 한 갈래 물줄기가 골짜기를 숫돌처럼 가는 듯
용이 사는 물에 백 길 되는 물이 서로 모이고 모이네.

황진이는 박연폭포를 송도에서 가장 빼어난 3가지 중의 하나로 꼽는다. 3절 중에 자신도 포함시켰으니, 박연폭포는 자신과 나란히 할 만하다는 얘기렷다. 이 시인은 여러 번 이 장쾌한 풍경을 보러 갔을 것이다. 저 웅장한 폭포를 첫 일곱 자로 어떻게 표현할까를 놓고 한순간 숨을 죽였을 것이다. 그러다가 일파장천 네 글자를 찾아냈다. 장천이란 '구만리 장천'이라 할 때 쓰이는 머나먼 하늘길이다. 폭포라는 것이 아무리 높은

들 구만리를 뛸 순 없지만, 고모담에서 올려다보는 풍경은 가히 구만리 장천에 값한다. 그 허공길에서 한 줄기가 뿜어져 나와 골짜기를 간다. 분롱학이라고 해야겠지만, 운율을 맞추려고 분학롱이라고 하였다. 높은 허공에서 나온 물 한 갈래가 골짜기를 숫돌에 칼 갈듯이 거듭거듭 밀어붙인다. 구만리 장천은 만만찮은 과장법인데, 그 거대한 것을 숫돌에다 비유했으니, 이것은 황진이의 스케일이다.

  골짜기를 숫돌 삼아 폭포 줄기를 갈고 있는 박연. 이렇게 시의 길을 잡았다. 용추는 박연폭포가 떨어지는 그 연못이다. 폭포 자체가 한 마리 용이니, 연못은 바로 용이 사는 곳, 용추라 할 만하다. 앞의 일곱 자가 폭포의 맨 위쪽을 그린 것이라면, 아래 일곱 자는 눈길을 내려 이제 막 연못으로 떨어지는 그 지점에 시선을 둔다. 백 길이나 되는 물줄기는 처음에는 원래 한 줄기로 시작했지만 아래로 내려오면서 여러 갈래로 갈가리 흩어졌다. 그러다가 용추로 다시 모인다. 그게 용추백인수총총이다. 일파장천으로 시작한 한 가닥의 물이 천 갈래 만 갈래로 갈라지다가 용추에 이르러 총총 모여드는 것, 그 급박한 이합집산을 특유의 어안렌즈로 잡아챘다.

飛泉倒瀉疑銀漢(비천도사의은한)
怒瀑橫垂宛白虹(노폭횡수완백홍)

날던 샘물이 거꾸로 쏟아지니 은하수가 아닌가,
성난 폭포가 가로로 드리우니 흰 무지개처럼 굽었다.

이제 황진이의 상상력이 도약한다. 비천(飛泉)이란 아래쪽에서 보는 폭포 첫 줄기의 인상이다. 보이지 않는 저쪽 허공에서 물이 생겨나니 그것은 하늘에서 솟는 물이 아닌가. 하늘물이 곤두박질쳐서 쏟아지니 저건 분명히 은하수의 한 줄기가 흘러내려 오는 것임이 틀림없다. 이런 얘기다. 박연폭포는 황진이의 시 속에서 은하수 물줄기 한 가닥이 지상에 왕림한 것이 되었다. 노폭횡수. 성난 폭포는 물의 기세가 워낙 좋아서 거침없다는 뜻이리라. 횡수(橫垂)라는 말이 묘미가 있다. 계곡 위쪽의 물은 폭(幅)을 지니고 있을 터이니 가로로 널찍하다. 그것이 한꺼번에 아래로 떨어진다. 이 세밀하고 생생한 표현이 폭포의 물굽이를 생생하게 느끼게 한다. 어린 시절 이 노폭횡수 뒤에 들어가 황홀하고 짜릿한 기분을 느끼곤 했다. 어마어마한 소리 속에서도 마치 정적 속에 있는 듯 고요한 그 공간. 눈앞에는 물줄기의 얇은 막이 쳐져 풍경들이 바림한 수채화처럼 흩어져 보였다. 은하수는 내려와 이제 하얗게 굽어 있는 무지개가 된다. 완백홍.

雹亂霆馳彌洞府(박란정치미동부)
珠春玉碎澈晴空(주준옥쇄철청공)

우박소리 요란하고 천둥소리 내달리니 골짜기가 꽉 차고
구슬을 달그락거리고 옥을 빻으니 맑은 하늘에까지 사무친다.

폭포사진을 찍어보면, 그 앞에 섰을 때의 감동이 거의 느껴지지 않는다. 그저 맨숭맨숭한 물줄기 하나만 보일 뿐이다. 우리가 폭포를 볼 때,

그냥 물줄기 하나만 보고 있는 게 아니었다. 거기엔 귀를 먹게 할 듯한 도도한 소리가 계곡을 울리고 있고 파열된 물방울이 콧등에 내려앉고 서늘하고 장한 기운이 폭포에서 함께 터져 나오고 있는 것을 온몸으로 느낀다. 그게 폭포다. 황진이가 이걸 모를 리 없다. 눈으로 본 폭포를 28자로 그려낸 뒤에, 그녀는 소리를 그리기 시작한다. 박란정치는 우리 귀를 먹먹하게 했던 그 소리에 대한 표현이다. 우박이 쏟아질 때의 그 대지가 쿵쿵거리는 강렬한 느낌이 박란이고, 천둥소리가 쿠궁콰과광 이어져 가는 소리가 정치다. 우박은 잠깐 내리다 말고 천둥은 순간적으로 지축을 흔들 뿐이지만, 이건 그렇지 않다. 계속해서 골짜기를 꽉 채우고 있다. 봄춘(春)자는 '움직일 준'으로도 읽힌다. 주준은 구슬을 굴리며 달그락거리는 소리고 옥쇄는 옥을 빻는 소리다. 물방울들이 내는 영롱하고 현란한 소리를 이렇게 표현한 것이다. 역시 물 기운을 담아서 그 소리가 맑은 허공에 물이 스미듯 흘러들어 간다는 의미로 철청공이라 하였다. 하늘에 내려온 듯한 우박소리 천둥소리는 지상에 가득 차고, 지상에서 달그락거리고 자그락대는 소리는 하늘을 뚫고 오르니 천지의 상보와 태극의 은행이 느껴지는 아름다운 구절이다. 이렇게 박연을 묘사하고 난 다음, 황진이는 일갈한다.

遊人莫道廬山勝 (유인막도여산승)
須識天磨冠海東 (수식천마관해동)

나그네여 여산이 좋다고 말하지 말게
모름지기 해동의 머리인 천마산을 아는지.

여산은 소동파가 서림사 벽에다 썼다는 '여산진면목'으로 유명한 산이다. 이 몸이 여산 한복판에 있으니 여산의 진면목을 볼 수 없다는 뜻으로, 도의 다양한 경계를 쉽게 깨닫기 어렵다는 성찰을 담는다. 여산이 곧 깨달음의 만상(萬象)을 품은 곳이라는 중국적인 인식에 황진이는 의문을 제기한다. 물론 그 의문조차도 중국적인 세계관의 표현이기는 하지만 말이다.

세상을 많이 돌아다녀 본 여행자들이여, 여산이 그렇게 좋던가. 그렇다면 당신은 천마산의 박연폭포를 보았는가. 이런 질문이다. 천마는 하늘을 가는 숫돌이라는 의미이니, 아까 그녀가 표현한 박연의 다른 이름이 아닌가. 遠近高低各不同(원근고저각부동). 멀리서 보고 가까이서 보고 높은 데서 보고 낮은 데서 보는 것이 모두 다르다는 여산처럼, 박연 또한 시각과 관점에 따라 하나로 통일할 수 없는 다채로운 이미지와 소리와 인상과 존재감을 지녔다는 것을 환기시킨다. 천하의 절색이라는 이 기생은 박연폭포 아래에서 자신이 무엇인지, 세상에서 어떤 질곡과 곡절에 둘러싸여 있는지를 모두 잊고, 온전히 폭포에 사로잡혀 언어를 고르고 있었다. 그 풍경을 떠올리기만 해도 가슴에 뭔가 먹먹하게 다가오는 게 있지 않은가.

박연폭포의 용바위에는 한자로 새긴 글씨가 있다. 飛流直下三千尺, 疑是銀河落九天(비류직하삼천척 의시은하락구천)이란 쓰인 그 각자(刻字) 뒤에는 '李白詩黃筆(이백시황필)'이라고 적혀 있다. 이백의 시 '여산폭포를 바라보며(望廬山瀑布)'를 황(黃)이 썼다는 얘기다. 북한의 향토사학자 송경록은 '개성이야기'라는 책에서 그 황씨가 바로 황진이며 머리채를 늘어뜨려 그 큰 글씨를 썼다는 전설이 전해온다고 밝히고 있다. 한편 개성관광을 간 사람들은 북한의 안내원들이 이 바위글씨를 소개하는 것을 자주 듣는데, 이 글씨를 해석해낸 사람이 김일성이라는 주장을 하기도 한다.

● 관음사, 모두가 취했던 그 달밤

"관음사에 도착했다. 이 절은 태조의 잠저(潛邸) 시절 원찰(願刹)로 목은(牧隱, 이색)이 지은 기(記)가 있다. 절 뒤에 깊고 넓은 굴이 있는데 그 속에 부처가 있어서 사(寺)라고 부른다. 골 안에는 빼어난 돌이 기이했는데 날이 어두워 제대로 보지 못했다. 절 앞엔 여럿이 앉을 수 있는 너럭바위가 있었는데 급류가 굽이쳐 물소리가 요란했다. 술잔을 쥐고 바위 위에서 주거니 받거니 하면서 관솔불을 피우고 시를 지었다. 이윽고 산 위로 달이 떠오르고 달빛이 계곡에 퍼지니 낮인 것처럼 환했다. 조위(태허)는 시 구절을 찾는 데 지쳐서 돌 위에 누웠다. 성현(경숙)은 관망을 벗고 이마를 내놓은 채 이리저리 어슬렁거렸다. 허침(헌지)은 무릎을 꿇고 속으로 읊조리며 곰곰이 시를 떠올리고 있었다. 성세명(여회)은 술잔을 들고 다니며 계속 잔을 돌리며 술 마시기를 권했다. 성세원(성세명의 아우)은 취기가 전혀 없이 말짱한 채 옷자락을 바로 하고 앉아 있었다. 구계중(풍덕훈도)은 크게 취해서 거문고를 만지는데 이상한 자세로 멋대로 튕겼다. 채수(기지) 또한 거문고를 잡고 자주 켜는데 청아한 소리가 들을 만했는지 정희인(수운을 담당하는 판관)이 흥에 겨워 자기도 모르게 앞으로 기어왔다. 안침(자진)이 취해서 거문고를 빼앗아 타는 데 전혀 가락이 맞지 않았다. 구계중이 말하기를 "기예를 배우는 사람은 부끄러움이 없으면 성공할 수 있답니다. 자진의 거문고 솜씨는 대성하겠습니다."라고 말해 사람들이 포복절도했다… 3월 18일 을유일 저녁때 광명사(廣明寺)에 들렀다. 이 절은 고려 태조의 옛 집터로 도선(道詵)이 중생을 교화하던 땅이라고 한다. 절 앞에는 우물이 있었는데 사람들은 이곳에서 '용녀(龍女)'가 노닐었다고 한다."

- 채수 〈유송도록〉 중에서

채수 일행은 3월 17일 낮에 박연폭포를 보고 큰 감동을 받고 난 뒤, 저녁때에 관음굴에 들렀다. 이 굴 앞에 있는 계곡 너럭바위에서 아마도 이 여행의 하이라이트라 할 만한, 절정의 술 파티를 벌인다. 채수는 이 장면을 사진을 찍듯 생생하게 그려놓았다. 여행이란 이런 맛이 있어야 하는 게 아니겠는가. 여행하는 멤버들이 모두 거명되었다. 조위, 성현, 허침, 성세명, 성세원, 채수, 안침, 이렇게 7인방이다. 거기에 훈도 구계중과 판관 정희인이 끼었다. 일전에 술과 음식을 들고 합류한 이들이다.

저 인상적인 장면을 좀 찬찬히 구경하자. 평소의 성격이 그대로 드러나 있는 듯하다. 굳이 시를 짓는 게 무슨 소용이냐? 벌러덩 누운 조위. 호방한 논객의 풍모가 엿보인다. 감동을 잘 받고 서정적인 성현은 마음을 주체하지 못해 뒷짐을 지고 시를 구상하며 오간다. 시가 빼어난 허침은 그래도 뭔가 하나 건져내려고 무릎까지 꿇고는 입을 달싹거리며 생각을 끓인다. 붙임성이 좋은 성세명은 좌중에게 술을 권하는 일에 열심이다. "자, 자, 한잔하시지요. 여기서 안 먹으면 어디서 한잔한단 말입니까?" 아우인 세원에게 술을 권하니 그는 반듯한 자세로 받아 마신다. 그래도 자세는 흐트러짐이 없다. 아무래도 좀 어려운 자리인지라 설불리

취할 수 없었을 것이다. 훈도 구계중이 다룰 줄도 모르는 거문고를 가지고 허튼소리를 내고 있을 때 필자인 채수가 가서 거문고를 건네받아 한 곡 연주하는데, 판관 정희인이 신이 났는지 바싹 다가와 즐긴다. 그러자 모범생인 안침이 취한 김에 자기도 한 곡 뜯어보겠다면서 거문고를 빼앗아간다. 그런데 가락이 엉망이다. 이때 구계중이 핀잔을 준다. "으이구. 창피한 줄 모르니, 대성하시겠소." 그 말에 좌중이 깔깔 웃는 풍경이다. 실은 계중이 저도 연주를 할 줄 모르는 자이면서. 시대는 다르지만 단원 김홍도에게 이 글을 가져다줬다면, 명화 한 작품이 바로 나오지 않았을까.

이날 이들이 지은 시 속에도 술 냄새가 확 풍긴다. 시를 짓는데 가장 열심이었던 허침은 무려 227자에 이르는 장시를 짓는다. 시 속에서 그는 "길게 읊조리며 즐기는 것이 반도 덜됐는데 주고받은 술잔을 헤아릴 수가 없다. 취하니 붉고 푸른 옷이 살아나며 일어나 춤을 추는 것 같다. 꽃 그림자가 서로 어지러이 솟아오른다."라고 읊기도 한다. 시를 짓다가 생각이 안 난다며 드러누웠던 조위. 그는 "서로 잊고 실컷 취한 다리끝 바위(相忘—醉橋頭石), 머리를 산발하고 미친 듯 노래 부르니 다시 흉내내기도 어렵다(散髮狂歌未擬歸)."라고 말한다.

채수는 "술상이 어지러울 때 밤은 끝나가고(杯盤錯落將殘夜), 꽃들의 맑은 향기는 늦봄을 실어보내네(花草淸香送晚春). 매우 취해 크게 노래 부르니 도도한 흥이 돋고(大醉浩歌生逸興), 서로 손잡고 일어나 춤을 추니 이 또한 천진한 아이 같다(相携起舞亦天眞)."고 노래 부른다. 성현은 외로운 달이 황금 전병(煎餠)처럼 솟아오른 것을 바라보며, 거문고를 타는 채수를 향해 "너무 많은 곡 치지 말고 하나쯤은 생략하게(莫把繁絃勤一抹), 연못 속에서 용이

한 수 읊을까 걱정이네(潭中恐有水龍吟)."라고 너스레를 떤다. 잔뜩 취한 안침은 "술에 취해 노래하고 노래하며 서로 베개 삼아 누웠다(醉後鳴鳴相枕藉)."고 하고, 성세명은 꼿꼿이 앉아 광란의 좌중을 바라보며 "술기운이 도니 스스로 너울너울 춤을 춘다(醉來自作婆娑)."고 읊조렸다.

그런데 왜 이들은 관음사 앞에서 이토록 술에 취했을까. 그들의 마음을 건드린 무엇이 있었을 것이다. 개성(송도)은 고려의 종말을 기억하는 아픈 도시지만, 조선의 태동을 품고 있는 야망의 둥지이기도 하다. 굴속에 불상이 있는 관음사는 이성계가 왕이 되기 전에 머무르고 있던 곳이다. 조선의 지식인들은 마치 최면을 걸듯 이성계의 왕조 개업을 예찬해왔지만, 개성에 들어서면서 깊이 숨겨놓았던 석연찮은 역사를 어쩔 수 없이 되새기지 않았을까. 그들이 조선 시조(始祖)의 잠저 앞에서 시를 읊으며 한마디도 그를 예찬한 구절을 넣지 않은 것이, 취흥 때문만이었을까. 되짚어본다. 그들이 꺼내지 않고 지나간 이성계의 석연찮은 역사를 후세의 나라도 정리해주는 것이 예의일 것 같다.

첫째, 위화도 회군의 석연찮음이다. 이성계는 1370년 함주평야에서 원나라 군대를 격파한 공로와 1380년 운봉 황산에서 왜적을 격멸한 전공(戰功)으로, 피폐한 고려 왕조를 중건할 영웅으로 떠올랐다. 강직한 장군이던 최영과 손을 잡고 염흥방, 임견미 등 대토지 소유자들인 보수 세력들을 몰아내고 정치 개혁을 서두르고 있었다. 원나라 쇠퇴 이후 일어난 명나라는 철령 이북 땅이 자기네 땅이라고 주장했다. 고려는 고구려 땅을 회복할 계획으로 최영의 주도하에 요동 정벌에 나선다. 이성계는 여름철의 출병이 부당함을 역설했으나 최영의 명령으로 우군도통사가 되어 출병한다. 그는 좌군도통사인 최민수와 상의해서 다시 왕에게 회군을 요청하는 서한을 보냈으나 묵살당했고 도리어 속히 진군하라는 명령을 받았다. 이성계는 최민수에게 편지를 써서 회군을 지지해주면 총사령관 자리를 주겠다고 제의했다. 최민수의 동의가 있자 이성계는 군사를 돌려 평양을 공격한다. 500명의 근위병만을 데리고 평양에서 원정 프로젝트를 총지휘하고 있던 최영은 수만 명의 이성계군 공격에 개성으로 퇴각한다. 이성계는 개성까지 몰아붙여 최영을 잡아 고봉현(高揚)에 귀양 보내고 왕은 강화도로 내쫓는다. 형장의 이슬이 되기 전 최영은 이렇게 말했다. "내가 평생에 탐욕의 마음을 지녔다면 무덤 위에 풀이 날 것이다." 신증동국여지승람은 덕물산(덕적산) 위의 무덤에 풀이 나지 않는다고 적어놓고 있다.

최영의 묘는 적분(赤墳)이라고 부른다. 덕물산에선 2년마다 음력 3월에 도당굿을 하는데 굿이 끝난 다음에 국내 제일의 진미로 알려진 돼지고기를 올린다. 이 고기를 성계육(成桂肉)이라 부른다. 고려의 국운을 짊어지고 있던 영웅을 분사(憤死)케 한 그 분노가 최고의 굿발로 피어올라, 최영 장군 신(神)은 무당사회에선 제일로 손꼽힌다. 한편 이성계는 약속을 어기고 조민수까지 죽였다. 그는 우왕을 폐위한 자리에 창왕을 앉혔다가, 왕손의 직계가 아니라는 이유로 다시 폐위시키고 공양왕을 앉힌다. 관음굴 잠저에는 이 시절 마키아벨리즘의 달인 같은 이성계의 초상이 숨어 있는 셈이다.

둘째 존경받는 대유학자 정몽주의 살해다. 여기도 유학자들 간의 노선분쟁이 있었고, 정몽주조차도 정치적인 이익을 고려해 위화도 회군에 적극적으로 반대하지 않았다는 의견들이 있으나, 그 참혹한 테러는 민심을 크게 뒤흔들었을 것이다. 당시 이성계는 목청전에 살았고 정몽주의 집은 자남산 동남쪽 기슭에 있었다. 이방원의 하여가(何如歌, 이런들 어떠하리)에 단심가(丹心歌) 시조를 읊고 돌아오는 길에 정몽주는 말을 타고 지나가는 무사를 보았다. 그는 자객임을 직감했다. 옆에 있던 녹사(비서)인 김경조에게 먼저 가라고 얘기하고는 술집에 들어가 술을 마시고 노래를 불렀으며 춤도 추었다. 이윽고 술집에서 나온 정몽주가 말을 타고 선죽교를 지나갈 때 자객이 달려들어 철퇴로 말머리를 내려친다. 쓰러지는 말에서 떨어진 정몽주를 향해 다시 철퇴를 가했다. 기다리고 있던 김경조가 나타나 숨진 정몽주를 끌어안자 그도 때려죽인다. 이 학살의 만행은 이방원의 지시에 의한 것이었지만, 이성계에 대한 대중의 반감은 커지지 않을 수 없었을 것이다.

셋째, 이성계의 형인 이원계(1330-1388)를 죽게 한 비정(非情)이다. 1908년(순종2년) 8월에 정릉(定陵) 능역에 있던 묘를 개수하였는데 이원계라는 이름이 적힌 지석(誌石)이 발견됐다. 거기엔 시 한 편이 새겨져 있었다. "삼한의 조국 땅에 내 몸은 어디에 둘까(三韓故國身何在), 땅 밑에서 원컨대 태백과 중옹을 좇아가 놀았으면(地下願從佰仲遊)" 태백과 중옹은 주나라 고공단보의 맏아들 태백과 둘째 중옹이 아버지의 뜻을 헤아려 왕위를 막냇동생 계력에게 양보하고 뗏목을 저어 형만 땅으로 망명한 고사에 나오는 사람들이다. 이 시는 이원계의 절명시(絶命詩)로 불린다. 이성계의 배다른 형이었던 이원계는 아버지 이자춘의 정실 아들이었다. 이원계는 공민왕 때 홍건적의 두 차례 침입을 맞아 전공을 세워 2등 공신으로 책록되었다. 당시 이성계가 1등 공신이었으므로 형제의 무공은 고려의 자랑이었다. 이성계가 위화도 회군을 할 때 그는 신하의 도리를 내세워 반대했지만, 대세를 거스르기 어려워 동참할 수밖에 없었다. 회군 이후 그는 이성계를 옹립하는 분위기를 보고 고민에 빠진다. 회군 5개월 뒤인 1388년 10월 23일, 그는 네 아들을 불렀다. "너희들은 나로 인해 세상에 숨지 말고 숙부를 잘 보필하라."고 유언한 뒤 자결했다. 이성계의 아들 이방원은 가계를 조작하여 이자춘의 적장자였던 그를, 또 다른 이복형제인 이화(李和, 1348-1408)와 함께 서얼로 기록했다. 이방원은 이원계의 핏줄들을 탄압하기 위해, 서얼에 대한 철저한 차별규범을 만들어두기도 했다. 채수 일행은 이런 얼룩들에 관해 자세히 모르고 있었거나, 알았더라도 외면하고 있었을 것이다. 답답한 가슴에 술은 더 잘 들어가는 법이다.

화담(花潭), 철쭉꽃 그림자가 물에 거꾸로 드리운 곳

"3월 19일 병술일, 아침 비가 잠깐 개었는지라 모두 가벼운 옷차림으로 탄현문을 나서서 오관산(五冠山) 입구에 도착했다. 푸른 절벽이 에워싸고 돌샘이 동그랗게 파인 곳에 철쭉꽃 그림자가 물에 거꾸로 드리워져 있었다. 이곳이 화담이다. 몇십 걸음을 떼니 아주 커다란 바위가 나왔는데 마치 옷 주름이 쌓인 듯이 쭈그러진 모양으로 형언할 수 없을 만큼 기이했다. 이 바위가 추암(皺巖)이다. 최당 태위가 눈 속에 소를 타던 곳이다. 동쪽 봉우리에 바위가 공중에 떠서 홀로 있는 것이 보이는데 이것은 고암(鼓巖)이다."

– 채수의 〈유송도록〉 중에서

오관산은 개성에서 진언문(進言門)을 나와 성균관을 지나 탄현문(炭峴門)을 나서면 그 북쪽 장단의 경계에 위치한 산이다. 오관산 아래쪽 영통동에는 영통사가 있고, 그 남쪽 면유동에는 차일암이 있다. 오관산은 작은 봉우리 다섯 개가 마치 모자처럼 동그랗게 생겨 이렇게 이름이 붙었다. 고려 때 영통동에 사는 효자 문충(文忠)은 늙은 어머니를 위하여 '목계가(木鷄歌)'를 지었는데 이 노래를 '오관산곡'이라고도 했다. 익재 이제현은 이 시를 한시로 번역했는데 "나무 깎아 닭 한 마리 만들어 젓가락으로 찍어 벽 위에 올려놨네. 이 닭이 꼬끼오 울며 시간을 알리면 우리 어머니 얼굴이 비로소 서산에 지는 해처럼 되도록 하소서."라는 내용이다. 추암은 시냇가에 병풍처럼 서 있는 바위인데 가로지른 금이 옷 주름처럼 쭈그러져 있다. 고암은 모양이 북같이 생겼다고 한다. 채수는 〈유송도록〉에서 화담에 관한 이야기를 비교적 간결하게 처리했지만 일행은 이 아름다운 연못에 대해서 저마다 감회를 표현하고 있다. 허침과 조위와 안침은 5언시를 남겼고, 채수와 성현은 7언으로 지었다.

허침은 "관복을 털고 떠나는 날 언제일까 / 이 산에 와서 늙고 싶구나(何時拂衣去 投老此山中)."라며 말년을 기약한다. 조위는 '세상 먼지 낀 갓끈 씻을 만하니 / 긴 휘파람 불며 맑은 기운을 내려다본다(塵纓聊可濯 長嘯俯淸泠)'고 그 맑은 기운을 예찬했다. 안침은 "하늘과 땅이 내려다보고 올려다보고 있으니, 시를 쓸 맛이 싹 사라지려 하네(乾坤成俯仰 詩興欲全往)."라고 엄살을 떨었다. 그만큼 엄숙한 기분이 돈다는 얘기일까. 채수는 "스스로 부끄럽도다, 티끌 묻은 소매는 아직 벗지 못하고 / 산속에 묻혀 살 계획도 없이 그저 우주의 진짜 근원이 뭔지 묻는다는 것이(自愧塵襟猶未脫 林泉無計問眞源)"라고 은거에 대한 동경을 드러낸다. 성현은 "눈에 가득 찬 신기한

광경을 다 감상하기엔 몹시 부족한데 / 말 모는 이는 내가 자꾸 말을 세우라 한다고 투덜대네(滿眼奇觀深不足 僕夫嗔我屢停驂)."라며 화담의 경치에 푹 빠진 자신과 종복의 속없는 마음을 함께 담았다.

이들의 시를 읽노라면, 마치 이곳에 화담 서경덕이라는 유학의 거장이 들어와 살게 될 것이라는 예감을 하고 있는 듯한 기분이 든다. 벼슬에 나아가지 않고 이곳에 은거하여 학문의 종장(宗匠)이 된 서경덕은, '화담'이라는 송도의 연못 하나를 역사 속에 깊이 각인시켰다. 채수가 1449년생이고 서경덕이 1489년생이니 40년 차이다. 당시의 그들은 비록 서경덕을 알지 못했지만, 양쪽을 다 아는 나로서는 화담에까지 와서 화담을 얘기하지 않고 가는 것은 결례처럼 느껴진다.

'느낌을 적다' 라는 화담의 시 한 수를 먼저 감상하자.

지난날 책 읽기는 경륜을 펴는 데 뜻을 두었네.
늘그막에 다시 안회의 가난을 달게 여기네.
부귀는 다툼이 생겨나 손대기 어렵고
임천(자연)은 금하는 게 없으니 몸을 편안하게 하네.
산나물 캐고 물고기 잡는 일로 배를 채울 수 있고
달을 노래하고 바람을 읊는 일은 기분을 펼치기에 충분하네.
배움은 의심하지 않음에 이르렀고 쾌활함을 깨달았네.
헛되게 사는 인간 100년을 면하는 법을 가르쳐 주었네.

讀書當日志經綸(독서당일지경윤)

晚歲還甘顔氏貧 (만세환감안씨빈)

富貴有爭難下手 (부귀유쟁난하수)

林泉無禁可安身 (임천무금가안신)

採山釣水堪充腹 (채산조수감충복)

詠月吟風足暢神 (영월음풍족창신)

學到不疑知快活 (학도부의지쾌활)

免敎虛作百年人 (면교허작백년인)

- 술회(述懷), 서경덕

가난에 편안해지는 '안빈(安貧)'은 많은 사람들이 가난하게 살면서 터득한 믿음직한 노하우인데도 그저 형식적으로 고개만 끄덕이는 경우가 대부분이다. 가난을 즐기는 일이 어디 쉬운가. 가난은 불편하며 궁상맞으며 위험하며 서럽기도 하다. 화담이 말하는 '늘그막의 안빈씨'는 요즘 잣대로 보자면, 대책 없는 노년이다. 그런데도 그는 불안해 보이지도 않고 자책감도 보이지 않는다. 그때는 자연에서 공짜로 얻을 수 있는 것이 많아서였던가. 언제든지 배를 채울 수 있고, 문화생활도 할 수 있다고 말한다. 그는 왜 추위와 고독과 절망과 굶주림은 말하지 않았을까. 자연이라고 언제나 '무금(無禁)'인 것은 아니지 않은가. 그가 거짓말을 하려는 건 아닐 것이다. 그는 당면한 고통을 이겨나가는 법에 대해 살짝 팁을 주고 있다. 의심하지 않는 태도는 삶에 달관하는 힘을 만들어낸다. 그에게 문제들은 모두 사소해져 있다. 거기에다 감정을 경영하는 법을 알고 있다. 슬픔이나 불만, 혹은 걱정이나 분노가 자신의 마음속으로 들어오지 않도록 하는 법을 알고 있는 것이다. 지금의 상황을 즐기고 만족하며 기분을 관리하는 것이다.

꼭 이렇게 살아야 하는가. 너무 심심하거나 의미 없지 않은가. 이런 질문에 대해 화담은 말한다. 젊은 시절의 야망대로 경륜을 펴는 일에 골몰했다면, 어리석은 죽음과 어이없는 비탄과 허망한 결말을 만날 수밖에 없었을 것이다. 허작백년이 인생 대부분의 양상이다. 내가 이렇게 사는 것은 그런 비극을 개관하고 고요하게 사는 즐거움으로 '삶의 품질'을 유지하려는 뜻이다. 우린 이 시를 읽지만, 이 시를 살아가지 못한다. 그게 지금 우리가 당면한 비극의 실체다. 가난을 견딜 수 없으며, 가난을 두려워하며, 가난을 저주하며, 가난과 친구가 될 수 없으며, 조금 더 가난한 자를 끝없이 얕잡아보며 허작백년을 꾸역꾸역 지어내고 있다는 것!

아까, 채수 일행의 시들을 떠올리며, 그걸 평생 실천하며 산 서경덕의 시 하나를 더 맛보자. '한회(閒懷)'라는 시. 한가하다는 말은 몇백 년 사이에 어감이 적잖이 바뀐 표현이다. 지금은 '바쁘다'라는 말이 오히려 사람을 안심시키는 측면이 있다. 바쁘고 한가함은 모두 세상의 일이 돌아가는 그 속도에 어느 정도 맞추고 있느냐의 진단이다. 세상의 속도만큼, 혹은 그보다 더 빠른 속도로 돌아가는 사람이라면, 출세한 사람이며 세상에서 승승장구하는 사람이다. "얼마나 바쁘십니까?"는 현역으로 뛰는 사람을 향한 염려 섞인 칭찬이다. 그런 바쁨이 권장되는 사회에서 "얼마나 한가하십니까?"라는 인사는 없다. 한가한 사람은 밀려난 사람이며 별 볼 일 없는 사람이며 챙겨도 내게 득 될 게 별로 없는 사람이다.

옛사람들에게도 출세의 가치와 양명(揚名)의 욕망은 지금보다 작지 않았다. 그런데도 그것과 반대되는 가치도 열심히 챙긴 듯하다. 그게 한(閑)

이거나 한(閒)이다. 문 앞에 놓인 마루나 열린 문으로 들어온 달을 보려면 마음이 여유롭고 시간이 많아야 한다. 화담 서경덕은 벼슬을 고사하고 초야에 평생 묻혔으니, 한(閒)을 유감없이 누렸을 것이다. 그런데도 어느 날 그 한(閒)에 대한 느낌이 일어났다. 요즘 말로 필이 꽂힌 것이다.

세상은 어슬렁어슬렁 살았으나 말은 진실되이 하네.
백년동안 그늘과 변두리를 다닐 것을 다짐했네.

處世逍遙語吐誠(처세소요어토성)
百年堪許影邊行(백년감허영변행)

평생 그윽한 즐거움을 찾아다녀도 흡족하지 못하니
언제나 구름 낀 산을 보면 눈이 두 배로 밝아지네.

平生未足探幽興(평생미족탐유흥)
每見雲山眼倍明(매견운산안배명)

영변(影邊)이라는 말이 스포트라이트를 받는 곳이나 중심이 아니라 그늘진 곳이나 변두리라는 것은 알겠는데, 다른 관행적 의미가 있는지는 잘 모르겠다. 은자(隱者)가 살고 거니는 곳을 가리키는 것으로 이해했다. 감허(敢許)도 명쾌하지는 않다. 스스로 다짐하는 것을 의미하는 것인지, 누군가에게서 허락받은 것인지, 둘 다 넘나드는 의미인지 알 수 없다. 하지만 백 년 동안 그늘과 변두리만 다니겠다고 결심했다는 그 말은 매력적이다. 양지와 중심에의 욕망을 제대로 놔버린 사람이다. 양지와 중심에의 욕망을 놔버리면 어떻게 되는가. 다른 욕망의 질서가 다가온다. 뭘 하고 싶어지느냐 하면 아무도 찾지 않는 즐거움을 찾아 나서게 된다. 그게 유흥(幽興)이다.

　남들이 다 버린 것이니 다툴 것도 없고 다툴 것이 없으니 마음이 급하지도 않다. 그중의 한 가지를 서경덕은 살짝 공개한다. 요즘 나는 구름 낀 산을 보러 다니는데, 그걸 보면 눈이 두 배나 밝아지는 듯 기분이 즐겁다오. 왜 쾌청한 날의 빛나는 산이 아니라 하필 흐린 날의 산인가? 평생 그늘 인생과 변두리 인생을 자처했으니 그것이 제격의 취향일 수도 있겠다. 하지만 구름에 뒤덮인 산은, 사유의 경계, 그리고 대상의 경계를 허문다. 부질없는 분별과 똑똑해지려는 눈이 오히려 사물의 교환하는 이치와 전체의 기운을 읽는 데는 방해가 될지도 모른다. 화담의 경지가 아니니 우린 추측이나 해보는 것이지만 운산을 보는 취미, 이거 배워볼 만하지 않은가?

　채수 일행도 여기서 물소리를 들었지만 서경덕의 느낌으로 전하는 물소리는 더욱 생생하고 특별하다. 그것도 느껴보자. 모든 소리가 다 마찬가지 이치를 지니고 있을 텐데 물소리 또한 한 번 듣는 것과 두 번 듣는 것, 늘 듣는 것과 가끔 듣는 것이 다르다. 해마다 듣는 것과 한 차례 듣는 것은 아주 다르다. 뻐꾸기 소리를 들으며 작년에 울던 그 뻐꾸기인지 소리를 곰곰이 곱씹는 시인의 귀에는 우리가 알 수 없는 오묘한 분별과 섬세한 차이가 있다. 계곡 옆에 집을 짓고 늘 물소리를 듣는 사람의 귀는 물이 얼마나 흐르는지 보지 않아도 알 수 있고 밤에 흐르는 물소리와 낮에 흐르는 물소리가 전혀 다른 소리라는 것을 알아챌 수 있으리라. 물 흐르는 소리는, 물 흐르는 소리가 아니라 천만 가지 사물의 소리, 세상의 소리, 인간의 소리임을 알 것이다. 스스로의 심경을 가탁하여 달리 들리기도 하고 소리에게서 자극받은 다른 생각으로 달려나가기도 하리라. 하나의 소리 속에는 수많은 소리가 뒤섞여 있으며 결코 몇 개의 소리로 분리될 수 없는 소리 사이의 화음이나 여음이나 충돌 같은 것들도 존재하고 있음을 깨닫게 되리라. 소리들도 저마다 강약의 싸움이 있고 서로 좋아함도 있어서 그 소리들이 몰려오고 몰려가는 것이 또한 하나의 세상과 다르지 않음을 알게 되리라.

어떤 사람은 우는 소리를 듣고 가고 어떤 사람은 웃는 소리를, 어떤 사람은 함성을, 어떤 사람은 재잘거리는 소리를 듣고 가니, 소리 중에서 제 귀에 걸린 소리만 득음할 수 있는 것이 우리의 귀다. 마음이 고요한 사람이라도 슬픔과 분노는 끼어드는 법이다. 슬픔과 분노가 아니더라도 슬픔과 분노에 관한 상념들은 고즈넉한 마음을 흔든다. 화담 서경덕 또한 어느 날 계곡에서 들려오는 물소리를 들으며, 문득 붓을 든다.

콸콸 바위를 흘러 낮밤으로 우는구나.
슬픔 같고 원망 같고 싸움 같아라.

聒聒巖流日夜鳴(괄괄암류일야명)
如悲如怨又如爭(여비여원우여쟁)

세상에서 많건 적건 원통한 일에 재갈 물려 있어서
푸른 하늘 향해 호소를 해보지만, 분이 아직 풀리지 않았는가.

世間多少銜怨事(세간다소함원사)

訴向蒼天憤未平(소향창천분미평)

    화담은 계곡물 소리를 들으며 슬픔 같고 원망 같고 싸움 같다고 말한다. 그렇게 들렸을 것이다. 자연이 내는 소리지만 평안하게 들리지 않는다. 그러면서 생각한다. 세상의 일이란 것이 늘 서럽고 분한 일이 있게 마련이라 저렇게 시끄럽고 와글거리는 소리로 하늘에 상소하는 것이라고… 하지만 그치지 않는 것을 보니, 그렇게 해도 분이 풀리지 않은 모양이라고… 여기엔 확률의 문제가 있다. 세상이 모두 바르게 되어 아무 소리도 없을 수는 없다. 다소간의 잡음이란 있게 마련이며, 그것조차도 자연으로 받아들여야 한다. 그리고 하늘이란 태무심하여 그런 것들을 해결해주려고 발 벗고 나서지도 않는다. 그러니 계곡물은 언제나 분이 덜 풀린 듯 시끄럽게 흐르게 마련인 것이다. 이렇게 세상의 불화와 분쟁을 이해하면, 세상의 음험과 잡답과 구차를 계곡물 귀로 담듯 듣지 못할 것도 없을 것이다. 계곡물 소리 들으면서 우리가 그 슬픔과 원망과 싸움에 끼어들지 않는 것은, 자아와 대상에 대해 명쾌하기 때문이 아니던가. 대체 화담 서경덕은 어느 물소리를 들은 것인가. 말귀가 뚫렸는지 생각이 오히려 시원해진다.

    다시 태조 이성계 이야기로 돌아가 보자. 그는 조선 왕조를 세운 뒤에 고려의 왕족들과 귀족들을 철저히 탄압했다. 당시 왕(王)씨 성을 가진 사람들은 옥(玉), 전(全), 김(金)로 슬며시 바꿨다. 개성의 분위기는 험악했다. 고려에서 벼슬을 한 이들을 색출해 배에 태워 수장(水葬)을 시켰다는 얘기도 전한다. 이성계는 시내 남쪽에 새 왕궁을 지어 경덕궁이라고 칭했다.

그 궁궐 근처에 부조현비가 있었다고 한다. 왕에게 절을 하여 예의를 표하는 것을 조현이라 했는데, 그것을 하지 않은 것을 기념한 비였다. 고남문 고개를 넘기 전에 왼쪽 밭고랑에는 순절비 하나가 서 있다. 손등과 하경이라는 두 사람이 고려 망국을 통탄하여 바위에 이마를 찧어 죽은 일을 기리는 비라고 한다.

이성계는 성균관의 젊은 유생들 73명을 경덕궁에 초청한 뒤 새 왕조에 와서 일하면 벼슬을 주겠다고 말했다. 그들은 상엿집에서 회동을 했고 전원이 조선 왕조에 참여하지 않기로 했다. 그들은 느티나무에 쓰고 있던 관들을 모두 걸어놓았다. 이곳을 갓걸재라고 부른다. 이 동네를 관훈동이라고 부르는 것은 이들이 관(棺)에서 훈계(訓戒)하겠다고 마음먹은 것을 기억하기 위함이라 한다.

73인은 딱 한 사람을 골라 정사에 참여하기로 의견을 모았는데, 황희가 뽑혔다. 이성계는 수도를 한양으로 옮기면서 '송도인 종신 금지령'을 내렸다. 개성 사람들이 과거를 보지 못하게 하는 법령이다. 그리고 토지를 모두 몰수했다. 고려 한창 시절에 10만 호이던 개성은 몇 년 사이에 8천 호로 줄어든다. (한양은 가장 번창할 때인 1835년에 가구 수가 4만5천 호에 불과했으니, 고려와 조선의 도시 규모 차이를 느낄 수 있다.)

송도 사람들은 전국 각지에 퍼져 장사를 하기 시작했는데, 이를 송방(松房)이라 불렀다. 송도 깍쟁이라는 말도 이때 생겨났다. 고려 때 태평동에는 왕국이 경영하는 백화점 같은 매장이 있었다. 이를 팔각방이라고 불렀는데, 그 건물이 송도를 상징하는 말이 되어, 송도인들을 '각방'이라고 불렀다. 계산에 밝은 송도 상인들을 각쟁이라고 부른 게 나중에 '깍쟁이'라는 말로 바뀌었다.

세종 대에 와서 조선은 개성을 제2의 수도로 격상하여 중경이라고 부른다. 그리고 송도유수를 파견했는데 임금이 머물지 않는 기간에 임금을 대신하여 이 도시를 지킨다는 의미였다. 또 세종은 정몽주를 비롯한 고려 충신들의 명예를 회복시키고, 송도인 종신 금지령도 해제했다. 그러나 개성의 지식인들은 고려 왕조의 자부심과 정체성을 간직하면서 철저히 숨어 살았다. 능력이 있었지만 과거 시험에 응시하지 않았다. 조선의 관리가 되는 것을 수치스러워하는 은밀한 전통이었다.

서경덕은 당대에 뛰어난 학식으로 이름이 이미 높았으나 관직에 나아가지 않고 평생 개성 동쪽 교외의 용홍리 산골에 서사정이란 작은 서재를 짓고 초야에 묻혀 살았다. 중종은 그에게 음관(시험 없이 임의로 주는 벼슬)을 권했으나 그는 받아들이지 않았다.

화담은 조선 정부로서는 아킬레스건 같은 존재였다. 그들이 허물어뜨린 전왕조의 도시에서 꽃핀 제도권 밖의 이 존재를 무시하기도, 그렇다고 인정하기도 어려웠을 것이다. 황진이라는 기생이 조선의 역사 속에 어느 여인보다 가장 뚜렷이 남게 되는 까닭도 그녀가 바로 송도의 자부심이기 때문이다. 그녀가 한양의 사내들을 유혹하면서도 능멸했던 것은 마음속에 고려를 깊이 품고 있었기 때문이 아닐까.

서경덕과 황진이는 쿠데타로 넘겨버린 고려가 탄압 끝에도 꿋꿋이 살아남아, 조선의 중심인 한양과 타협하지 않고 멋지게 살아간 자취이기에, 조선 지식인들의 뇌리 속에 깊이 박힐 수밖에 없었을 것이다. 황진이가 말했다는 송도3절에 대해서는 나는 달리 생각한다.

황진이는 서경덕에게 이 도시의 세 가지 뛰어난 존재를 이야기하면서 자신을 포함해, 서경덕과 박연폭포를 거론했다고 전해진다. 이것은 조선의 호사가(好事家)들이 러브 스캔들의 맛을 돋우기 위해 둘러댔을 가능성이 있다. 황진이가 방자하게 자신을 그렇게 내세웠다는 것도, 요즘의 자기 PR 시대엔 그럴듯할지 모르나 은근과 겸손이 미덕이던 그 시절 이야기로는 왠지 좀 튄다. 사실은 송도가 내놓을 만한 세 가지 빼어난 것, 즉 3절(三絕)은 박연폭포와 화담과 명월이 아니었을까 한다. 모두가 자연 경물이다. 박연폭포는 조물주가 만든 최고의 작품이라는 소리를 들을 만큼 기이하고 에너제틱한 송도의 상징물이며 타협하지 않는 쩌렁쩌렁한 고려의 정신이다.

화담은 바로 시를 짓기에도 버거울 만큼 엄숙하고 청담한 기운이 감도는 멋진 연못으로 또 다른 대표 절경이라 할 만하다. 서경덕은 바로 이런 분위기에서 나올 수 있었던 학문의 거탑이다. 그리고 명월은 바로 송도에 뜨는 아름다운 달로서 고도(古都)의 비감을 돋우는 처절하고 비통한 풍광을 만들어내는 최고의 도시연출자다. 송도의 달빛보다 애잔한 기억을 돋우는 게 또 있으랴? 그러니 송도3절은 모두 고려의 기상과 고려의 맑음과 고려의 슬픔을 담아낸 최고의 자연명품이 아닌가. 다만 그것을 인격화하여, 폭포에 뛰어들어 신선이 된 박연이 나타나고, 유학의 정수를 이룬 서경덕으로 등장하며, 또 어리석은 한양의 사내들의 간장을 녹인 고려 여자 황진이를 태동시킨 미학으로 구체화된 것이라고 할 수 있다.

● 고려에서 조선으로 귀환하다

"3월 21일 병악(餠岳)의 남쪽에 도착하니 행궁터가 있었다. 장원정(長源

亭)이다. 병악의 서쪽 2, 3리에 끊어진 언덕이 나지막하게 바다를 가로막고 있다. 평평한 언덕 위엔 풀이 새파랗게 깔려 있다. 작은 봉우리가 떨어져 나가 바다를 끼고 있는 곳은 당두(堂頭)라고 하는데 선원들이 바다신에게 제시를 지내는 곳이다. 벽란강이 북으로부터 남으로 흘러 바다로 들어가는 곳은 예성강이고 한수와 낙하가 교류하여 서쪽바다에 이르는 곳은 조강이다. 당두는 그 만나는 지점에 자리 잡고 있다. 가깝게는 교동과 강화 바다의 섬들이 보일 듯 말 듯하고 멀리는 연안과 해주의 경계에 있는 수양산과 다른 산들이 또렷하다. 구름과 안개가 엷게 끼어 유리거울을 씻은 듯한데 남쪽과 북쪽의 크고 작은 배들이 바다를 뒤덮고 지는 해의 햇빛에 반사되어 금물결이 넘실거린다. 조망이 활짝 열려 가로막는 게 없으니 중국의 최고 산이라는 동정호의 장관도 이보다 낫지 않으리라. 풍덕군수 송석기가 허침과 더불어 마중을 와서 술상을 차렸다. 안주가 풍성하여 각각 잔을 돌려 권하여 크게 취하였다. 저녁때에 풍덕으로 가는데 사람을 시켜 호각을 불고 길잡이를 하니 횃불이 2, 3리는 비쳤다. 3월 22일 기축일, 성현, 채수, 안침은 서울로 돌아가고 허침과 조위는 주인에게 이끌려 대교(大橋)에서 고기 노는 것을 구경했다. 3월 23일 임진일, 서울에 돌아오니 채 열흘이 차지 않았는데 송경(松京, 송도)처럼 아름다운 곳을 거의 두루 구경했다. 공무에 매인 몸으로 바깥에 노닐 기회를 얻어 평소의 소원을 풀었으니 어찌 행운이 아니겠는가. 다만 구경에 몰두하여 지킬 바를 잃는 것은 옛사람들이 경계하는 것이니, 우리의 유람이 너무 안일했던 건 아니었을까? 그래서 지나온 길을 기록하고 허물을 적어서 스스로 고치기를 힘쓸 따름이다."

- 채수의 〈유송도록〉 중에서

장원정은 문종10(1056)년에 예성강(서강) 가에 창건한 이궁(異宮)으로 도선(道詵)의 풍수설(송악명당기)에 맞춰지었다. 도선은 "서강변에 군자가 말을 타는 형세의 명당자리가 있으니 태조의 삼국통일 이래 120년 되는 때에 이궁을 지으면 국업(國業)이 연장된다."고 예언을 해놓았기에 이에 따른 것이다. 예종 때의 문신 정지상(鄭知常)은 장원정에 관한 시를 남겼다. 왕을 호종(扈從)하여 개성 서강(西江) 가에 있는 그곳에 갔다가, 채수처럼 아름다운 풍경에 반하여 시를 써내려갔다. 시상이 참신하고 탈속(脫俗)한 작품이라 하여 널리 사랑받는다.

높디높은 쌍둥이 궁궐, 강 언덕을 베고 누웠네.
맑은 밤엔 도무지 한 점 먼지도 없어라.
바람 타는 돛배 구름 조각조각
이슬 맺힌 궁궐기와, 옥 비늘비늘
푸른 버들에 닫힌 문, 여덟아홉 집
밝은 달빛에 주렴 걷은 이는 두세 사람
먼먼 봉래산 어디에 있는가.
꿈을 깨운 꾀꼬리, 푸른 봄을 우네.

岧嶤雙闕枕江濱 淸夜都 無一點塵(초요쌍궐침강빈 청야도 무일점진)
風送客帆雲片片 露凝宮瓦玉鱗鱗(풍송객범운편편 노응궁와옥린린)
綠楊閉戶八九屋 明月捲簾三兩人(노양폐호팔구호 명월권렴삼양인)
縷紗蓬萊在何許 夢蘭黃鳥囀淸春(누묘봉래재하허 몽란황조전청춘)

이 미끈한 시를 채수 일행도 모르지 않으련만, 아무도 정지상을 말하지 않았다. 다만 이제 여정이 끝나 돌아가는 일만 마음에 맴도는 모양이다. 아름다운 장원정에서 시를 읊긴 하지만, 허침은 "내일 아침 돌아가는 길 필시 머뭇머뭇하리(明朝歸路政曼曼)."라고 아쉬워하고, 성현은 "싫다, 싫어 취하지 않을 테니 돌아간다는 말 꺼내지 말라(厭厭不醉不言歸)."고 떼쓰는 중이고, 안침은 "노을에 머리 돌리며 돌아갈 일을 잊었다(斜陽回首自忘歸)."고 최면을 건다. 조위는 먼 풍경 보며 "다만 외로운 배 한 척이 있어 달을 싣고 돌아오는구나(只有孤帆載月歸)."라며 역시 귀로를 염두에 두고 있고, 채수도 "석양에 보이는 건 목동이 돌아오는 모습(夕陽祇見牧童歸)"이라며 돌아올 귀(歸)를 맞추고 있다.

이들이 이토록 저마다 패닉 상태에 빠지는 것은 그간의 여정이 그들에게 어떤 깨달음과 역사적 각성을 주었기 때문이 아닐까. 술 실컷 먹고 잘 놀면서 돌아다녔으니 그것을 지속하고 싶은 마음 따윈 아닐 것이다. 허침은 "나같이 어리석은 사람에게 누가 다시 벼슬을 줄까." 하고 속세를 향한 걱정을 미리 섞기도 한다. 이것이 인지상정 아니겠는가.

채수는 "우리의 유람이 너무 안일했던 건 아닌가?"라고 돌이켜보고 있지만, 그 질문 속엔 이 여행이 정신적인 오디세이임을 자각하는 낌새가 있다. 그 질문은 지금 우리에게도 여전히 유효한 물음이다. 우리의 고려 유람이 너무 안일했던 건 아닌가? 고려도 겪고 조선도 겪은 지금, 우리는 고려를 너무 모른다. 태정태세문단세는 외웠지만 고려왕들의 계보는 태조 왕건에서 뚝 끊겨 공민왕이나 마지막 허수아비왕 공양왕으로 직행한다.

고려는 조선과 함께 우리 역사의 중세사회다. 그러나 918년에 건국

하여 1392년에 멸망할 때까지 475년을 지속한 고려는 조선보다 더 자주적이고 생명력 강한 국가였다. 조선은 이웃국가에 의해 병탄당하는 고통을 겪었지만 고려는 세계 국가인 몽골 앞에서 수난을 당하면서도 쓰러지지 않았다. 또 형식적인 사대주의의 예는 갖췄지만 내부적으로 황제국의 체제를 갖출 만큼 주체성이 있었다. 또 불교와 유교, 도교에 풍수지리까지 다 수용되어 정신지형을 이루던 다양성의 사회이기도 했다.

군현민과 부곡민, 양인과 천민과 같은 차별이 극심했지만, 아들과 딸이 균등하게 재산을 상속받고 함께 제사를 받드는 남녀평등의 원리가 적용되던 또 다른 모습도 있었다. 폐허로 남은 고려를 비웃어주기 위해, 망한 전 왕조의 실패 원인들을 살펴 새 왕조의 정치를 모색하기 위해 떠났던 이들의 여행은, 고려의 진면목을 살피기엔 역부족이었을 것이다. 다만 고려가 그리 만만한 나라가 아니었으며, 단절하고자 한 그 전통이 쉬지 않고 흐르고 있음을 깨달았을지 모른다.

채수를 따라 송도를 살펴보며, 내게 든 생각은 현재의 남북한의 분단이 조선과 고려라는 두 역사적 정체성의 분단을 더욱 악화시키고 있는 게 아닌가 하는 점이다. 조선이 고려를 지웠던 것 못지않게, 분단은 북쪽의 문화를 이해하고 접근하지 못하게 가로막고 있다. 마치 고려와 조선이 대치하고 있는 듯한 뼈아픈 단절을 느끼는 것이다. 송도의 자취를 맛보기조차 어려운 지금으로선 동기야 어쨌든 역사여행을 마음껏 할 수 있었던 한양의 학생들이 문득 부럽기도 한 게 사실이다. 목이 컬컬하다. 조선과 고려를 함께 거닐며 박연폭포나 관음굴 아래서 채수 일행처럼 술잔을 기울이고 싶다.

다시, 길 위에서 길을 묻다
– 그들은 왜 그 길을 걸어갔나

인간은 거의 유일하게 길처럼 엎드려 걷지 않는 동물이다. 길과 수평으로 바닥을 배에 대거나 지기(地氣)를 온몸으로 느끼며 걷는 존재들은 땅에 얽매일 수밖에 없다. 땅이 시키는 일들에 민감하며 땅의 속삭임을 평생 들으며 살아간다. 땅은 무슨 말을 하는가.

우선 물소리를 들려준다. 물은 겸허하고 치열하고 철저하게 땅을 기어가는 자다. 땅바닥과 굽이와 높낮이를 이토록 체감하며 가는 것이 있으랴. 물이 흘러가는 길은 자연스럽게 인간의 길을 만든다. 인간은 수류(水流) 옆에 길을 놓아 함께 흐른다. 그러나 항상 그런 건 아니다. 물을 거슬러야 할 때도 있고 물을 건너야 할 때도 있다. 물은 인간의 길의 흐름을 만들어냈지만 길을 비정하게 끊기도 했다. 물이 길을 막을 때 인간은 얕은 물이면 그 바닥을 꾹꾹 딛고 갠지스 강의 향상(香象)처럼 건너갔지만, 깊은 물이면 헤엄을 쳤다. 그래도 건널 수 없을 만큼 사납고 큰물이면 뗏목을 띄우고 배를 띄웠다. 피안(彼岸)과 차안(此岸) 사이에 긴 줄을 매달아 그것에 의지해서 건너다니기도 했다. 요즘은 아예 비행기를 쏘아 올려 물을 건너는 것이 흔해졌다. 물이 길을 막기에 물 앞에서 인간은 종종 울었다. 강물은 눈물이 되고 봇물처럼 터져 나오는 감정의 원류(原流)가 되었다. 물은 길에서 길로 이어져야 할 인간 행로에서 훌쩍 떠나는 것이 되었다. 물은 이별이었다. 물은 초월이며 상승이었다. 길처럼 발자국을 찍을 수 없다는 점에서 실종(失踪)이었다. 길을 가던 인간의 행방불명(行方不明). 물은 죽음이기도 하다.

　물은 땅바닥을 기어가는 존재인 점에서 뱀과 닮았다. 지리산의 뱀사골은 바로 물이 기어간 흔적과 뱀을 동일시한 상상력이다. 뱀은 고개를 쳐들고 기어오를 수 있지만 물은 머리까지 깊이 숙이며 아래로 아래로만 내려간다. 물론 물이 늘 겸허하고 음전한 것만은 아니다. 물이 물을 만나 큰물이 되면 그 스스로 내부에서 분노를 일으키고 충동을 발전시켜 세상을 쓸어버린다. 고요한 물은 제 안에 들어온 불순물들을 가라앉혀 맑고 투명하지만 성난 물들은 대개 땅의 황금빛 알갱이들을 품어서 붉고 누런빛을 낸다. 인간은 황톳빛 물굽이를 신성한 동물로 여기기도 했다. 용(龍)은 물의 사나움에 대한 인간의 경배(敬拜)에서 생겨난 존재다. 물은 성난 자연이며, 분노하는 하늘이었다. 하늘에서 내려온 물방울들이 대지를 휩쓰는 존재가 될 때, 인간은 두려워 고개를 숙이고 무릎을 꿇었다. 용은 하늘의 메시지이며 땅의 음성이었다. 물은 가장 높은 곳에서 내려와 가장 낮은 곳으로 치달으며 그 중간계의 인간에게 말했다. "너는 무엇이며 너희들은 누구냐." "나는 물방울의 일부이며 곧 흘러갈 자입니다." 인간은 끊어진 길 위에서 가장 겸허해졌다. 물 또한 길이며 그것은 삶의 궤적이며 그 궤적의 종언을 품는 영원한 행불(行不)이다. 물이 없으면 길도 없으며 물과 길이 없으면 삶도 없다.

땅은 높이에 관해 가르쳐준다. 땅이 높아진 것을 산이라고 부른다. 낮은 곳에서 높은 곳을 바라볼 때 산은 하늘과 가까운 존재다. 인간에게 종종 산이 하늘과 동일시되는 것은 그 때문이다. 높은 산들은 그 목구멍쯤에 늘 깔딱고개가 있다. 인간의 숨이 차오르는 그 높이와 같은 산의 높이에는, 인간이 견디기 어려운 고비가 도사리고 있는 셈이다. 산의 목젖이 인간의 목젖을 팔랑이게 만드는 까닭은, 그것의 높이를 온몸으로 느끼게 함이다. 그러나 고통 속에서도 인간은 산에 오른다. 산에도 길을 낸다. 굳이 힘겨운 길을 개척하는 까닭은 그 상승감과 높이 속에 안겨져 있는 깊이를 즐길 수 있기 때문이다. 산의 길들은 고통이 증폭시키는 즐거움을 품고 있다. 올라가는 인간은 희망적이다. 왜냐하면 오르는 길은 산의 정상을 바라보고 있으며 그 정상 뒤의 하늘로 닿을 수 있을 것 같은 기분을 자아내기 때문이다. 올라가는 자는 하늘을 꿈꾸는 자다. 비상(飛上)을 꿈꾸는 자다.

인생에도 이렇게 올라가는 시절이 있고 다시 내려오는 시절이 있다. 올라가는 인간에게, 올라가 보고 내려와 본 인간은 이렇게 충고했다. 항룡유회(亢龍有悔). 올라가는 용은 뉘우침이 있을 것이다. 올라가는 일을 왜 뉘우치는 것일까. 우선 올라가는 것 자체를 즐거움으로만 생각한 것이 착각이다. 올라가는 것은 올라간 만큼 내려와야 하는 일을 품고 있기 때문이다. 그래서 올라가는 일은 정확하게 내려오는 일을 만드는 것이다. 두 번째, 올라갈 때는 늘 마음이 급해지게 마련이다. 저 멀리 보이는 고지(高地)를 서둘러 정복하고 싶은 마음에서, 앞뒤 가리지 않고 옆을 살피지도 않고 성큼성큼 올라간다. 천천히 음미하며 올라가도 좋을 길을, 내친 김에 내달아버리는 그것이 후회를 부른다. 아무리 이런 어리석음에 관해 충고를 하고 경계령을 내려도 인간은 다시 어리석음을 반복한다. 내려올 때가 되어야 스스로 한탄하면서 삶의 중요한 원리를 발견하는 것이다. 저 산이 왜 나를 '높이'로 숨차게 하면서 오지 마라 오지 마라 하는지를 깨닫게 되는 것이다. 내려갈 무렵이면, 저 산은 내게 그 '높이'와 똑같은 각도로 낮추며 얼른 내려가라고 등을 떼미는 것이다. 가수 양희은이 부른 노래 '한계령'의 구절들이 주역의 항룡유회처럼 우리를 서럽도록 사로잡는 까닭은 여기에 있다.

시인 고은이, '내려갈 때 / 보았네 / 올라갈 때 / 보지 못했던 / 그 꽃'이라고 짧고 단호한 시를 썼을 때 거기엔 내려오는 자의 통곡과 인식의 차연(差延)이 있다. 평지를 걷는 자들은 뭍과 하늘 사이의 외로운 인간을 만나면서 자아를 대면한다. 사막을 걷는 자들이 별과 대화를 나누고 끝없이 자신에게 심문하는 까닭은 그 때문이다. 그러나 산을 걷는 자들은 거기에 더하여 높이에 대한 진지한 세미나를 연다. 높이는 걸어 오르는 인간에게 최대의 질문이며 대답하기 어려운 문제다. 이 질문에는 정답도 없으며 골든벨도 없다. 왜 올라가는가. 어디까지 올라갈 계획인가. 올라간 다음에는 어떻게 할 것인가. 올라가는 일의 의미를 아는가. 올라간 사람들이 어디로 갔는지 아는가. 그 어떤 질문도 만만하게 대답할 수 있는 것은 없다. 다만 인간은 주어진 질문을 곱씹듯 중얼거리며 올라갈 뿐이다. 물은 단숨에 길을 끊고 인간을 막지만 산은 어렵사리 길을 내주며 인간을 사유하게 한다. 산은 높이의 어려움뿐 아니라, 굶주린 짐승이나 사나운 도적, 한밤의 추위, 그리고 가끔 바위와 벼랑으로 끊어지는 길을 내놓으면서 인간의 걸음을 멈추게 한다.

그런 시련조차도 산의 아름다움이며 산길의 '깊이' 있는 내면인지도 모른다. 서양 사람들은 산이 깊다는 것의 의미를 파악하지 못한다고 한다. 우린 '깊은 산'이란 개념에 대해 익숙하다. 산의 깊이는 인간이 닿을 수 있는 겉에서 인간이 닿기 어려운 저 안으로 들어가는 그 깊이다. 그 깊이는 길의 깊이다. 길이 깊어지는 길은 사유가 깊어지는 것이다. 사유가 깊어지는 그곳에 우리는 신선(神仙)이 산다고 믿었고, 도(道)의 진정한 면모가 살아 있다고 믿었다. 깊은 산속에 깊은 마음이 있으며 깊은 사연과 깊은 역사가 있을 거라고 믿어 의심치 않았다. 우리가 산에 오르는 것은, 우리의 길이 깊어지기를 원하기 때문이다. 깊고 깊은 그곳으로 길이 풀리며 우리의 호기심과 궁금증, 그리고 뿌리 깊은 갈증이 숨어 있기 때문이다.

길 위에서 길을 묻는 건, 현재 서 있는 길이 가야 할 길을 말해주지 않기 때문이다. 지금 서 있는 길은 걸어온 길의 끝이다. 지금 서 있는 길은 걸어온 길의 끝이지만, 가야 할 길의 시작이기도 하다. 걸어온 길은 돌아볼 수 있지만, 그것이 가야 할 길을 뚜렷하게 말해주진 않는다. 길은 이어져 있는 것이지만, 그렇다고 갈 길이 언제나 보이는 건 아니다. 길은 눈앞에 펼쳐진 물리적인 길이 아니라, 마음속에 들어 있는 그 마음이 가는 길이기 때문이다. 마음이 사라지면 길도 끊기게 마련이다. 길이 끊기면 마음이 쩔쩔매게 마련이다. 길 위에서 길을 묻는다 하여 대답을 쉽게 얻을 수 있는 건 아니다. 길에게 길을 묻는 것이 아니라 길에 서 있는 자신, 그 자신의 마음에게 길을 물어야 하기 때문이다. 그러나 그 마음조차도 쉽게 길을 말해주지 않는다. 그 마음은 길을 읽어야 하고, 길을 예측해야 하고, 길이 내는 삶에 대해 확신을 가져야 하기 때문이다.

마음속에 길을 들이거나 마음 위에 길을 내는 것. 그 모든 것은 물리적으로 펼쳐진 지상의 길은 아니지만, 그 지상의 길을 생각하지 않고는 그것을 설명하기 어렵다. 길을 들이는 것은 습관에 관한 표현이다. 습관이란 어떤 행위나 태도가 이어지는 것을 말한다. 습관을 들인다는 표현이 있는 것을 보면, 길은 곧 습관이다. 길을 내는 것은 새롭고 낯선 것에 사용하는 빈도를 늘려가는 일을 말한다. 이것은 사물이나 행동의 쓰임새와 관련된 말로서, 굳이 마음만을 가리키는 말은 아니다. 길을 내는 일은 물리적인 것이 아닌 어떤 길이 생겨나는 비밀을 함의하고 있다. 그러나 우리가 아무리 길이 들거나 길이 났다 하더라도, 그것이 우리가 결정해야 할 길들을 제시해주는 것은 아니다. 이게 문제다. 마음속에 난 길과 우리가 마음을 기울여 나아가야 할 길이 같지 않다. 새롭게 나아가야 할 길은 대개 갈림길 중의 하나다. 모든 길은 생겨나지 않은 수많은 지선(支線)을 지닌 갈림길이다. 길 위에 서서 길을 묻는 것은 나아갈 수 있는 길이 하나가 아니기 때문이다. 지금까지 옳았던 길이 지금부터는 옳은 길이 아닐 수도 있기 때문이다.

  길이 굽어지는 것은 앞에 장애물이 있기 때문이다. 길은 장애물을 깨고 직진해서 나아가기도 하지만 많은 경우는 장애물을 피해서 돌아간다. 길들은 어쩌면 직선으로 나아가고자 하는 관성과 그것을 막아선 것들과의 대치와 갈등의 흔적이다. 길이 이기면 직선이 되고 장애물이 이기면 굽이친다. 굽이진 길들은 인간이 눈앞에 나타난 장애물에 대해 반응하고 회피하고 타협한 자취다. 마음이 굽어지고 뒤틀고 돌아간 모양새다. 도저히 극복할 수 없는 장애물 앞에서 길은 끊긴다. 길이 끊기면 인간은 돌아가거나 그 자리에서 영원히 멈춰서야 한다. 길이 수월하게 직진하지 않은 곳은, 인간의 한숨과 눈물과 고통과 후회가 배어 있다. 길은 마음의 회로다. 산자락에 간신히 매달린 길은 기구하게 연명해온 희망의 역사다. 토끼벼루라는 이름이 빌붙은 길은 인간의 행진이 조마조마하고 아슬아슬했던 일들을 증언하는 것이다. 길의 갈래는 인간이 그 앞에서 고민한 정답의 개수를 함의한다. 몇 사람은 이쪽 길을 가고 몇 사람은 저쪽 길을 갔으며 몇 사람은 그쪽 길을 갔고 몇 사람은 나머지 길을 갔다. 그 사지선다(四枝選多)에서 어느 것이 정답인지 알기는 어렵다. 갔던 사람들이 돌아와 말해주지 않기 때문이다. 다만 인간은 좀 더 발자국이 많은 길에 베팅을 한다. 결국 그것이 길이 되었다.